KB060758

크리에이티브 R

크리에이티브 R

서승교 지음

우리가 몰랐던 디자인 이노베이터의 생각과 힘

와이즈베리
WISEBERRY

창의적 능력을 키우는 방안을 체계적·실천적으로 다뤄

창조성이 화두인 시대다. 창조와 혁신의 중요성을 논하지 않는 경영자는 없다. 다수의 경영자들과 이 주제를 논의할 때면 나오는 질문이 있다.

"그런데 창의력을 어떻게 키울 수 있나요?"

이 책은 창의적 능력을 키우는 방안을 체계적·실천적으로 다루었다. 저자가 현장에서 직접 경험해 보고 활용해본 방법을 다양한 독자들을 위해 친절하게 정리했다. 신제품 및 서비스 개발 과정에서 기획자나 디자이너가 경험하는 현장 사례를 바탕으로 정리한 방법론은 유사한 업무를 하는 다수의 독자에게 영감을 줄 것이라고 확신한다. 창의적인 기업을 만들고자 고민하는 경영자에게도 의미 있는 해결책을 제시하고 있다. 이노베이션을 위해 기업이 반드시 지켜야 할 Must Do 리스트가 예이다. 경영자, 예비 창업자에게 이노베이션 관점에서 필요한 기업 문화, 업무환경 (재)구축 포인트를 잘 담아냈다.

마지막으로 저자는 창조력을 키우고 싶어 하는 독자를 위해 이노베이션 실무 경험 외에 개인 차원에서 시도해볼 수 있는 방안을 정리하여 To-do 리스트로 제안했다. 창의적인 일은 타고난 사람만이 할 수 있다고 생각하는 것은 오류라는 주장에 그치지 않고 누구나 연습할 수 있는 실천 방안을 구체적으로 제시했다.

대한민국의 경영자, 예비 창업자들이 이 책을 통해 한층 혁신적이고 창조적인 사고를 할 수 있기를 바란다.

— 홍범식, 베인앤컴퍼니(Bain&Company) 대표

이노베이션에 대한 포괄적 가이드라인 제시

이미 많은 기업과 디자이너들이 기업 운영에 이노베이션의 필요성은 인식하지만, 이를 지속적으로 또한 효과적으로 접목 및 활용하는 사례는 많지 않다. 본 저서에서 저자는 오랜 실무 경험과 지식에 근거하여 무엇 때문에, 무엇을 위해, 어떻게 이노베이션을 해야 하는가에 대한 질문에 포괄적 가이드라인을 제시하여 이노베이션의 길을 보여주고 있다.

— 이완수, 연세대학교 경영대학 명예교수

저자는 그의 책,《크리에이티브 R》에서 디자인적 사고, 이노베이션, 테크놀로지라는 실제적인 이노베이션 과정에 참여하는 디자이너, 기획자, 개발자에게 손에 잡힐 듯 잡히지 않는 단어를 에피소드 형식으로 풀어내고 있습니다. 이 책의 독자가 저와 마찬가지로 '이노베이터'가 되는 과정에서 한 명의 멘토를 만나기를 희망합니다.

- 박재현, 도쿄공업대학교 경영공학과 교수

이 책의 저자인 서승교 씨는 매우 창의적이며 동시에 높은 수준의 분석력을 가지고 있습니다. 저는 그가 이노베이션 주제와 이를 위한 접근법의 적절한 조합이 중요하다고 늘 강조하며, 실제 업무에서도 신중하게 다루는 모습을 보아왔습니다. 이 책에서 저자는 그동안 한국 대기업의 이노베이션 조직에서 십 수 년간 쌓아온 경험과 노하우를 독자에게 공유하고 있습니다. 이런 저자와 제가 함께 일을 할 수 있었던 것은 정말 행운이었습니다. 여러분은 이 책을 통해 저자의 축적된 이노베이션의 지혜를 배울 수 있을 겁니다. 절대 실망하지 않을 것입니다.

-에릭 키어(Erik Kiaer), 도블린앤딜로이트 디지털(Doblin and Deloitte Digital),

경영 디렉터

제가 아는 저자는 디자이너들을 디자인해 왔습니다. 그는 인터넷 기술의 발달과 이로 인한 익명성의 시대에서 고객을 직접 만나 정확히 꿰뚫어 보는 희귀하고 타고난 감각을 가지고 있죠. 저자는 단순한 제품이나 서비스 개발 이상으로 자신의 생각을 추상화하여 사용자 요구에 대한 독창적이고 창조적이며 고도로 공감하는 관점의 콘셉트를 개발할 수 있습니다. 저자는 제가 아는 한 한국에서 그러한 공감력 있는 디자인 싱킹의 첫 번째 실무자 중 하나였으며 현재 한국 기업이 아이디어와 창의력의 세계 시장에서 올바른 위치를 차지하도록 돕는 선도자입니다. 저는 저자와 함께 일하게 되어 영광이었을 뿐만 아니라 그의 친구로 여겨지는 것을 자랑스럽게 생각합니다.

-더글러스 윌스(Douglas Wills), 인스티튜트 오브 디자인(Institute of Design),

디자인 전략가 겸 교수

프롤로그

이노베이션에 대해 다시 생각해 보기

혁신적인 생각은 어떻게 할 수 있을까?

미국 ABC방송에서 인기리에 방송 중인 '샤크 탱크(Shark Tank)'라는 프로그램이 있다. 몇몇 큰손 투자자가 방송 참가자의 사업 아이템을 평가하여 필요자금을 지원하는 것이 주된 내용이다. 이미 사업을 하고 있거나 사업의 아이디어가 있는 사람들이 자금 지원을 받기 위해 전문가의 냉철한 평가와 더불어 실제 지원까지 받아내는 프로그램이다.

나의 지인인 은퇴한 변호사 제리(Gerry)와 그의 또래 친구인 로버트(Robert)는 이 프로그램의 애시청자인데, 어떤 투자자가 얼마를 지원할지, 참가자의 사업 아이템이 얼마나 가치가 있는지 서로 내기도 하며 프로그램을 즐긴다.

어느 날 두 젊은이가 이 방송에 출연해서 세계 어디서든 스마트폰 앱 하나로 연결하여 실시간 통역을 제공해 주는 서비스를 하겠다고 제안했다. 잠깐 생각해도 비용이 많이 들 것 같은데, 무료 서비스라고 했다. 제리와 로버트는 돈을 어떻게 벌겠다는 것인지 모르겠다며, 아무도 투자하지 않을 것이라고 장담했다.

과연 결과는 어땠을까? 총 5명의 투자자 중 3명이 투자하겠다고 나섰다. 어떤 투자자는 투자금은 물론 전문인력과 시설 지원까지 제안했다. 그리고 이렇게 하면 더 빨리 예상보다 많은 수익을 거둘 것이라고 했다. 상당히 파격적인 지원이 아닐 수 없었다. 그러나 두 젊은이는 결국 투자를 받지 않기로 결정했다. 그 이유는 그 사업의 가치가 훨씬 크다고 생각했기 때문이다. 투자자들은 매우 아쉬워하며 다음 참가자를 불렀다.

자, 여러분이라면 어느 쪽을 택하겠는가? 제리·로버트와 같은 생각인가? 아니면 투자자들과 같은 생각인가? 아니면 두 젊은이의 최종 결정이 옳다고 생각하는가?

과연 투자자들은 두 젊은이의 아이디어에서 무엇을 본 것일까? 아마도 일반 시청자인 제리와 로버트는 서비스가 무료라는 데 집중했을 것이다.

'서비스가 무료라니…. 기본적으로 사업이라고 하면 매출과 수익이 있어야 비용을 지불할 수 있을 텐데, 사업 유지비용은 어떻게 감당하려고?'

아무리 생각해도 수지가 맞지 않는 사업으로 보였을 것이다. 하지만 투자자들은 보는 눈이 달랐다. 젊은이들의 실시간 통역 사업은 많은 사람이 필요하다고 생각하는 서비스지만 아직 누구도 제대로 시도한 적이 없는 영역이었다. 많은 사람이 필요하다고 생각한다는 것은 일단 서비스가 제공되면 수요가 많다는 의미다. 게다가 제대로 시도된 적이 없다고 하는 것은, 일단 사업이 시작되고 성공하기만 한다면 스마트폰 자동 통역 시장에서 1위 사업자가 될 수 있는 잠재력이 큰 시장이라는 의미로 해석된다. 다시 말해 투자자들은 결국 현재 수준에서 얼마를 벌 수 있는가를 본 것이 아니라 앞으로 얼마나 더 벌 수 있는가를 보았던 것이다.

그리고 투자자들과 젊은 사업가들이 주목했던 것은 통역 서비스 자체가 아니었다. 그들은 자동 통역 서비스를 통해 확보될 수 있는 사용자 풀에 주목했을 것이다. 젊은 사업가들의 자동 통역 서비스 앱을 사용하는 충성스러운 고객이 있다는 것, 그리고 그 고객의 숫자를 많이 확보한다면 이를 기반으로 성장 잠재력이 큰 새로운 사업을 할 수 있다고 본 것이다. 예를 들어 실시간 통역을 무료로 제공하고, 매출은 광고주에게 올리는 모델도 가능하다.

이른바 플랫폼 사업의 핵심은 결국 고객이 지속적으로 원하는 니즈를 해결하는 솔루션을 상품으로 제공하고, 이를 이용하기 위해 모인 사용자를 활용한 파생 서비스와 수익을 만드는 것이다. 페이스북, 카카오톡, 구글의 각종 서비스, 쿠팡의 쿠팡맨 서비스 등은 수익이 낮지만 파생수익의 잠재력으로 인해 지속적인 투자를 받고 자산가치를 증대시킬 수 있는 사업이다. 이처럼 일반 시청자와 달리 5명의 투자자와 두 젊은 사업가는 바로 실시간 동시 통역 앱을 통한 시장 확장의 가능성에 주목했을 것이다.

그렇다면 이런 혁신적인 생각은 어떻게 할 수 있을까? 젊은 사업가들은 어떤 사람이고, 왜 실시간 통역의 필요에 집중했을까?

　과거에는 몇몇 천재에 의해 혁신적인 발명이 이루어졌고, 이것만으로 별다른 대안이 없는 소비자에게 어필하기에 충분했다. 천재들이 이끄는 대로 소비자가 따라 와주었고, 해당 기업은 아마도 그것이 사업을 하는 방식이라 생각했을 것이다. 스타급 개발자가 이노베이션을 이끄는 것은 하나의 문화였다. 하지만 이 패러다임은 시간이 갈수록 고객을 만족시켜주지 못했다. 고객은 점차 다양한 제품과 서비스를 요구했고, 기대수준 또한 높아져만 갔다. 다시 말해 스타 개발자 몇몇에 의해 고객의 니즈를 맞춰주기에는 한계에 부딪힐 수밖에 없는 상황이 된 것이다.

　이런 현실에서 기업에게 혁신은 생존과 같이 인식되었다. 그래서 기업이 가장 먼저 시작한 일은 구성원 모두에게 혁신의 사상을 주입하는 일이었다. 구성원이 혁신 사상을 가지고 업무에 임하면 자연스레 고객의 니즈에 답하는 형태의 신제품 생산과 이를 통한 수익 증대가 가능할 것이라 믿었기 때문일 것이다. 그리고 모순적이게도 다음과 같은 대단히 전형적인 생각과 방법으로 스스로를 혁신해 왔다.

　　이노베이션(innovation), 혁신(革新)은 '가죽을 벗겨서 새롭게 한다'라는 뜻의 한자어에 기원을 둔다. 따라서 반드시 혁신은 고통을 수반하는 법이다. 그런 이유로 사람들에게 혁신은 어렵고 힘든 과정으로 인식되었으며, 회사의 구성원이 혁신을 힘들어하는 이유도 이 때문이다.

한국의 기업에서 이루어져 오던 혁신은 대부분 이런 식이었다. 불량률을 줄이고 노동 시간을 늘이며, 구성원에게 불가능한 것에 대한 도전을 요구했다. 각 기업은 본업에서 성과를 극대화하기 위해 혁신의 지향점을 결국 비용 절감과 생산성 향상에 두었다.

예를 들어 과거에는 6시그마 도입 등과 같은 프로세스 혁신을 강조했다. 모든 구성원에게 6시그마 벨트를 따도록 하고 5단계 프로세스에 따라 일을 할 것을 주문했다. 6시그마 벨트 레벨에 따라 구성원의 진급 여부가 결정되기도 하고, 모든 업무의 처리와 보고는 5단계 프로세스를 얼마나 잘 준수했는가에 의해 평가되었다.

그러나 이런 혁신 사상 주입이 구성원의 생각까지 혁신하게 만들지 못한 것은 자명하다. 실제 성과에서도 비용구조 개선 이외에 세상을 깜짝 놀라게 하는 혁신은 일어나지 못했다. 기업이 이와 같은 방법으로 지속적으로 혁신활동을 해왔지만, 고객은 그것을 이노베이션 기업의 이미지와 연결시키지 않았다. 예를 들어 '혁신'하면 떠오르는 회사는 어떤 곳인가? 애플, 구글, 테슬라, 페이스북…. 이런 회사가 생각날 것이다. 그러면 이런 회사가 혁신 기업으로 알려진 이유는 무엇일까? 혁신적인 프로세스를 가지고 있어서일까? 아니면 그 기업에서 일하고 있는 구성원의 생각이 혁신적이어서일까?

다수의 분석과 기사를 통해 지금까지 알려진 바에 따르면, 이들 기업에는 창의적이며 끈기 있게 몰입하는 구성원이 있고, 업무 환경은 가히 '혁신'적이다. 대학 캠퍼스 같은 업무 환경, 자유로운 근무 시간, 다양하고 수준 높은 복지 등은 우리 기업이 과거에 강조했던 전통적인 혁신의 방법과는 큰 차이가 있다. 이들에게서 얻을 수 있는 교훈은 기업이 혁신을 원한다면 결국 고객중심적이고 창의적이고 몰입력이 뛰어난 인재로 구성원을 육성하고, 구성원 스스로가 자신의 생각을 혁신시킬 수 있도록 환경을 갖춰 주어야 한다는 점이다.

성공적 디자인 이노베이션의 조건 – 창의의 젖소 목장과 4R 프로세스

그렇다면 과연 현대의 비즈니스 환경에서 요구되는 혁신은 어떻게 정의해야 할까? 내가 정의하는 혁신이란, '고객에 대한 심도 있는 연구와 깊은 이해를 통해 고객 삶의 질을 높이는 차별적 가치를 제공하는 새로운 제품과 서비스를 지속적으로 만들어내는 일'이다.

고객 삶의 지속적 개선을 이노베이션의 지향점으로 설정해야만 세상을 놀라게 할 만한 혁신이 이루어질 수 있다. 그리고 이는 전문적인 디자인 이노베이션 역량이 모여서 진행될 때 그 효과를 발휘할 수 있다. 전문적인 디자인 이노베이션 조직은 회사 안의 일반 기능 부서와는 성격이 다르며, 업무 방식 또한 달라야 한다.

나는 기업의 생존을 위해 꼭 필요한 인재, 즉 고객 철학을 가지고 끈기 있게 창의적인 아이디어를 발산하는 데 전문성을 가진 전문적인 디자인 이노베이터를 우유를 생산하는 젖소에 비유해서 '창의의 젖소'라 정의한다(반면, 업무 프로세스 안에서 생산성과 효율을 높이는 데 전문성을 가진 구성원은 '생산성의 황소'라 정의한다).

또한 이런 창의의 젖소가 생활하며 성과를 최대화할 수 있는 환경을 갖춘 디자인 이노베이션 조직에 '창의의 젖소 목장(creative milk cow farm)'이라고 이름을 붙였다. 그리고 이 농장에서 창의의 젖소들이 일하는 방식을 다음의 네 가지 '크리에이티브 R' 프로세스로 제안한다.

1. Rapport(고객과 공감대 형성하기)
2. Read(고객의 행동에서 혁신의 단서 모으기)
3. Re-Think(고객의 진짜 니즈 분석하기)
4. Radical Create(고객이 감동하는 혁신 만들기)

첫째, Rapport(고객과 공감대 형성하기): 고객중심의 디자인 이노베이션의 시작은 고객과 눈높이를 맞추고 공감대를 이루는 것이다. 고객과 동등하게, 또는 고객보다 낮은 곳에 연구자가 위치해야 사용자는 자신의 속내를 드러낸다. 따라서 고객에게 좀 더 다가가기 위한 다양한 방법을 고민하고 적용해야 한다.

둘째, Read(고객의 행동에서 혁신의 단서 모으기): 혁신의 단서를 모으기 위한 고객 연구는 고객의 말뿐만 아니라 행동, 그리고 고객이 생활하는 환경에 이르기까지 전방위적으로 진행되어야 한다. 특히 고객의 행동에 주목해야 한다. 그들의 행동에서 그들이 인식하지 못하거나, 말로 표현하지 못한 의외의 혁신 단서를 발견할 수 있다.

셋째, Re-Think(고객의 혁신 단서에서 진짜 니즈 분석하기): 사용자 조사로부터 얻는 자료를 바탕으로 고객이 왜 그런 행동과 반응을 보이는지, 그 진정한 이유는 무엇인지를 찾는 것은 성공적인 디자인 이노베이션의 가장 중요한 열쇠다. 따라서 '왜'를 여러 번 되풀이해서 묻고 진정한 의미를 찾아야 한다.

넷째, Radical Create(고객이 감동하는 혁신 만들기): 이 단계에서는 고객의 진정한 니즈를 해결해 주기 위한 디자이너의 전문 역량이 발휘되어야 하는데, 이때 중요한 것이 반복의 과정이다. 아이디어를 발산하고, 정리하고, 집단화하고, 이렇게 나온 아이디어가 고객의 니즈를 충분히 해결해 주는지 확인하라. 그리고 아이디어의 수준이 높아질 때까지 아이디어 작업을 계속해야 한다.

혁신의 콘셉트가 완성되고 난 이후의 단계가 아마도 디자인 이노베이션에서 가장 힘든 단계일 것이다. 왜냐하면 기존의 방식에 익숙하고 시장 반응에 대한 확신이 없는 내부의 저항에 부딪히는 단계이기 때문이다. 안 되는 이유를 대는 사람에게 되게 하는 방법을 제시하고, 수많은 아이디어를 모아 가장 혁신적인 방법을 고객의 니즈를 충족시켜주는 콘셉트로 제안하라. 내부적인 저항을 돌파하는 방법의 핵심 열쇠는 바로 앞선 과정에서 발굴한 고객의 진짜 니즈다. 고객의 진짜 니즈에 기반을 두고 고객이 감동할 만한 혁신적 콘셉트라면 그 누구도 혁신 제품과 서비스의 출시에 의구심을 품을 수 없기 때문이다.

따라서 디자인 이노베이션의 성공 여부는 'Radical Create'의 이전 단계들이 얼만큼 잘 수행되었는가에 달려 있다.

우리는 이노베이션의 성공을 위해서 어떤 소를 길러야 할까? 창의의 젖소일까? 생산성의 황소일까? 창의의 젖소를 기를 것이라면 어떤 환경과 육성 방식이 필요할까? 여러분은 이 책을 통해 이 두 가지 질문에 대한 답을 얻게 될 것이다.

이 책은 기업에서 새로운 제품과 서비스를 개발하는 이노베이션 조직을 만들고자 하는 경영진, 이미 이노베이션 업무에 종사하고 있는 디자이너나 기획 실무자, 아이템을 발굴해서 새로운 인생에 도전해 보고자 하는 스타트업 예비자, 그리고 새로운 세상에 도전을 준비하는 디자인 · 경영 · 엔지니어링 분야의 다양한 전공 학생을 위해 집필되었다.

먼저 1부에서는 고객 철학을 가진 전문적인 디자인 이노베이터는 누구인가에 대해 다루었고, 2부에서는 창의의 젖소가 일하는 법인 크리에이티브 R 프로세스에 대해 하나하나 살펴보았다. 3부에서는 기업에서 창의의 젖소를 길러내려면 어떤 환경을 조성해야 하고, 또 어떤 노력을 기울여야 하는가에 관해 다루었다. 마지막으로 4부에서는 개인이 창의의 젖소, 즉 디자인 이노베이터가 되려면 어떤 자질과 노력이 필요한지에 관해 언급했다.

나의 다양한 이노베이션 업무 수행 경험과, 그 과정에서 얻은 소중한 교훈이 바탕이 된 이 책을 통해서, 고객 지향의 이노베이션을 위해서는 어떤 것이 필요하고, 무엇을 해야 하는가에 대한 단서를 얻기 바란다. 아울러 독자들이 이 책을 지침서로 삼아 각자 속한 영역에서 이노베이션 전문가가 된다면 저자로서 큰 기쁨이 될 것이다.

　마지막으로 이 글이 세상의 빛을 보기까지 많은 영감을 불러일으켜 주고 도움을 주신 모든 분께 진심으로 감사의 마음을 전한다.

2017년 4월
서승교

차례

1 CHAPTER
창의의 젖소 시대

2 CHAPTER
창의의 젖소들이 일하는 법, 크리에이티브 R

CHAPTER

창의의 젖소 시대

두 도시 이야기

도시 1 **활기찬 분위기, 여유로운 시민**

대도시를 벗어나 해안을 따라 쭉 뻗은 고속도로를 1시간 정도 달려가면, 낮은 언덕과 구릉으로 둘러싸인 작은 도시가 나타난다. 자연과 쾌적하게 어우러진 이곳은 도시하면 흔히 떠오르는 빽빽한 빌딩 숲과 끝없는 인파로 인한 답답함과 혼란스러움은 찾아볼 수 없다. 활기찬 카페나 공원에서 만나는 사람은 대부분 편안한 옷을 입고 있고, 표정에서도 여유로움이 묻어난다.

도시 2 **비슷비슷한 옷차림, 무표정한 시민**

역시 대도시를 벗어나 한 시간 남짓 고속도로를 달리면 새롭게 생긴 아파트 단지 사이로 주변과는 어울리지 않게 현대식 고층건물이 눈에 들어온다. 그 주변에는 그보다 낮은 건물이 몇몇 보이고 모든 건물은 울타리가 둘러쳐져 있다. 사람들은 입은 옷이 저마다 비슷비슷해 보이고, 무표정하거나 여유를 찾아보기 힘들다.

생각할까? 시키는 대로 할까?

도시1과 도시2는 세계적으로 혁신을 선도한다고 자부하는 두 기업이 위치한 두 도시에 대한 나의 인상이다. 도시1은 미국 샌프란시스코 남부에 위치한 실리콘밸리다. 아다시피 이곳에는 세계적인 IT 기업이 몰려 있다. 도시2는 대한민국 수도권 남부 도시에 있는 한 산업단지에 대한 인상이다. 이곳에도 최첨단 IT기업과 이와 관련된 협력업체들이 몰려 있다.

'세계적인 기업의 본사가 있다.' 두 도시의 공통점은 이것뿐이다. 두 도시는 공통점보다는 극명한 차이점이 많다.

첫째, 실리콘밸리는 세상에 없던 전혀 새로운 상품이나 서비스를 만들어 이를 중심으로 새로운 가치를 제공하는 선도 주자가 있는 곳이다. 반면 국내의 산업단지는 기존의 상품과 서비스를 좀 더 낫게 만들어내는 데 최고 수준인 기업이 있는 곳이다.

둘째, 실리콘밸리는 많은 사람이 미국 여행에서 한 번쯤은 들르고 싶어하는 곳이고 실제로 수많은 방문자와 견학자가 찾는다. 반면 국내의 산업단지는 업무적 목적 이외는 가는 사람들도 드물고, 쉽게 들어갈 수도 없는 곳으로 알려져 있다.

셋째, 실리콘밸리에서 일하는 사람은 어떤 상황에서나 자발적으로 아이디어를 떠올리고 어디에서나 일을 하는 반면, 국내에 있는 기업의 구성원은 주어진 시간 내에 정해진 장소에서만 일을 할 뿐, 그 외에는 일과 멀어지는 듯하다.

여러분은 어느 도시가 더 이노베이션에 적합하다고 생각하는가?

질문을 바꿔보자. 창의적인 사람이라면 어떤 환경을 더 선호할까?

당연히 '도시1'이 창의의 젖소가 일하기 좋은 환경이고, '도시 2'는 생산성의 황소가 일하기 좋은 환경이다. 생산성의 황소는 누구에게나 똑같이 주어진 시간에 누구보다 많은 양의 일을 해내는 것이 지상과제다. 목표를 달성하기 위해서는 일을 하는 데 불필요한 요소와 과정상의 비효율을 제거하고 생산성을 높일 수 있는 환경 조성이 필요하다.

반면 창의의 젖소의 성과는 말로 표현하기도 어렵고, 과학적으로 검증하는 것도 쉽지 않지만 기존의 우유와는 다른 맛과 풍미를 만들어내는 것으로 평가를 받는다(기존의 우유 맛을 넘어서는, 사람들이 좋아하는 맛의 우유가 생산되기 시작하면 사람들은 그전에 먹어왔던 우유를 덜 사먹기 시작한다). 그런 이유로 창의의 젖소는 새로운 맛의 신선한 우유를 생산하기 위해 한정된 공간에서 효율적으로 일하는 환경보다는 자유로운 분위기에서 다양한 시도를 해볼 수 있는 환경이 적합하다.

물론 창의의 젖소를 가진 주인들이라도, 우유의 생산량에 중점을 두는 젖소의 주인이라면 도시 2와 같은 환경을 선호할 것이다. 반면에, 우유의 품질에도 관심이 많은 목장주라면 도시 1의 환경에서 젖소를 기르려고 할 것이다. 실제로, 어떤 젖소는 깨끗한 우사에서 대단히 효율적인 프로세스에 따라 우유 생산을 하고, 또 어떤 소는 넓은 평원에서 자유롭게 풀을 뜯다가 정해진 시간에 우사에 모여 우유를 생산한다.

창의의 젖소는 자유롭게 뛰놀며 새로운 우유를 생산한다

그럼 적당한 환경이 있다면 창의의 젖소는 어떤 성과를 만들어낼 수 있을까?

몇 년 전, 국내 굴지의 어느 IT 업체에서는 모듈 방식의 스마트폰을 출시했다. 배터리, 캠코더, 뮤직 플레이어 등의 모듈을 사용자가 원하는 대로 교체해서 쓸 수 있는 혁신적인 스마트폰이었다. 이 회사는 이 스마트폰으로 한동안 침체에 있던 스마트폰 매출을 극적으로 견인할 것이라고 기대하며 세계 시장을 두드렸다. 하지만 결과는 기대에 미치지 못했다.

지난해 또 다른 어느 세계적 IT업체는 홍채 인식, 무선 충전, 그리고 다양한 성능이 향상된 스마트폰을 출시했다. 스마트폰 생산과 판매에서 세계 1~2위를 다투는 회사였기 때문에 성공적인 성과를 예상했지만, 예상치 못한 품질 문제가 대두되면서 시장과 고객의 외면을 받는 결과를 감수해야 했다.

사실 국내의 산업단지와 앞의 두 회사에서도 창의의 젖소가 길러지고 있다. 그러나 그 창의의 젖소들이 길러지고 일을 하는 환경은 도시2와 같다고 볼 수 있다. 창의성보다는 생산성과 품질이 강조되는 시설과 양적 성과가 강조되는 문화에서 창의의 젖소가 할 수 있는 일은 혁신(innovation)

보다는 향상(improvement)이었을 것이다. 그리고 효율을 강조하는 생산 환경은 작은 문제가 하나 생기면 전체 성과의 문제로 커지게 될 가능성이 높다. 왜냐하면 모든 프로세스가 최적의 효율을 이루도록 설계되어 있기 때문이다. 이와 같은 환경에서 창의의 젖소는 다른 경쟁자가 내세우는 특징은 모두 포함하고, 거기에 추가적인 특징을 만들어낼 것을 강요받는다.

새로운 스마트폰이 나올 때마다 사람들이 열광하는 미국의 A사는 2015년에 세상에 없던 새로운 방식의 이어폰을 선보였다. 블루투스가 아닌 새로운 기술로 스마폰은 물론 그들이 생산하는 PC 등의 장비와 연결해서 음악도 들을 수 있고, 터치 방식으로 제어도 가능한 무선 이어폰이었다. 처음에는 다른 경쟁자의 표준과 다른 독자 표준을 이용했다는 점에서 전문가의 혹평을 받았다. 그러나 정작 제품이 출시되자 전 세계에 걸쳐 주문이 폭주해서 6주 이상을 기다려야 할 정도로 인기가 높았다. 실제 사용자의 후기 또한 기대 이상이라는 반응이 대부분이었다.

이 회사에서 창의의 젖소는 도시1의 환경과 같은 곳에서 일할 가능성이 높다. 양적 성장에 앞서 이노베이션을 중시하는 문화에서 창의의 젖소는 평원을 자유롭게 뛰놀며 기존 우유와 성분이 다른 새로운 맛의 우유를 스스로 생산해 내는 데 집중한다.

고객이 이노베이션을 주도하는 기업이 세상을 놀라게 한다

요즘의 기업은 여러 가지 형태로 고객과 함께 일한다. 그리고 고객을 이노베이션에 참여시키고 있다고 주장한다. 하지만 실상 고객의 역할은 주도적인 참여자이라기보다는 수동적인 평가자의 역할을 맡는 경우가 대부분이다. 예를 들면 기업에서 만들어낸 아이디어와 콘셉트를 검증하는 데 고객을 불러서 평가를 받고 의견을 묻는 일이다.

솔직하게 말해 보자. 고객의 평가가 낮은 적이 있었던가? 그 이유는 굳이 말하지 않아도 아는 사람은 알 것이다. 고객은 좋은 아이디어를 내기 어렵고, 좋은 아이디어를 낸다고 하더라도 실현 가능성이 낮다는 이유로 무시된다. 고객이 낸 말도 안 되거나 평범한 이야기보다는 기업이 스스로 고민해서 만들어낸 '완벽한' 아이디어가 훨씬 낫다고 주장한다. 정말 그럴까? 기업이 스스로의 오만함에 빠질 때 실패의 길을 걷게 된다.

요즘의 고객은 수준이 높다. 심지어 일부 고객은 기업 구성원보다 훨씬 높은 수준의 지식과 경험을 가지고 고객으로서 기업의 혁신에 참여하고 싶어 하기도 한다. 이들은 기업에서 제공하는 제품과 서비스를 수동적으로 수용하고 평가하던 단계를 넘어 스스로 기업이 해결해 주지 못하는 자신의 니즈를 해결한다. 이른바 프로슈머(prosumer)가 되어 그들의 의사가 반영되기를 기대한다. 하지만 기업에서 고객을 이노베이션에 참여시키려고 한다고 해도 쉽지 않다. 왜냐하면 본인이 원하는 바를 정확하고 적극적으로 표현할 수 있는 고객이 많지 않기 때문이다.

그러면 어떻게 해야 할까? 그 해답은 프로세스의 앞단에 고객을 정말 깊게 이해하는 과정을 추가하는 것이다. 고객이 원하는 이노베이션 참여는 개발 프로세스의 가장 앞에서 이루어져야 한다. 그들의 이야기를 가장 먼저 들어주고 그들이 진정으로 원하는 것을 만들어주는 이노베이션이야말로 진정한 기업 성공의 지름길인 것이다. 이를 위해 혁신 업무를 수행하는 기업의 구성원, 즉 창의의 젖소는 고객을 잘 이해하는 능력을 갖추고 있어야 한다.

이 책에서 이야기하려고 하는 주된 내용 중의 하나는 고객이 주체가 되는 혁신에서 어떻게 고객을 잘 이해하는 능력을 갖출 수 있을까 하는 부분이다. 이는 이노베이션이 참여하는 구성원이 갖추어야 할 기본 소양이다. 앞으로 비즈니스 패러다임은 고객의 이노베이션 주도가 될 것이다. 아직은 어떤 기업도 이를 가능하게 하는 완벽한 기업 문화와 인프라가 없지만, 장담하건대 이것을 가능하게 만드는 기업이 세상을 놀라게 할 것이다. 스타 개발자도, 스타 PM도, 그리고 기업의 성공도 결국은 고객이 만들어주는 것이다. 이것이 고객 참여의 이노베이션이 중요한 이유다.

창의의 젖소가 부족하다

품질로 평가하는 젖소, 작업량으로 평가하는 황소

회사의 직원들을 저마다 수행하는 업무와 결과물에 따라 소에 비유해보자.

일의 성격이 정형화되어 있고 들이는 시간만큼 성과가 나오는 업무를 하는 직원도 있고, 디자이너나 기획자처럼 상대적으로 업무가 비정형화되고 창의성을 필요로 하며, 들이는 시간과 성과가 꼭 비례하지 않은 업무를 하는 직원도 있다. 전자의 경우는 우리가 흔히 떠올리는 황소와 같고 후자는 젖소와 같다.

황소는 아침에 농부와 함께 밭으로 나가서 밭을 갈거나, 무거운 짐을 실어 나르는 일을 한다. 황소가 하루에 작업한 밭의 면적과 실어 나른 짐의 무게를 보면 그 황소가 얼마나 일을 잘하는지 알 수 있다. 그리고 황소는 정해진 시간만큼만 일을 하면 저녁엔 헛간으로 돌아와 여물을 먹고 잠자리에 드는 규칙적인 생활을 한다.

반면 젖소는 어떨까? 젖소의 하루는 보통 음악 소리와 함께 시작한다. 황소보다 넓은 우리에서 생활하고, 제공되는 양질의 사료를 먹으면서 여유롭게 생활하는 것처럼 보인다. 게다가 젖소의 건강을 위해 목욕과 우리의 소독은 일상이다. 그러고는 하루에 한 번씩 유축기를 달고 우유를 짜낸다. 어떻게 보면 무거운 짐을 들어야 하고 힘들게 밭을 가는 황소에 비하면 너무 편하고 심지어 빈둥거리는 것처럼 보일 수도 있다.

그러나 주목해야 하는 것은 젖소의 생산물이다. 젖소가 생산하는 것은 우유다. 우유는 맛과 품질로 평가를 받는다. 젖소가 아무리 많은 양의 우유를 생산해 낸다고 하더라도 그 맛과 품질이 좋지 못하면 사람이 먹을 수가 없게 된다. 황소가 보기에 젖소는 빈둥거리고 자기보다 넓은 공간에서 생활하는 것처럼 느껴져도 사실 젖소는 드러나지 않게 일을 하고 있는 것이다. 젖소에게 황소와 같이 양적 목표치를 강요하거나 밭도 갈고 수레도 나르고 우유까지 생산하게 하는 것은 어리석은 일이다.

하지만 애석하게도 자의반 타의반으로 황소처럼 일하는 젖소를 심심치 않게 볼 수 있다. 기업이 원하는 이노베이션을 위해서는 디자이너와 기획자에게 양적 생산보다는 질적 완성도를 높일 수 있는 환경과 업무를 제공해야 하고, 이런 차별은 다른 구성원의 이해가 필요한 부분이다. 애플의 아이폰은 1년에 하나의 모델이 나오지만, 그 완성도로 인해 같은 기간에 여러 종의 스마트폰을 내놓는 경쟁사보다 판매 실적이 월등히 높은 점을 생각해 보아야 한다.

우리나라 산업계 전반에 디자인이 화두가 되기 시작한 것은 2000년대 중반이었다. 삼성전자, LG전자와 같은 대기업은 각 사업부에 흩어져 있던 제품별 디자인실을 모아서 디자인 경영센터를 앞다투어 설립했다. 과감한 물량과 인적자원을 투자해서 그야말로 디자인의 전성시대가 도래되는 듯했다. 기업들이 이렇게 디자인을 중시하기 시작한 이유는 크게 세 가지다.

첫째, 애플과 같은 글로벌 경쟁자의 디자인 성공 사례 때문이다. 애플의 아이맥(iMac)과 아이팟(iPod)은 파격적인 제품 디자인과 사용자 편의성이라는 장점을 앞세워 기존의 PC 업체를 위협했고, MP3 플레이어의 강자들을 차례로 침몰시켰다.

둘째, 우리나라의 산업 구조가 제품 성숙기의 소비재, 또는 부품 산업 등에 집중되어 있는 현실에서 발생하는 위기감 때문이었다. 이런 제품은 더는 기술적 차별성으로 소비자에게 매력을 주기가 어려웠고, 따라서 소비자의 구매 욕구를 자극하기 위한 차별적인 요소가 필요했다. 디자인은 소비자의 구매 욕구를 자극하고 제품과 서비스의 교체 주기를 단축시키는 역할을 수행한다. 따라서 기업은 최첨단 기술 상품이나 부가가치가 높은 원천기술·서비스 모델 발굴을 위해 역량을 디자인에 집중하기 시작했다.

마지막으로 사용자의 니즈가 다양해졌기 때문이다. 사용자의 일반 소비재 구매 패턴은 최초 구매보다는 재구매 비율이 높아지고 있었고, 그때마다 자신의 취향을 적극적으로 반영했다. 더구나 선진국 수출 비중이 높은 우리나라의 산업 구조적 특성상 까다로워진 소비자의 입맛을 만족시키는 제품을 생산하기 위해서 다양한 디자인 노력이 필요했다.

인력풀은 커졌지만 혁신은 드물다

이렇듯 우리나라의 디자인 경영의 역사는 외부 환경 변화에서 살아남기 위한 자구책의 일환으로 시작되었고, 어언 10여 년이 흘렀다. 디자인의 중요성이 강조되기 시작하면서 우리나라의 산업계 안팎으로 다양한 변화가 일어나기 시작했다.

우선 디자인 인력 수급과 양성을 위한 움직임이 나타났다. 각 대학은 앞다투어 디자인 관련 전공을 개설했고, 과거 예체능이라 인식되어 홀대 받던 디자인 관련 학과에 학생이 몰리기 시작했다. 각종 통계조사에 따르면 매년 4만 명의 예비 디자이너가 사회에 진출한다. 이는 미국에 이어 두 번째 규모다.

디자인 열풍은 대학에서 시작되어 디자인 관련 특성화 고등학교와 수많은 관련 학원이 생겨나기에 이르렀고, 디자인의 본고장인 미국과 유럽 등지로 유학을 떠나는 학생의 숫자도 급격하게 늘어났다. 이런 노력의 결과로 이제는 주변에서 쉽게 디자인 전문인력을 찾을 수 있게 되었다. 다시 말해서 디자인 인력풀이 갖춰지게 된 것이다.

디자인 싱킹(design thinking)을 기반으로 하는 이노베이션의 중요성은 정부에도 영향을 주어 중앙정부와 지방자치단체를 막론하고 디자인 정책이 마련되었다. 중앙정부에서는 디자인진흥원의 역할이 점점 증대되어 각종 디자인 산업을 지원하고 관련 인력 양성에 투자를 하고 있으며, 지방자치단체도 서로 '디자인 도시'임을 내세워 정책적인 지원을 아끼지 않고 있다. 산업계에서는 그간의 디자인 싱킹, 또는 디자인 경영의 노력이 각종 성과로 이어지고 있다. 레드닷(Red Dot), 아이에프(IF), 아이디어(IDEA) 등 세계 3대 디자인 어워드에서 우리나라 디자이너와 기업의 수상 소식이 이어지며, '메이드인 코리아' 제품은 과거 '싼 가격에 비해 괜찮은 품질'이라는 이미지에서 이제는 디자인 완성도까지 높다는 이미지로 세계인의 마음속을 파고들고 있다.

또한 과거 제조업을 중심으로 이루어지던 디자인 경영이 첨단 IT 산업과 서비스 산업 분야에까지 영역을 확장했으며, 기업도 내부 구성원을 위한 신입 교육과 재교육에 디자인을 필수 과목으로 채택하는 경우가 늘고 있다.

이처럼 디자인 이노베이션 도입은 디자인 관련 인구의 저변 확대와 인프라 확충 면에서 성과를 보이고 있다. 그러나 아직 디자인 선진국과 선진 기업에서 보여주는 디자인 혁신의 사례는 드문 형편이다. 그 이유는 국내 기업에 디자인 이노베이션이 도입되고 발전하는 데 여러 가지 한계점이 있기 때문이다. 우선 국내 기업은 디자인이 중요한지는 알고 있지만 디자인 이노베이션의 중요성에 대해서는 충분한 이해가 없다. 또한 팀별·직무별 개방성이 떨어져 부서별로 동상이몽인 경우가 많다. 게다가 아직도 기업은 '생산자'이며 '공급자'라는 패러다임에 갇힌 채로 소비자와 공감하려는 노력을 제대로 하지 못하고 있다.

디자인 이노베이션을 현업에 적용하는 데 마주하는 한계점은 무엇보다도 디자인 이노베이션에 대한 충분한 이해가 부족하기 때문에 발생한다. 다시 말해, 디자인 이노베이션의 중요성은 인식하고 있지만 이를 충분히 이해하고 진행할 수 있는 역량을 갖춘 인력(창의의 젖소)이 부족하다는 의미다.

의견 충돌을 막기 위해 고객 철학으로 무장한 창의의 젖소를 길러라

일반적인 제품기획 과정을 살펴보자. 제조업의 경우 보통 상품기획, 디자인, 마케팅, 기술개발, 기구설계, 이렇게 다섯 개의 부서가 모여서 새로운 상품을 구상하고 기획하게 된다. 제품 개발을 위해 필요한 기능부서가 모여서 서로 의견을 교환하고 일치시키는 과정을 통해 제품을 양산하는 프로세스를 밟는 것이다. 어찌 보면 지극히 합리적이라고 생각되는 이 과정에서 국내 기업이 디자인 이노베이션을 적용하는 데 한계점이 있음을 찾아볼 수 있다.

대개의 경우 이런 협업 프로세스에서 상품기획이나 마케팅 부서는 제품의 트렌드와 경쟁사의 동향을 주시하며 새로운 기획 상품의 콘셉트 아이디어를 제안하고, 디자이너는 개념뿐인 콘셉트를 눈에 보이는 조형물로 창조해 낸다. 그 사이 기술개발 부서에서는 콘셉트를 반영하는 기능이 구현되도록 노력을 하고 기구설계 부서에는 원래의 조형미를 벗어나지 않는

차원에서 어떻게 부품을 설계해 넣을지 고민한다.

이런 각 부서 간의 커뮤니케이션 과정은 그리 순탄하지만은 않다. 주로 마케팅 부서와 디자인, 그리고 상품기획팀과 디자인팀의 의견 충돌이 많이 일어나게 된다. 각자의 역할이 겹치기 때문이다. 시장의 흐름을 읽어서 앞으로 출시될 제품과 서비스를 기획하는 상품기획 부서, 경쟁자와 소비자의 동향을 잘 파악해서 신상품 아이디어를 만들어내는 마케팅 부서, 그리고 창의적인 방법과 접근으로 새로운 제품과 서비스의 조형과 색채, 디자인을 완성하는 디자인 부서는 기능 면에서는 하는 일이 다르지만, 새로운 것을 생각하고 만들어낸다는 업무의 핵심 속성은 같다.

따라서 이런 팀들이 모여 상품기획 회의를 할 때 저마다 부서에서 구상하고 있는 안에 대한 신념과 주장을 굽히지 않으면 강한 의견 충돌이 발생하는 것이다.

의견 충돌은 여기서 그치지 않는다. 마케팅, 상품기획, 디자인 부서가 제품 콘셉트에 대한 합의를 이루고 나면 디자인 부서는 기술개발, 그리고 기구설계 부서와의 2차 협의를 거쳐야 한다. 대개의 경우 경쟁에서 이기기위해 새롭게 구상되는 제품의 콘셉트와 프로토타입은 최첨단 기술과 디자인을 포함하는데, 제품화 단계에서는 실제 각 기업이 가지고 있는 자원과역량의 영향을 받게 된다. 따라서 콘셉트안의 양산을 위해서는 기술개발부서의 기술 소싱(sourcing)이 잘되어야 하며, 기획된 기능이 잘 구현되도록 적절한 틀을 만드는 기구의 뒷받침이 필요하다.

그럼에도 디자이너의 독창적인 콘셉트는 기능 구현을 위한 물리적 하드웨어 공간과 차이를 보이는 경우가 종종 있기 때문에 이를 해결하기 위한 많은 협의가 관련 부서와 이루어지게 되는 것이다.

의견 충돌이 일어나는 이유는 디자인 이노베이션에 대한 이해가 회사의 구성원 사이에 여전히 잘 자리 잡지 못했기 때문이다. 디자이너가 아닌 일반 직원에게 디자인이라는 단어가 주는 의미는 대개 '외양(look & feel)에 대한 결과물'이다. 이런 인식은 디자인 부서와 디자이너에 대한 역할 기대로 이어져서, 생각과 아이디어는 마케팅이나 상품기획 부서에서 주도적으로 진행하고 디자이너는 외형을 아름답게 만드는 일만 해줄 것을 바라는 것이다.

하지만 디자이너의 생각은 다르다. 제대로 된 외형의 제품 디자인이 나오기 위해서는 디자이너 스스로가 제품에 대해 충분히 이해하는 것은 물론이고 사업적인 측면까지도 잘 알고 있어야 한다고 생각한다. 그 모든 정보와 지식을 담아내서 최종적으로 나오는 디자인이야말로 좋은 디자인이라고 믿기 때문이다.

디자인 이노베이션의 근간이 되는 올바른 디자인 싱킹에 대한 이해는 디자인과 싱킹의 영역을 구분하는 것이 아니라 '디자인 = 싱크(think)'의 등식에서 출발해야 한다. 디자인은 손으로 하는 작업만을 일컫는 것이 아니라 끊임없이 생각하고 문제를 해결하는 과정이기 때문이다.

제품과 서비스를 기획하고 아이디어를 내는 일은 상품기획과 마케팅 부서에서는 싱크로 인식된다. 반면 같은 내용이 디자이너의 세계에서는 디자인이란 말로 불린다. 상품기획과 마케팅, 그리고 디자이너가 추구하는 것은 결국 같은 목표인데 그 과정을 서로 다른 이름으로 부른다는 것을 이해할 필요가 있다.

　기업의 이노베이션 프로세스에서 서로 다른 부서의 역할 충돌을 방지하고 고객이 만족하는 혁신적인 제품과 서비스를 개발하기 위해서는 반드시 고객 철학으로 무장한 창의의 젖소를 길러야 한다.

창의의 젖소, 어떻게 시작할까?

대부분의 사람은 성인으로 성장하는 동안 선대가 만들어놓은 여러 가지 생존 방법과 사회 체계를 학습한다. 그리고 어떤 문제가 발생했을 경우, 알고 있는, 또는 그렇게 해결하면 된다고 배워왔던 지식을 활용해서 해결하려고 한다. 적어도 지금보다 사회의 복잡성과 다양성이 덜했던 과거에는 이런 지식과 방법이 유용했다. 이렇게 학습된 지식을 활용하는 것은 보편적인 문제해결에 유용하다. 특히 시간의 압박이 심한 회사 업무를 수행하는 경우 학습된 지식은 고민의 시간을 줄여주어 효율성 측면에서 진가를 발휘하게 된다.

하지만 애석하게도 회사의 모든 문제 상황에 대해 알고 있다고 해서 그 지식이 해결 방법까지 주지 못하는 것이 현실이다. 우리가 초등학교 때 구구단만 잘 외우면 단순한 계산 문제는 금세 풀 수 있지만, 학년이 올라가고 수식이 복잡해지면 구구단만으로는 문제를 해결할 수 없게 되는 것과 같다. 또한 학습된 지식에 대해 지나치게 의존하면 그 지식이 왜 문제해결에 좋은 방법인지, 그것보다 효율적인 방법은 없는지 궁금해하고 찾아보는 기회를 뺏기게 된다. 그리고 결국에는 처음 보는 문제에 대해서 '푸는 방법을 안 배워서 못 푼다'라는 모순적인 변명까지도 하게 만든다.

생각해 보면 세상의 모든 문제를 해결하는 모든 방법을 숙달하는 것은 불가능에 가깝다. 그럼에도 누군가는 그 불가능하다고 여겨지는 문제를 해결하고, 또 누군가는 더 나은 해답을 연이어 제시한다. 어떻게 그것이 가능할까? 나는 그 출발점이 결국 문제해결 방법을 고민하고 디자인하는 능력이라고 본다. 그리고 세상의 모든 혁신과 발전은 '많이 아는 사람'보다는 '고민하고 새롭게 디자인하는 능력이 큰 사람'에 의해서 이루어진다고 생각한다.

외간 남자를 꺼리는 중동 여성을 리서치 하는 방법은?

나는 수많은 리서치를 수행하면서 그런 경험을 직·간접적으로 하게 되었다. 한번은 내가 중동 시장을 대상으로 가정용 냉장고에 대한 리서치를 수행한 일이 있었다. 늘 하던 대로 현지 리서치 대행 업체에 의뢰를 하고 중동의 가정주부를 대상으로 개별 면접과 FGI(Focus Group Interview)를 준비해줄 것을 부탁했다. 왜냐하면 그것이 가장 일반적인 방법이었고, 기존의 방식을 따른 것이라 편리했기 때문이다. 그런데 현지의 업체에서 온 회신은 절대 불가하다는 것이었다. 왜냐하면 리서치 진행자가 남자인 경우 여성을 독대하는 것이 어려울 뿐더러 한 장소에 모여서 좌담회를 하는 것 또한 그리 흔한 경우가 아니어서 대상자를 뽑는 것도 어렵다는 이유였다. 중동의 무슬림 여성은 가족이 아닌 외간 남자와의 만남이나 접촉을 엄격하게 꺼리는 편이다. 물론 나라마다 약간씩 차이가 있다. 어떤 나라에서는 눈을 제외한 온몸을 가린 채 다니는 여성도 있고, 또 어떤 나라에서는 머리만 다양한 컬러의 스카프로 가리고 한참 멋을 부리고 거리를 활보하는 여성도 있다. 여러분도 뉴스를 통해 들었겠지만, 율법이 엄격한 나라의 경우 여성과의 만남이나 접촉에서 조심하지 않으면 큰 낭패를 볼 수 있다.

리서치를 수행하고 새로운 상품에 대한 콘셉트를 만들어야 하는 프로젝트팀 입장에서는 난감할 수밖에 없었다. 우선 전화 면접이나 서면 답변 서베이를 진행하는 방법을 대안으로 생각해볼 수는 있었지만, 리서치 내용 중에 출시 전인 신제품 냉장고 반응도 포함되어 있다보니 이런 조사 방법은 고객의 니즈와 반응을 정확히 파악하는 데 어려움이 있었다.

나는 어떻게 이 문제를 해결할 수 있을까를 고민했다. 그리고 중동 여성의 일상에 대해 관심을 가지고 관찰하기 시작했다. 그러다가 아주 자연스럽게 중동의 여성이 모이는 공간을 발견했다. 바로 미용실이었다. 흔히 생각하기에 중동 여성은 얼굴을 가리기 때문에 아름다움을 가꾸는 것에 별로 관심이 없을 것 같지만, 천만의 말씀이다. 그들이 두르는 검정색 히잡도 종류가 다양하고 나름의 무늬와 패턴이 있으며 가격도 천차만별이다. 또한 히잡을 둘렀음에도 안에 감추어진 화려한 메이크업은 그 어느 나라 여성 못지않다.

이처럼 현지 여성의 행태 관찰을 통해 그들이 미용실에 자주 가는 것을 알게 되었고, 이에 따라 전혀 새로운 방법의 리서치를 시도하게 되었다. 우선 인기 있는 미용실에 협조를 구해서 눈에 잘 띄는 공간에 조사 대상인 냉장고를 전시하고, 리서치팀은 미용실의 허드렛일을 도와주는 스태프로 가장했다. 그리고 냉장고를 보는 중동 여성의 자연스러운 태도를 관찰하고 다가가서 간단한 질문을 하는 방법으로 그들의 반응과 숨은 니즈를 파악했다.

결과는 만족스러웠다. 쉽게 접하기 어려웠던 중동 여성들은 자신만의 공간인 미용실에서 자유롭게 의견을 이야기했고, 아주 세밀한 부분까지도 지적하거나 보완 아이디어를 제공해 주었다. 그 결과 중동 여성이 냉장고에 보관하는 아이템이나 보관 방법이 다른 나라와 차이가 있고, 냉장고의 설치 위치와 주 사용자(가사 도우미)에 대해 품고 있는 불안도 파악할 수 있었다.

내가 기존의 익숙하고 편한, 그리고 이미 알고 있는 조사 방법을 택했더라면 어떻게 되었을까? 아마도 고객의 진짜 니즈를 파악하고 이를 반영한 신제품을 만드는 것은 불가능했을 것이다.

이 리서치의 경험은 나에게 새로운 프로젝트, 새로운 리서치를 할 때마다 늘 어떻게 하면 더욱 많은 고객 니즈를 파악할 수 있을까를 먼저 고민하는 습관을 가지게 해주었다. 이런 습관은 세상의 모든 문제를 여전히 해결

△ 중동 국가의 히잡 판매점. 다양한 종류와 색상에 놀라게 된다. 현지 여성의 행태 관찰을 통해 그들이 미용실에 자주 가는 것을 알게 되었고, 이에 따라 전혀 새로운 방법의 리서치를 시도하게 되었다.

할 수는 없지만, 적어도 어떤 문제 앞에서도 두려워하지 않는 자신감을 가지게 해주었다.

　여러분도 이제부터 문제를 해결하는 방법부터 고민하고 디자인해 보라. 그것이 바로 세상의 위대한 천재와 성공한 사람의 비결이다.

4
창의력 근시안, 창의력 원시안

모든 일이 마찬가지겠지만 한 분야에서 오랫동안(적어도 10년 이상) 일을 하면 그 분야에서는 어느 정도 전문가가 될 수 있다. 그리고 이런 전문성은 그 분야의 여러 가지 문제를 해결하는 데 도움이 된다. 이노베이션 영역도 마찬가지다. 그것이 신제품이나 새로운 서비스를 기획하는 것이든, 아니면 새로운 디자인 콘셉트를 만들어내는 것이든 전문성은 큰 힘을 발휘하게 된다.

하지만 이노베이션 영역에서의 전문성에는 한 가지 추가되어야 할 사항이 있다. 그것은 원근을 조절하는 힘이다. 우리가 어릴 적 TV나 책을 가까이 보면 부모님께 "눈이 나빠지니 좀 떨어져서 봐"라는 말을 흔히 들었을 것이다. 마찬가지로 한 가지 업무에만 몰두하다보면 다른 것에 대해서는 무신경하게 되고 덜 자극 받게 되는 증상이 생겨난다. 다시 말해 근시안(가까운 것은 보이고 먼 것은 잘 안 보이는)이 되는 것이다. 디자이너와 기획자 역시 늘 새로운 제품이나 트렌드를 가까이 하고, 주변에도 관련된 일을 하는 사람이 많기 때문에 새로운 것을 보는 감각이 발달되어 있는 반면, 익숙한 것에서 새로운 것을 찾는 것은 둔하게 되어 '창의력 근시안(creative myopia)'이 되기 쉽다.

창의력 근시안이 되면 고객의 진짜 니즈를 파악하기 어렵다. 인터뷰나 리서치를 진행한다고 하더라도 고객을 폭넓게 이해하기보다는 그들의 눈에 보이는 것, 다시 말해 업무에 도움이 된다고 생각되는 내용에만 귀를 기울이고 어떻게 활용할까를 고민하게 된다. 확증편향(자신의 신념과 일치하는 정보는 받아들이고 그렇지 않은 정보는 무시하는 태도)에 빠지게 되는 것이다.

또 창의력 근시안에 걸린 사람은 방법론이나 툴킷을 상당히 신봉하는 특징을 보인다. 툴킷이나 방법론이 마치 만능 열쇠처럼 모든 고객의 문제를 진단하고 해결할 것이라는 착각에도 쉽게 빠진다.

하지만 이런 툴킷이나 방법론은 고객이 가지고 있는 다양한 문제를 바라보는 하나의 시선에 불과하다. 방법론과 툴킷은 이에 들어맞는 고객의 현상을 파악하는 데는 도움이 되나 이 틀을 벗어나는 수많은 고객의 잠재 니즈는 설명하지 못한다. 게다가 모든 경쟁자가 같은 툴킷과 방법론을 사용한다면 누구도 보지 못했던 고객의 숨은 니즈를 발견한다든지, 이를 해결하기 위한 독창적인, 또는 끝내주는 콘셉트를 제안한다는 것 자체가 요

원한 일이 될 수 있다.

반대로 기획관리나 디자인 경영 종사자는, 먼 것은 보는 반면 가까운 것은 잘 보지 못하는 창의력 원시안(creative hyperopia)에 걸릴 가능성이 높다. 이는 그들의 업무 자체가 회사의 경영 방침이나 매출 목표, 미래 비전 등 다소 거시적인 방향성에 집중해야 하고, 현업에서 발을 떼고 관리 업무를 하다보니 디테일이 강조되는 기획이나 디자인, 그리고 개별 서비스와 제품의 차별적 가치에 대해서는 감이 떨어지는 것을 의미한다. 아마도 디자인 부서와 상품기획 부서에서 관리자와 담당자가 흔히 겪는 갈등은 창의력 근시안인 담당자와 원시안인 관리자 사이의 시각 차이에서 기인한 것일 가능성이 크다.

근시안과 원시안을 조절하는 원근법

예를 들어보자. 20~30대를 대상으로 새로운 가전제품의 콘셉트를 디자인해야 하는 과제가 있다고 치자. 그러면 대부분의 회사에서는 개별 디자이너가 팀을 꾸려서 여러 개의 디자인 콘셉트 시안을 만들고, 이 중에서 가장 적합한 것을 선별하고 이를 제품화 한다. 이 과정에서 프로젝트 기간 내내 타깃 고객을 대상으로 디자인 연구에 몰입한 디자이너의 시안이, 상대적으로 개별 프로젝트에 집중하기보다는 여러 프로젝트 관리에 에너지를 더 많이 쏟은 디자인 관리자에 의해 선별된다.

문제는 디자인 관리자가 디자인의 기술적인 부분에 대한 지식은 높은 수준인 반면 타깃 고객의 디자인 선호에 대한 감이 떨어질 때 발생한다. 다시 말해서 관리자가 선호하고 선택한 디자인이 정작 타깃 고객이 선호하는 디자인이 아닌 경우가 발생한다는 말이다. 애석하게도 이는 매우 흔하게 일어나는 문제다. 고객의 선호보다는 담당 임원의 취향이 어떤 것인가를 파악하는 것이 더 중요한 일이 되기도 한다.

이런 창의력 저하를 예방하고 해결하기 위해서는 어떻게 해야 할까? 창의력 근시안에 빠지지 않기 위해서는 열린 마음으로 자주 고객의 생활환경에 노출되어야 한다. 나와 성향이 다른 사람과 어울려 보기도 하고 다른 사람의 일상에 관심을 가져보기도 하고, 새로운 것을 배워보기도 하라. 마치 이는 안구 운동과도 같다.

흔히 근시안에 걸리지 않기 위해서 하는 안구 운동이 멀리 있는 것, 중간 위치에 있는 것, 그리고 가까이 있는 것을 차례로 보기를 반복하는 것처럼 창의적인 업무를 수행하는 사람도 자신의 생각과 발상의 원근법을 조절하는 연습을 해야 한다(군대를 다녀온 사람은 알겠지만, 이는 사격 연습과도 비슷하다. 가장 먼 곳의 타깃에 사격하고, 그 다음에 중간 타깃, 그리고 가장 가까운 타깃을 사격하는 순서로 20발을 쏜다. 이를 반복하다보면 어떤 곳에 위치한 타깃이든 정확하게 맞힐 수 있게 된다).

반대로 창의력의 원시안에 걸리지 않기 위해서는 관리자도 주기적으로 직접 프로젝트를 진행한다든지, 고객 리서치를 따라 다닌다든지 하는 좀 더 활동적인 움직임이 필요하다. 그렇다고 이미 다른 담당자가 하는 프로젝트에 개입해서는 안 된다. 이는 그냥 관리일 뿐이니까 말이다. 운전하는 사람이 제일 싫어하는 간섭하는 동승자(back seat driver)가 되어서는 안 된다. 불안한 마음에 자꾸 이런저런 이야기를 하다보면 운전자도 불안해지고 사고의 위험도 높아진다. 담당자가 진행하는 업무에 대해서는 그냥 담당자를 신뢰하고 맡겨라. 디자인 관리자는 스스로의 프로젝트를 진행해서 자신의 감을 유지하도록 애쓰는 것이 바람직하다.

그리고 근시안을 예방하는 것처럼 원근법을 조절하는 연습을 함께 해야 한다. 젊은 감각을 유지하도록 늘 노력하라. 개인 차원을 넘어서 팀이나 회사 차원의 창의력 저하를 예방하기 위해서는 관리자와 담당자가 함께 모여서 오픈 토론을 자주 가지면 좋다. 격의 없이 서로의 시선에서 바라보는 목표와 문제에 대해 이야기하고 고민하는 시간을 가지는 것이 중요하다. 관리자와 담당자 모두 각자에게 부족한 부분을 채울 수 있다.

창의의 시력 저하를 방지하기 위해서 부단히 노력하자. 답은 자주 움직이는 것에 있다.

CHAPTER

창의의 젖소들이 일하는 법,
크리에이티브 R

크리에이티브 R1

▼

Rapport

고객과 공감대 형성하기

1

괴짜 사용자에 포커스를 맞추어라

기존 사용자를 대상으로 한 시장조사는 대부분 다수 의견이 어떠한지를 파악하는 상당히 민주적인 결과를 찾는 데 집중했다. 그래서 대다수의 사용자를 대상으로 디자이너나 기획자가 가지고 있는 생각, 즉 가설에 대해 묻고 그들의 반응을 수집하는 것이 대부분의 시장조사, 또는 마케팅 조사였다.

한번쯤 생각해 보자. 이런 조사를 진행했을 때 얻게 되는 결과가 디자이너나 기획자가 가지고 있는 가설과 많이 다른 적이 있었는가? 몰랐던 새로운 사실을 많이 알게 된 적이 있었는가? 사용자가 그들이 가지고 있는 문제에 대해서 제대로 표현한 적이 있었는가? 아마도 이에 대해서 "그렇다",

"많았다"라고 대답하기 쉽지 않을 것이다.

왜 이런 뻔한 결과가 나올 수밖에 없을까?

첫째, 의식적이든 무의식적이든 가설적인 접근이 가져오는 자기편향의 함정 때문이다. 즉 디자이너와 기획자가 만든 새로운 제품의 콘셉트를 검증할 때 사용자에게 묻는 질문의 유형은 중립적이지 않다. 예를 들면 사용자에게 이런 질문을 던지는 것이다.

"새로운 기술이 탑재된 휴대폰을 사용해서 장편 영화를 2초 만에 다운받을 수 있는 서비스를 제공하려고 합니다. 어떻게 생각하시나요?"

이것은 답이 너무나 뻔한 유도 질문이나 다름이 없다. 그렇다보니 시장조사 결과는 늘 기획자와 디자이너의 편일 수밖에 없다. 실제 그 새로운 서비스나 제품이 시장에 출시되고 난 이후의 반응이 기대와 다른 반응을 보일 수도 있는데 말이다.

이쯤 되면 시장조사 무용론을 주장하거나, "사용자는 아무것도 몰라요", "내가 다 해봤는데, 내가 하는 게 맞아"라고 이야기하는 사람이 생겨나는 것도 당연한 일인지 모르겠다. 심지어는 회사의 의사결정자도 이런 심각한 오류에 빠지는 경우를 흔히 볼 수 있다. 고객조사가 묻고 대답하기의 간단한 형태를 띠고 있어서 그렇게 쉽게 넘겨짚는 일이 생기는 것 같은데, 간단해 보이는 고객조사도 그 조사의 설계와 진행에서 상당한 정밀도를 요구한다. 그래서 나는 조사 설계 부분은 타협하지 않는다. 그것이 결국은 기업의 생산 비용을 낮추고 수익을 높이기 때문이다.

둘째, 의사결정에서 민주적인 숫자에 의존하는 습관 때문에 시장조사에서 디자이너와 기획자는 그들이 의도한 의미 없는 결과를 얻게 된다. 다시 말해 다수의 의견이 중요하다는 생각 때문에 현재 제품의 주요 사용층에게 새로운 제품이나 서비스의 콘셉트를 묻는 실수를 범하게 된다.

신제품 확산 모형에 따른 고객 분포를 보면, 얼리어답터(early adopters) 이후에 다수의 일반수용자층(early majority)이 시장을 형성하게 된다. 이들이 제품과 서비스의 주요 고객이라는 의미다. 다수의 일반수용자층은 제품과 서비스에 대해서 별로 불만이 없거나, 있다고 하더라도 추가적인 사항을 적극적으로 요구하는 경우가 많지 않은 경우가 대부분이다. 그런 사용자에게서 경쟁에서 이길 새로운 니즈를 발굴하려고 한다든지, 불편사항을 들어서 개선하려고 한다든지 하는 것은 매우 어려울 것이다.

그렇다면 사용자가 가진 진짜 불편함, 그리고 그들도 모르는 새로운 니즈를 발견하기 위해서는 어떤 사람을 조사해야 할까? 바로 괴짜 사용자(extreme users)에 주목해야 한다. 이들은 우리가 흔히 알고 있는 얼리어답터와는 다르다. 얼리어답터는 신제품이나 서비스가 나올 때 이를 먼저 구매하는 계층으로, 주로 구매행위에 초점을 둔다. 이들에게는 남보다 먼저 구매하고 보유하고 있다는 점이 구매동기로 작용한다.

반면에 괴짜 사용자는 제품이나 서비스 사용에서 남과 다른 불편함과 니즈를 가지고 있는 사람이다. 또한 이들은 불편함과 니즈를 인식하는 것을 넘어서 스스로 해결책을 만들어내고 이를 통해 문제를 적극적으로 해결하려고 한다. 즉 사용자의 제품이나 서비스 사용행위에 좀 더 중점을 둔다. 이들은 새로운 서비스나 제품을 개발하는 데 상당히 좋은 힌트를 제공한다. 제품이나 서비스 사용에서 다소 불편함이 있어도 그냥 받아들이고 적응하는 대다수의 일반 사용자와는 달리 자신이 직접 적극적으로 문제를 해결하려고 하기 때문이다. 따라서 기업의 입장에서 알아채지 못했던 사용자의 불편함이 무엇인지를 알게 해주고, 또한 그들이 고안한 해결 방법이 디자이너와 기획자에게 새로운 제품이나 서비스의 아이디어가 되기도 한다.

괴짜 사용자층도 만족시킬 수 있는 제품과 서비스라면 일반 다수 사용자가 감동하는 제품과 서비스가 될 수 있다. 왜냐하면 일반 다수 사용자는 새로운 제품과 서비스가 그들이 미처 생각하지 못했던 부분까지 신경 쓰고 챙겨준다고 여길 것이기 때문이다.

이처럼 다소 엉뚱해 보이는 괴짜 사용자는 새로운 제품과 서비스를 개발해야 하는 디자이너와 기획자에게 창의력의 보물창고와 같은 존재다. 눈을 크게 뜨고 조금은 특이하고 엉뚱한 사용자를 찾고 유심히 관찰하라. 그러면 새로운 아이디어의 단서를 좀 더 쉽게 발견할 수 있다.

이노베이션 다르게 보기

우연히 길에서 만난 전동 휠체어. 자세히 보면 보조인을 위한 발판을 사용자가 직접 설치했음을 알 수 있다. 가까이 가서 보니 이 전동휠체어의 주인은 다리뿐만 아니라 몸 전체의 거동이 불편한 분이었다. 따라서 이분은 보조인의 도움이 꼭 필요하고, 보조인과 함께 전동휠체어를 사용하고 싶어 했을 것이다. 하지만 그런 제품을 구할 수 없자 자구책으로 보조

△ 거리에서 마주친 전동 휠체어. 사용자가 자신의 필요를 충족시키기 위해 직접 보조발판을 단 것에서 휠체어 디자인에 관한 영감을 얻을 수 있다. 유사한 니즈를 가진 다른 상황에도 적용이 가능하다.

인용 발판을 따로 단 것이 아닐까(게다가 물병 꽂이도 달려 있다)?

우선 이분의 아이디어는 디자이너에게 휠체어 디자인에 관한 영감을 줄 수 있다. 또한 유사한 니즈를 가진 다른 상황에도 적용이 가능하다. 예를 들어 유모차 디자인에도 고려해볼 만하지 않을까?

고객 관찰에서 중요한 포인트 두 가지는, 첫째, 그들이 진정으로 불편한 것, 또는 니즈가 무엇인가를 발견하는 것이다. 둘째, 그들 스스로 불편함을 어떻게 해결하고 있는가이다.

우리는 거리에서 번뜩이는 통찰력을 제시해 주는 평범한 사용자들을 만난다. 비록 세련된 방법은 아니지만 그야말로 기발하다. 고객이야말로 무한한 혁신의 원천이고 늘 경청하고 존중해야 하는 대상이다. 정형화된 세팅 안에서 선별된 고객을 연구하는 건 누구나 배우면 할 수 있다. 그러나 진정한 이노베이션은 평범함을 비범함으로 바라보는 태도에서 나온다.

오토바이 택배 종사자의 니즈를 해결하는 제품은?

오토바이 택배업 종사자에게는 콜을 받는 것이 생계와 직결된 매우 중요한 일이다. 택배 중개업체가 난립하고 있는 현실에서 한 대의 스마트폰만으로 콜을 받는 것은 그들에게 핵심적인 불편사항이었을 것이다. 따라서 이분들은 다양한 형태로 스스로 보완하는 방법을 찾았다.

사진처럼 합판에 여러 대의 스마트폰을 동시에 거치할 수 있도록 만들어서 오토바이에 부착하기도 하고, 락앤락 같은 반찬통을 활용하여 비오는 상황에 대비하기도 한다.

기획자와 디자이너가 이들의 니즈를 해결해 주는 제품을 만든다면 어떤 모습일까? 상상해 보자.

△ 오토바이 택배업 종사자가 여러 대의 스마트폰을 합판에 붙여서 보고 있다. 기획자와 디자이너가 이들의 니즈를 해결해 주는 제품을 만든다면 어떤 모습일까?

2
사용자 조사 – 여행자가 되어 현지인처럼 녹아들어라

사용자를 가장 잘 관찰할 수 있는 장소는?

사용자를 조사하기 가장 좋은 장소는 어디일까?

사용자 조사를 한다고 하면, 조사업체를 고용한 다음, 새로운 제품이나 디자인 콘셉트에 대해 많은 이야기를 해줄 수 있는 고객을 선별하고, 그들을 조사업체의 시설로 불러들여 인터뷰를 진행하는 경우가 대부분이다.

그러나 이런 방법은 앞서 말한 바와 같이 사용자의 진짜 니즈를 찾을 가능성이 낮다. 사용자 조사를 직접 수행한다면 그나마 다행이다. 아마도 대부분은 자기 책상에 앉아 빠르고 방대한 인터넷의 도움으로 새로운 아이디어의 근거를 탐색(search)하는 정도일 것이다. 꼭 일정상의 문제 때문이 아니더라도 가장 손쉽고 비용도 적게 드는 방법이라고 생각하기 때문이다. 조사 방법에 대한 충분한 이해와 숙련 없이도 회사 보고용이나 자신의 가설을 뒷받침하기 위한 근거용으로 이만큼 정제된 자료를 쉽고 빠르게 얻는 방법은 또 없을 테니 말이다.

하지만 기획자와 디자이너가 수행해야 하는 사용자 조사는, 다시 강조하지만, 디자이너와 기획자가 이미 구상해 놓은 콘셉트를 지지하는 사용자 근거를 얻기 위한 것도 아니고, 경쟁사도 알 수 있는 뻔한 결과를 얻기 위한 것도 아니다. 사용자를 여러 가지 측면으로 연구하고 그들에 대한 깊은 이해를 바탕으로 아직 알려지지 않았거나 해결하고 있지 못한 니즈를 발굴하는 것이 사용자 조사의 으뜸 가는 목적이다. 그리고 이를 해결하기 위한 아이디어의 근거를 찾는 것이 그 다음의 목적이다.

진정으로 사용자를 제대로 보려면 어디로 가야 할까? 앞에서 언급했듯이 그들의 일상 속으로 들어가야 하는 것이 필수적이다. 그렇다면 도대체 어디로 가야 사용자를 잘 볼 수 있을까?

내가 제시하는 방법은 '여행자 되어보기'다. 여러분이 낯선 곳으로 여행을 간다고 상상해 보자. 대개의 경우는 그 낯선 곳에 대한 정보를 얻기 위해서 인터넷이나 가이드북을 뒤져보고, 그 정보를 바탕으로 일정이나 비용 계획을 세울 것이다. 사용자를 제대로 연구하기 위한 장소를 찾는 것도 비슷한 방법으로 하면 된다. 사용자와 인터뷰를 진행하기 전에 먼저 사용자의 주 생활영역과 공간이 어디인지를 연구하라. 인터넷을 검색하고, 주변의 이야기도 들어서 적합한 장소를 찾아라. 그리고 그곳에 가서 인터뷰를 진행하라. 그러면 많은 아이디어의 단서를 얻을 수 있다.

여행을 좋아하는 사람이 있다고 하자. 이제 막 좋아하기 시작한 사람도 있고, 여행을 자주 다녀서 어느 정도 자신만의 노하우를 가진 사람도 있다. '여행자 되어보기' 방법은 사용자 조사를 생각하고 있는 디자이너나 기획자라면 누구나 쉽게 떠올릴 수 있는 방법이다.

그럼 전문가는 어디서 사용자를 만나고 연구할까? 이 역시 전문 여행자에게서 그 방법을 배우면 된다. 그들은 아이러니하게도 스스로 관광객으로 보이는 것을 좋아하지 않는다. 남들이 다 가는 유명한 장소보다는 소수만 알거나 현지인이 좋아하는 곳에 가서 이국적인 정취를 느끼는 것을 선호한다. 그들은 여행지에서 만나는 현지인(호텔 직원, 택시 기사, 식당 종업원 등)에게 어디에 가면 관광객이 아닌 현지인을 느낄 수 있는지 물어본다. 현지인은 어디에서 밥을 먹고, 쇼핑을 하고, 놀이를 하고, 사람들과 어울리는지 등을 물어보고 그 장소에 가서 현지인이 되어보기도 하고 그들의 문화를 배우고 이해한다.

마찬가지 방법으로 사용자 조사를 할 때도 사전에 고객에게 미리 물어보는 것도 좋은 방법이다. 조사 대상인 사용자가 주로 가는 곳이 어디인지, 특별하게 가는 곳이 있는지 등을 물어보고 그 장소에서 사용자 인터뷰를 진행하면 사용자의 상황을 좀 더 이해할 수 있다. 당연히 새로운 아이디어의 단서를 찾을 확률도 높아질 것이다.

한 가지 덧붙여서. 디자이너와 기획자가 사용자를 더 잘 이해하고 그들로부터 새로운 아이디어의 힌트를 얻기 위해서는 이렇게 사용자의 주 생활공간을 찾아서 방문하는 일을 업무와 관련 없이도 틈틈히 지속적으로 하라고 권하고 싶다. 요즘 사람들이 자주 가는 곳이거나, 한 번도 경험해보지 못한 장소이거나, 심지어 늘 사람들이 자주 모이는 공공 장소(역, 공항, 백화점, 은행, 공원 등)에도 시간이 날 때마다 가보길 권한다. 그곳에 가서 사람들을 관심 있게 보는 연습을 하는 것만으로도 새로운 아이디어 힌트를 많이 얻을 수 있다.

여기서 반드시 기억해야 하는 것은, 특이한 모습을 찾을 것이 아니라 '왜 사람들이 저렇게 행동할까?' 하면서 이유를 찾아야 한다는 것이다. 이런 연습을 통해 실제 업무에서도 빠르고 효율적인 사용자 조사의 위치와 방법을 떠올릴 수 있다.

자, 이제 편하고 익숙한 책상에서 일어나 사용자가 있는 공간으로 향할 시간이다.

3

이치란 라면집의 성공이 주는 교훈

외국인 디자이너가 개발한 제품·서비스가 대부분 실패한 이유

인간은 원래 자신이 나고 자란 환경, 받은 교육, 그리고 경험한 세상에 의해서 새로운 것을 받아들이고 해석하려는 경향이 강하다. 그래서 새로운 것을 접할 때 자신에게 익숙한 문화적 코드와 맞지 않으면 거부감을 표시하거나, 원래의 의도와는 다르게 해석하는 것이 일반적이다.

이런 편견은 디자이너와 기획자가 가장 먼저 버려야 할 것이다. 혹자는 이런 주관적이고 이질적인 시각으로 고객을 이해하는 것은 자신이 미처 보지 못했던 부분을 발견하는 데 도움이 되기 때문에 좋은 접근이라고 주장하기도 한다. 이 주장도 일리가 있지만, 어디까지나 열린 접근의 한 방법으로서 사용될 때만 효과적일 것이다.

예를 들어보자. 과거 몇몇 대기업은 외국인 컨설턴트와 디자이너를 고용해서 그들의 시각으로 우리나라 소비자에게 어필할 수 있는 제품과 서비스를 디자인하고 개발한 적이 있다. 이들에게 국내 소비자를 대상으로 리서치 업무를 시키기도 하고, 또는 대기업의 타깃 소비자 조사 결과를 주고 고객 분석과 콘셉트 작업을 진행시키기도 했다. 외국인의 시각을 기업에서 선호하는 이유는 그들이 선진적인 리서치 방법이나 경험이 있을 것이라는 막연한 기대 때문이기도 하고, 외국인과 일하는 것이 재미있고 효과적인 경험이라고 생각하기 때문이기도 하다.

하지만 이런 시도는 큰 성공을 거두지 못한 경우가 많았다. 나는 그 이유를 크게 두 가지로 본다. 첫째, 국내 기업이 외국 디자인 회사나 컨설팅 회사의 성공 기반에 대해 충분히 이해하지 못했기 때문이다. 외국 디자인 회사나 컨설팅 기업의 성공 사례는 자국의 문화적 환경에 기반을 둔 경우가 대부분이다. 즉 그들이 주로 연구한 고객은 자기 나라의 국민이고, 또 자신 역시 고객과 문화적 배경이 같기 때문에 고객이 공감하는 혁신을 이룰 수 있었다는 점이다. 또한 고객이 느끼는 어려움을 제대로 이해했기 때문에 고객의 문제를 잘 해결해줄 수 있었다.

두 번째 이유는, 새롭다는 인식의 시간차 때문이다. 외국인의 눈에는 우리나라의 문화적 환경이나 생활방식 자체가 새롭게 보일 수 있다. 그들의 눈에 새롭게 느껴지는 고객의 문제—우리에겐 새롭지 않은—가 발견되면, 그들은 자신이 가진 기존의 지식이나, 또는 자신이 속한 문화에서 유사한 문제를 해결하는 방법에 기반을 둔 솔루션을 만들어내고 제안한다.

그러나 고객의 문제를 해결하고 니즈를 충족시키는 솔루션으로 이용하는 방법은 고객의 최종 선택이지 유일한 선택이 아니라는 점을 명심해야 한다. 고객은 여러 방법―이 중에는 외국인 컨설턴트가 제안한 방법도 있을 수 있다―을 시도해 보고 그중에 고객의 문화적 환경에서 가장 나은, 또는 가장 적합한 방법을 선택한다는 의미다. 다시 말해, 다른 나라에 유사한 고객 현상에 대한 솔루션이 있다고 하더라도 그 현상의 발생 원인과 해결책에 대한 선호도는 문화적 배경에 따라 다를 수 있다는 이야기다.

예를 들어보자. 일본에는 '이치란'이라는 유명한 라면 가게가 있다. 이 집은 후쿠오카식의 라면을 파는 집이라는 점 이외에 독특한 인테리어로 유명하다. 일단 가게에 들어서면 원하는 라면과 토핑, 사이드 메뉴와 음료를 선택할 수 있는 자판기가 있다. 여기에서 원하는 음식을 선택하면 쿠폰이 인쇄되어 나오고, 손님은 이것을 들고 식당으로 들어간다.

식당에 들어서면 우리나라의 독서실처럼 1인용 칸막이가 있는 식탁이 주방을 향해서 늘어서 있다. 즉 혼자 밥을 먹는 사람을 위한 세팅이다. 손님이 원하는 자리에 앉아서 마주 보는 칸막이를 열고 쿠폰을 넣으면, 주방 안의 종업원이 음식을 다시 칸막이 너머로 전달해 주고 칸막이를 닫는다. 종업원과의 대화는 거의 없다. 손님은 조용히 앉아서 주문한 음식을 즐기고 가면 되는 구조다. 이 라면집은 인기가 높아서 식사 시간에 사람들이 줄을 서서 먹기도 한다.

일본인들이 이 독특한 라면집을 선호하는 이유를 한번 생각해 보자. 후 쿠오카식 라면이 먹고 싶은 사람이 많아서일까? 아니면 독특한 인테리어 를 경험하고 싶은 호기심 많은 사람이 몰려서일까? 그것도 아니면, 같이 식사할 파트너를 구하지 못한 사람이 혼자 먹는 것이 민망해서(혼자 먹는 모습을 보여주는 것이 창피해서) 찾는 것일까? 아마 여기까지 생각했다면 보 통 한국 사람의 관습적 사고다.

이치란 라면집의 타깃 고객은 누구일까? 친구나 동료에게 인기가 없거 나 식사 시간을 놓친 사람일까?

이치란 라면집은 도쿄의 주요 지역에 여러 개의 체인을 가지고 있을 정 도로 성업 중이다. 그만큼 많은 사람이 이용하고 있다는 의미다. 일본인들 이 이 라면집을 선호하는 이유를 파악하기 위해서는 그들의 문화와 정서 를 이해할 필요가 있다. 일본인은 남에게 피해 주는 행동을 하는 것을 좋아 하지 않는다. 그래야 자신의 권리도 보장받을 수 있다고 믿기 때문이다. 그 것은 외식을 하는 경우에도 적용이 되는데, 친구나 동료끼리 점심 같이 먹 으러 가자 하는 것도 '혹시 상대방에게 피해가 되지 않을까', '다른 약속이 있지는 않을까(실제로 내가 만난 일본인은 개인 스케줄을 상당히 중요시 여기고 꼼꼼히 챙긴다)' 하는 생각 때문에 선뜻 먼저 제안하지 않는다.

이런 사고방식은 그들이 식당에서 주문하는 방식에도 적용되어서, 일본 의 식당가에 가면 흔하게 볼 수 있는 것이 주문 전용 자판기다. 물론 가게 가 작기 때문에 미리 주문하면 공간이 확보되는 장점도 있겠지만, 점원과 의 대화도 최소화할 수 있기 때문에 고객이 선호하는 것으로도 보인다. 실제로 대부분의 일본인 고객은 식당에서 종업원에게 예의 바르게 원하는 음식을 주문한다.

이런 측면에서 보면 이치란 라면집의 성공은 일본인이 관계에 대해 가진 습성에서 비롯되는 불편함을 해결해 주는, 기존 자판기 솔루션의 진화한 모델이라고도 볼 수 있다. 다시 말해, 때에 따라 혼자 밥 먹는 것을 부끄러워하기보다는 오히려 선호하고 즐기는 일본인의 니즈가 이치란의 독특한 방식에 반영되었다고 본다. 나를 이치란에 안내해준 일본인 친구도 사람들이 이치란에 가는 이유에 대한 나의 해석에 공감을 표시해 주었다.

사용자가 정말 원하는 것을 찾았는가, 니즈 파악하기

고객에 대한 충분한 이해 없이 기업이 시장에 내놓은 창의적 제품과 서비스는 고객에게 전혀 새롭지도 않고 감흥도 주지 못하는 것이 되기 쉽다. 이것은 비단 외국 디자인 회사나 컨설팅 회사만 범하는 실수는 아니다. 기획자나 디자이너가 자신의 경험이나 지식에 의존해서 충분한 고객이 없는 상태로 자신에게만—타깃 고객이 공감하지 못하는—새로운 제품과 서비스를 기획하고 디자인하는 경우도 이에 해당한다.

디자이너와 기획자의 주관적 창의성에 의존한 신제품과 디자인은 사용자가 '멋지다, 훌륭하다'라고 평할지는 모르나 막상 구매를 주저하고 사지 않는다. 권위 있는 시상식에서 상을 받은 제품과 디자인이 정작 상업적으로는 큰 성과를 거두지 못하는 것도 비슷한 사례다.

우리가 만족시키려고 하는 사용자가 정말 원하는 것이 무엇인지, 그리

△ 일본 이치란 라면 가게의 내부 모습. 때에 따라서 혼자 밥 먹는 것을 부끄러워하기보다는 오히려 선호하고 즐기는 일본인의 니즈가 이치란의 독특한 방식에 반영되었다.

고 그들이 어떠한 시행착오 끝에 그러한 방법을 선택했는지를 깊게 연구하면 더욱 효과적이고 창의적인 디자인과 상품 기획이 가능할 것이다.

이노베이션 다시 보기

"예술가들이 우리 동네에 들어와서 이런저런 걸 하자고 하는 건 솔직히 반대예요. 골목길이 조금 예뻐지고 사람들이 찾아오는 건 좋지만, 그러면 결국 집주인이 집세를 올려달라고 할 테니…."

"사람들이 안 찾던 동네를 우리가 이만큼 키워놨더니 이젠 집주인이 나가라고 하네요. 어디로 가야 할지 막막해요…."

"처음에는 공방 같은 곳이 많았는데, 요즘엔 공방들이 점점 없어지고 대신 카페가 많아진 것 같아요."

"작고 아기자기한 카페 가는 걸 좋아해서 찾아오곤 했는데, 이젠 그런 데보다는 대기업 식당이 많아졌어요."

문래동창작촌, 성수동 카페거리에 거주하거나 방문하는 사람들의 요즘 반응이다. 이들 지역은 과거 소규모 영세 철공소나 제화 공장이 밀집한 곳이었다. 그러다가 정부의 생산 시설 지방 분산 정책과 산업 고도화로 인해 원주민이 하나 둘 떠나갔고, 그 빈 자리를 저렴한 임대료를 찾아 이주한 예

△ 위: 문래동창작촌. 중간: 성수동 카페거리. 아래: 익선동 락희거리.
제 3자가 아닌, 당사자의 입장에서 문제를 이해하고 이에 대한 해결책을 만들어내는 일이 중요하다.

술가들이 채우면서 리노베이션(renovation)이 자연스럽게 형성되어 오늘에 이른 것으로 보인다.

한 번의 프로젝트로 끝나지 않는 쌍방향성의 디자인 이노베이션을!

그러나 현재 이들 동네에 거주하거나 오가는 사람은 모두 불안해 보이는데, 아마도 서로의 이해를 조정하거나 시너지를 내는 방향에 대한 대화와 노력이 부족했기 때문이 아닐까 싶다. 물론 일부 지역에서는 원주민과 이주민 간의 대화와 협력으로 조화롭게 살아가려는 시도를 하는 곳도 있지만(문래동창작촌) 초기부터 함께 고민했다면 어땠을까 하는 생각도 드는 것은 어쩔 수 없다. 이제는 주요 이해관계자이며 동시에 중요한 연구대상이 된 원주민과 예술 이주민을 대상으로 디자인 이노베이션이 어떤 가치를 발굴하여 어떻게 그들의 삶을 더 낫게 만들어줄 수 있을까?

최근 종로구 익선동(낙원상가 근처)에는 '서비스 디자인'이 적용된 락희거리가 조성되었다. 원래 그 지역의 주요 방문객은 낮에 소일거리가 부족한 노인들이었다. 인근 탑골공원에서 하루를 보내며 이곳에 와서 저렴한 식사를 해결한다든지 쇼핑을 하며 시간을 보내는 지역인 것이다. 문래동이나 성수동과는 달리 이곳은 이 동네의 주요 이해관계자인 주민, 방문객에 대한 리서치를 바탕으로 새로운 조형과 디자인이 적용된 듯하다. 이용자의 입장을 충분히 이해하고 이를 바탕으로 디자인 결과물이 나온 것은 고무적인 일로 보지만, 이용자가 어느 정도 수용을 할지는 앞으로 지켜봐야 할 것 같다.

이렇게 새롭게 재조성되고 있는 동네나 공간에 대한 고민을 할때 디자인 이노베이터는 그 디자인의 수명을 어떻게 하면 좀 더 연장할 수 있을까 고민해야 한다. 결국 고객이 느끼고 감동할 수 있고 그래서 지속적으로 사용하고자 할 만한 가치를 만들어내야 한다는 것이다.

결국 한 번의 프로젝트로 끝나는 것이 아니라 고객이 추구하는 가치 변화를 지속적으로 모니터링하고 이를 디자인에 담아내는, 한방향성의 디자인 이노베이션을 꾸준히 해야 한다.

4
사용자 조사는 사용자가 스스로 이끌게 하라

유연하게 조사를 진행하고 가이드라인과 프로토콜은 참고만

창의적 아이디어를 얻기 위해 디자이너와 기획자는 어떤 일을 할까? 대부분 이런저런 트렌드 관련 사이트를 뒤져본다든지, 전시회나 컨퍼런스에 참가한다든지, 또는 사용자 조사를 통해서 아이디어의 단서를 찾으려 할 것이다. 트렌드 사이트나 전시회, 컨퍼런스는 제품이나 서비스의 전체적인 큰 흐름을 파악하는 데 도움이 되지만 직접적인 아이디어의 단서를 발견하기는 쉽지 않다. 오히려 경쟁자는 어떻게 하고 있는지를 알아내는 데 적합하고 효과적이다. 게다가 이런 전시회나 트렌드는 경쟁자 모두에게 공개되기 때문에 제품이나 서비스 이노베이션의 아이디어를 얻는 데는 상대적으로 비효과적이다.

이에 비해 제대로 진행한 사용자 조사를 통해서는 경쟁자도 미처 알지 못하는 새로운 아이디어의 단서를 발견할 수 있다. 따라서 디자이너와 기획자는 사용자 조사를 신제품과 서비스 디자인과 기획단계에 반드시 포함시켜야 한다.

사용자 조사에서 주의할 점은 사용자 조사의 진행 절차(process)를 잘 아는 것만으로는 신제품과 서비스 아이디어의 단서를 찾기가 쉽지 않다는 점이다. 일부 기획자와 디자이너는 그들이 알고 있는 사용자 조사 방법론의 프로세스와 규칙을 지나치게 고수하는 경향이 있는데, 이는 사용자의 자연스러운 생활 속에서 생겨날 수 있는 니즈를 찾기 어렵게 만든다. 큰 맥락에서 논리적인 흐름을 가져가는 것은 중요하지만 사용자 조사에서 방법론과 규칙의 엄격함은 오히려 장애가 될 수 있다는 의미다.

다음과 같은 사용자 현장 방문조사를 가정해 보자.

"안녕하세요. 저는 ○○리서치회사에서 나온 ○○○입니다. 오늘 ×××님의 스마트폰 이용 실태를 알아보려고 하는데요. 스마트폰은 언제부터 이용하셨나요?"

그러자 설문 대상자가 짧게 대답한다.

"2년 전쯤요."

그러면 조사 진행자는 다음 질문이 무엇인지 생각하고 다시 묻는다.

"자주 이용하는 서비스는 무엇인가요?"

"네비게이션이랑, 음악 앱이랑, 음… 그리고 영화도 봐요."

설문 대상자가 답하는 동안 이번에도 조사 진행자는 프로토콜을 보며 다음 질문을 준비한다. 이때 설문 대상자가 말을 이어간다.

"그런데 네비게이션이 참 불편해요."

그러자 조사 진행자는 말을 막는다.

"그건 나중에 따로 물어볼게요. 다음 질문은…."

그다음부터 설문 대상자는 묻는 질문에 계속해서 짧게 대답을 한다. 조사 진행자는 사용자와의 인터뷰를 약속된 시간에 맞추어 준비한 질문을 다 물어본다. 그리고 인터뷰를 마친 뒤 동료에게 인터뷰 결과에 대해 이렇게 이야기한다.

"대부분의 사용자와 별로 다른 것이 없어요."

여러분은 어떻게 생각하는가? 사용자 조사가 잘 진행되었다고 보는가? 그렇지 않을 것이다. 조사 진행자가 한 사용자의 집을 방문해서 조사를 진행할 때 조사 진행 가이드라인(또는 프로토콜)에만 따르면 그 가이드라인 범위 밖에 있는 것이나 사용자가 대답하지 않는 것은 놓치기 쉽다. 오히려 각각의 조사 대상자 눈높이에 따라 유연한 방법으로 조사를 진행하고 가이드라인과 프로토콜은 참고용으로 확인하는 정도가 좋다.

사용자 조사의 목적은 아이디어의 단서를 찾는 것

그리고 명심해야 할 것은 사용자 조사의 목적이 아이디어의 단서를 찾는 것이라는 점이다. 몇몇 조사 진행자는 사용자 인터뷰를 진행할 때 준비한 질문을 모두 물어보기와 시간을 조절하기에 지나치게 신경을 쓴다. 조금만 더 심층적으로 물어보거나 여유를 가지고 관찰하면 발견할 수 있는 사용자의 숨은 니즈나 그들만의 해결책을 놓치게 되는 것이다. 새로운 아이디어의 단서를 발굴하기 위한 사용자 방문조사에서 인터뷰 프로토콜이나 가이드라인에 따라 정해진 시간에 맞추어 조사를 진행하면, 그 조사 결과는 다수 사용자를 대상으로 진행하는 마케팅 조사 결과와 크게 다르지 않다(기억하자. 조사는 사용자의 반응을 확인하는 것이 아니라, 사용자에게서 새로운 아이디어의 힌트를 얻기 위한 것이다). 오히려 가이드라인을 다 지키지 않아도 좋으니, 재미있고, 새로우며 아이디어 발굴에 도움이 될 수 있는 단서를 발견하는 데 집중해야 한다.

그러기 위해서는 사용자 현장 방문조사에서, 첫째, 인터뷰에 응한 사용자를 더 잘 이해하기 위해 서로 교감하는 데 더 많은 시간을 들여야 한다. 둘째, 사용자가 스스로의 템포와 방식에 따라 대화를 이끌어나갈 수 있도록 인터뷰를 진행하는 것이 중요하다.

이렇게 진행하다보면 신기하게도 조사자가 준비한 모든 질문이 그리 조바심 내지 않아도 전부, 또는 그 이상 커버가 되고, 약속된 인터뷰 시간을 조금 넘겨서 진행되더라도 응답자가 거부감을 보이지 않는다는 것을 발견하게 된다. 새로운 아이디어의 힌트를 얻을 가능성도 높아지는 것은 새삼 말할 나위도 없다. 여기에는 기본적으로 인터뷰에 참가하는 응답자의 심리 상태에 대한 이해가 전제가 되는데, 일반적으로 사람들은 보수를 받는 인터뷰라고 하더라도 시험을 보듯이 평가받는 느낌을 좋아하지 않는다.

그보다는 자신이 주인공이 되어 주도적으로 이야기하는 것을 선호한다.

인터뷰 프로토콜과 가이드라인을 지켜가며 진행되는 사용자 조사는 응답자에게 평가받고 있다는 느낌을 줄 수 있다. 왜냐하면 인터뷰 프로토콜이 사용자에게 알고 싶은 질문의 집합으로 구성되어 있기 때문이다. 인터뷰 진행자가 마치 시험 문제지를 받아든 수험생처럼 응답자에게 계속해서 질문만을 해대면 당연히 응답자는 자신이 평가받고 있다고 느낄 수 있다. 이런 느낌을 받는 사용자는 자연스럽게 방어적이고 수동적인 태도를 취하게 되고, 조사자의 목적인 새로운 아이디어 단서의 발견 역시 극히 제한적이 될 수밖에 없다.

사용자가 친구나 편한 다른 사람에게 자신의 생각을 편안하게 전하는 느낌을 가지도록 해주어야 한다. 그런 분위기 속에서 인터뷰가 진행될 때 응답자는 조사자가 미처 생각하지 못했던 그들만의 니즈와 해결책을 이야기하게 되고, 그 이야기는 새로운 아이디어를 만들어내는 훌륭한 씨앗이 될 수 있다.

다음 장에서 실제 사용자 조사 사례를 통해 이에 관해 좀 더 구체적으로 살펴보기로 하자.

이노베이션 다시 보기

고객 인사이트(insight)를 발굴한다는 것은 고객의 일상적인 행위에서 그들이 부여하고 있는 새로운 가치를 발견하는 일에서 출발한다. 대부분의 기획자와 디자이너는 고객이 제조사, 또는 서비스업자가 제공하는 제품이나 서비스가 그들이 원하는 목적과 부합하고 문제를 해결해 주기 때문에 구입하는 것이라고 생각한다. 물론 맞는 말이다. 그러나 이것이 전부라고 생각하면 절대로 혁신의 새로운 출발점인 고객 인사이트를 발견하기 어렵다.

예를 들어보자. 요즘의 우리나라 소비자는 모바일 쇼핑을 즐긴다. 다양한 모바일 앱을 통해 제품에 대한 정보와 가격을 비교해 가며 소비생활을 하고 있다. 모바일이 주는 편리함과 간편함 때문에 이런 방법을 선택하고 있는 것으로 보인다. 이것은 쇼핑 행위로 정의될 수 있다. 그러면 모바일 쇼핑 행위에서 고객이 새롭게 부여하는 가치는 무엇일까?

"맞벌이에 아이 양육에 스트레스 받고 힘든데, 모바일 쇼핑 앱에 들어가면 위안이 돼요. 드라마도 좋아하긴 하지만, 이건 아이 물건 보는 핑계를 댈 수 있어서….”

이런 쇼핑에는 위로와 휴식의 가치가 있다.

또한 오프라인 마트에 가면 시식 코너를 쉽게 볼 수 있다. 시식 코너 운영 목적은 무엇일까? 신제품 홍보일까? 아니면 고객이 맛을 보고 사도록 만드는 홍보 수단일까? 둘 다 맞다. 여기서도 고객은 그들이 발견한 새로운 가치에 따라 행위를 정의 내리고 있다.

“보통 시식 코너가 12시 넘어서 오픈하는데 그때 마트에 가는 게 낫지요. 왜냐하면 안 그래도 세일에, 사은품에, 이런 게 마트에 있는데, 시식 코너 오픈할 때 가면 언니가 별도 사은품 몇 개 더 주거든요.”

△ 홈플러스 카트에 설치된 만보기. 쇼핑카트는 물건을 담고 이를 계산대까지 옮기기 위한 수단이다. 여기에도 고객은 새로운 가치를 부여한다.

이런 쇼핑은 새로운 제품의 경험보다는 경제적인 측면에 가치를 두고 있다.

서비스뿐만 아니라 제품이 대상인 경우도 있다

마트에 가면 흔히 보는 쇼핑카트는 물건을 담고 이를 계산대까지 옮기기 위한 수단이다. 여기에도 고객은 새로운 가치를 부여한다.

"마트 가는 시간이랑 운동 가는 시간이랑 겹칠 때가 있어요. 카트가 필요 없을 때도 일부러 카트를 끌어요. 운동 되니까. 일부러 여기저기 몇 번씩 돌기도 하고요. 가끔은 바구니를 이용하기도 해요."

이 경우는 마트 쇼핑에 운동의 의미를 부여했다.

크리에이티브 R2

Read

고객의 행동에서
혁신의 단서 모으기

고객을 직접 찾아가서 물어라

고객을 만나는 경험은 창의의 젖소가 반드시 수행해야 하는 과정

"○○리서치에 전화해서 내일 방문할 대상자의 시간이랑 주소 좀 확인해 줘요."

"내일은 목동 아파트에 살고 있는 여대생이고요. 오전 10시예요."

디지털 기기 관련 사용자 행태를 조사하기 위해 구성된 프로젝트팀은 고객조사 단계에 접어들면서 바빠지기 시작했다.

"이제부터 2주 동안은 하루가 길어지겠군요."

세 살배기 아들을 둔 엄마인 워킹맘 팀원이 다소 체념한 듯 말했다. 보통 일과시간이 정해져 있는 회사의 다른 업무와는 달리 고객을 대상으로 하는 인터뷰는 고객이 가장 편하고 자연스러운 환경과 시간에 이루어지는

것이 좋다. 그래서 새로운 상품과 서비스의 기획자와 디자이너에게 고객 조사 단계는 가장 재미있으면서도 동시에 가장 에너지 소모가 큰 단계다. 사용자의 가정으로 찾아가야 하기도 하지만, 사용자 대부분이 자신의 학교 수업이나 회사 업무가 끝난 후를 선호하므로 인터뷰가 늦은 저녁시간이나 주말에 이루어지는 경우가 많기 때문이기도 하다.

그렇지만 고객을 만나는 경험은 새로운 콘셉트의 디자인과 제품, 서비스를 만드는 업무를 하는 사람이라면 반드시, 그리고 제대로 수행해야 하는 과정이다. 왜냐하면 고객의 삶을 들여다보는 것과 이를 통해 새로운 사실을 알게 되는 재미가 쏠쏠하기 때문이다.

사용자 조사 실제 사례1 – 소속은 정확하게 밝히지 마라

고객을 처음 만나면 먼저 자신의 소속을 밝힌다. 그런데 이때 중요한 점은 소속을 정확하게 밝히지 않는 것이다. 보통은 조사 대상자 모집을 대행해준 회사의 이름을 대거나, 또는 전문기관의 이름을 사칭(?)하기도 한다. 고객조사를 수행하는 회사의 소속을 밝히고 인터뷰를 진행할 경우 응답자가 자신의 속내를 다 드러내지 않거나 과장해서 표현하는 경우가 있기 때문이다.

조사 대상자의 집에 이르러 초인종을 눌렀다.

"누구세요?"

"안녕하세요. 오늘 방문 드리기로 했던 ○○ 리서치입니다."

철컹 하고 문이 열리자 약간은 쑥스러운 듯 보이는 여대생이 나와서 일행을 반겼다. 인터뷰를 위한 장비 설치와 자리 세팅이 끝나고 본격적으로 인터뷰를 시작했다.

"제 소개를 먼저 할게요. 저는 ○○리서치에서 이렇게 고객들을 직접 만나서 인터뷰를 진행하는 일을 하는 아무개라고 합니다."

"그렇군요. 명함 하나 주실래요?"

"아, 명함! 제가 깜빡하고 안 챙겼네요. 나중에 연락처 알려 드릴게요."

'아차, 명함을 못 챙겼네. 의심할지도 모르겠다. 어서 다른 화제로 넘어가야지.'

"오늘 인터뷰의 목적은⋯."

화제를 바꾸자 여대생은 이내 인터뷰에 응해 주기 시작했다. 이처럼 조사 대상자가 소속을 확인할 수 있는 증거를 요구하기도 한다. 그래서 조사 업체의 직원을 동반하거나 조사 회사의 명함을 주기도 하는데, 이를 통해 응답자로 하여금 신뢰를 가지고 적극적으로 조사에 임하게 하는 것이다. 물론 인터뷰가 끝날 무렵, 또는 리서치를 종료하고 나면 조사 대상자의 요청이 있을 경우 원래 소속을 밝히는 경우도 있다.

인터뷰에 대한 간단한 안내가 끝나고 조사 대상자에게 본인 소개를 부탁했다.

"찾아오기 힘드셨죠? 저희 아파트가 옛날에 지어지고 좀 외진 곳에 있어서⋯."

"아니요. 저희 사무실이 종로⋯ 아니 강남인데 알려주신 대로 찾아오니 그리 어렵지 않게 올 수 있더라고요."

"찾기 힘들어하는 분도 계시거든요. 제 소개 하는 건 어색한데…. 저는 김○○이고요. ×××대학교 ○○○과에 다녀요. 그리고…."

그 이후의 인터뷰는 준비한 대로 응답자의 디지털 기기 관련 행태를 알아보는 것에 집중해서 이루어졌고, 거의 3시간 30분이 지나서야 마무리되었다.

"시간 내주시고, 집에 방문하는 것 허락해 주셔서 다시 한 번 감사합니다."

"이런 건 처음 해봤는데, 즐거운 경험이었어요. 조심히 돌아가세요."

조사 대상자가 생활하는 공간으로 직접 찾아가서 이루어지는 인터뷰는 이미 대상자가 동의한 사항이라고 하더라도 매번 주의하지 않으면 안 된다. 최대한 응답자가 자연스럽고 편한 분위기에서 인터뷰에 응할 수 있도록 해야 그들의 진짜 니즈를 파악할 수 있고, 그래야 자연스럽게 새로운 콘셉트로 이어지게 된다.

"내일 인터뷰 대상자는 서초동에 사는 여자 직장인이고요. 퇴근 이후에 시간이 좋다고 하네요. 그래서 7시 30분에 약속이 잡혀 있어요."

"아, 거긴 제가 아는 동네예요. 예전에 근처에 살았거든요."

방문 인터뷰는 방문 인원에도 주의를 기울여야 한다. 너무 많은 사람이 가면 응답자에게 부담을 주어 원활한 인터뷰에 방해가 될 수 있다.

"띵동, 띵동."

"누구세요?"

"안녕하세요. ○○○리서치에서 오늘 인터뷰하러 왔습니다."

"아, 잠시만요"

잠시 후 20대의 젊은 여자가 외출복 차림으로 문을 열었다.

"안녕하세요. ○○○리서치에서 왔습니다."

"아, 네…."

응답자인 여자의 표정이 굳어졌다.

"들어오세요…."

"고맙습니다."

집으로 들어선 인터뷰 조원들은 인터뷰 장비를 설치하는 등 준비를 하기 시작했다.

"근데, 세 분이 오시는 거였나요? 전 이야기 못 들었는데…."

"미리 연락을 못 받으셨군요. 저희 3명이 한 조로 진행을 해요. 인터뷰는 저랑 하시고 다른 사람은 촬영과 노트테이킹만 하니까 부담 안 가지셔도 돼요."

"그래도… 남자 분들만 오실 줄은 몰랐어요. 여자 혼자 사는 집에…."

"걱정 안 하셔도 되는데…. 아무래도 남자 셋이 오니 걱정되시죠. 그래서 저희가 현관은 열어두었어요."

위와 같은 상황은 방문 리서치를 하다보면 종종 발생한다. 그래서 고객을 안심시키기 위한 나름의 노하우가 필요하다. 방문 가정의 현관을 열어두는 방법은 가정 방문이 많은 인터넷 설치 기사들을 인터뷰하면서 얻은 노하우 중의 하나다.

"네… 그럼….'

응답자는 불안감을 감추며 겨우 인터뷰를 허락했다.

"감사합니다. 그럼 저희 소개부터 할게요."

이렇게 우여곡절 끝에 인터뷰를 이어가기 시작했다. 그러나 응답자 본인의 소개를 부탁하는 단계에 들어서자 난관이 생겼다.

"저기요… 도저히 안 되겠어요. 계속 마음이 불안해서요. 미리 남자 분들만 온다고 말씀도 안 해주시고….'

응답자가 결심한 듯 말을 꺼냈다. 인터뷰 진행을 더는 요청할 상황이 아니었다.

"정말 죄송합니다. 저희가 사전에 충분히 안내를 해드렸어야 했는데, 그럼 돌아가겠습니다. 시간 내주셔서 감사합니다."

"저도 웬만하면 하겠는데, 세상이 뒤숭숭해서요."

"괜찮습니다. 그럼 다른 날에 저희 회사 여직원들이 와서 인터뷰를 진행하면 괜찮을까요?"

"그건 좋아요."

"감사합니다. 그럼 다시 연락드릴게요."

프로젝트팀은 서둘러 차렸던 인터뷰 장비를 정리하고 집에서 나왔다.

"괜한 고생만 했네요. 이게 뭐람."

동행했던 사업팀의 담당자가 답답해하면서 푸념했다.

"저희한테는 가끔 있는 일인걸요. 괜찮습니다."

이처럼 사용자의 집을 방문하는 리서치에서는 다소 통제할 수 없는 상황이 종종 발생한다. 하지만 고객의 숨은 니즈를 찾기 위한 리서치를 진행할 때는 반드시 고객의 집이나 주 생활 장소에 방문해서 인터뷰를 해야 한다. 그래야 응답자가 좀 더 편한 상태에서 다양한 이야기를 할 수 있고, 인터뷰 가이드에 포함되지 않은 내용까지도 확인할 수 있기 때문이다.

물론 조사 대상자 입장에서 모르는 사람이 집을 방문한다는 것은 꽤 부담스러운 일임에 틀림없다. 그래서 조사 회사나 공공장소에서 이루어지는 고객조사와 달리, 조사 대상자 선정이나 방문 허락을 받는 것이 쉽지 않다. 특히 혼자 사는 여성이나 어린이, 청소년이 대상일 때는 더욱 그렇다. 이를 극복하기 위해서는 조사 대상자의 여건에 맞게 리서치 설계와 준비를 잘해야 한다.

사용자의 숨은 니즈를 찾기 위한 리서치를 진행할 때 또 한 가지 명심해야 하는 사항은 사용자의 주장에 무조건 긍정해야 한다는 것이다. 다시 말해 사용자가 사용 중인 제품이나 서비스에 대해 설령 잘못된 정보나 지식을 가지고 있다고 하더라도 이를 정정해 주거나 아는 척해서는 안 된다는 것이다. 오히려 왜 사용자가 그렇게 알고 있는지, 또는 왜 사용하는지를 파악하는 것이 중요하다.

사용자 조사 실제 사례3 - 단답형 대답을 유도하는 질문은 금물

인터뷰 불발의 아쉬움을 뒤로하고 진행된 다음 인터뷰 대상자는 최신 스마트폰, PC, 노트북 등을 가진 20대 후반의 젊은 직장인이었다. 조사 대상자 모집 회사에서는 얼리어답터로 분류해서 소개해준 사람이었다.

"○○○리서치에서 오셨다고요? 어서 오세요."

이번 응답자는 한눈에 보기에도 명랑하고 적극적인 인상이 풍겼다.

"저희 인터뷰 목적은…."

간단한 소개에 이어 진행된 인터뷰는 매끄럽게 진행되었다. 그리고 본격적으로 응답자의 디지털 기기 사용에 대해 질문을 하기 시작했다.

"꽤 좋은 스마트 폰을 가지고 계시네요. 스마트폰에 대해 이야기를 좀 해주세요. 어떻게 구입하게 되셨고, 또 어떤 기능을 많이 사용하시는지 등에 관해서요.."

"네, 삼성×××모델인데요. 제가 관심이 많아서 늘 인터넷에서 서치를 하거든요. 그러다가 이 모델이 나온다는 이야기를 듣고 기다리다가 나오자마자 샀어요. 그리고 남들 다 하는 탈옥을 해서 쓰는데요. 그래야 많은 어플을 쓸 수 있거든요. 아시잖아요."

남성 응답자는 우리에게 자신의 스마트폰을 자랑하듯 신이 나서 이야기를 이어갔다.

"탈옥요? 저는 잘 몰라서요. 그건 뭔가요? 어떤 점이 좋은 거예요?"

사실 휴대폰 개발 경험이 있고 스스로가 얼리어답터인 내가 탈옥이 무엇인지 모를 리 없다. 그래도 모르는 척 질문하는 이유는 사용자가 얼마나 알고 잘 쓰고 있는가를 조사하는 것이 아니라, 사용자가 어떻게 인식하고 행동하는지, 왜 그런 현상이 일어나는지에 대한 근본적인 원인을 조사하는 것이기 때문이다. 이런 점에서 사용자 조사는 기존의 시장조사와 차이점이 있다.

"정말 모르세요? 에이, 아실 텐데…. 암튼, 탈옥은요…."

조사 대상자는 자신이 알고 있는 내용을 다른 사람에게 알려준다는 사실에 약간은 상기되어서 적극적으로 이야기를 이어갔다. 인터뷰가 마무리되어 갈 때쯤 나는 같이 동행했던 동료들을 향해 말했다.

"다른 궁금한 내용 있으면 질문해 주세요."

인터뷰 진행 시 한 사람의 심층 면접에 여러 사람이 산발적으로 질문을 하게 되면 인터뷰 내용도 일관성을 잃기 쉽고 응답자도 부담스러워하기 때문에 추가적으로 궁금한 내용은 인터뷰의 말미에 조사 대상자에게 물어보는 것이 좋다.

이때 누군가 불쑥 이런 질문을 했다.

"궁금한 게 있는데요. 말씀하신 내용 들어보니까, PC와 스마트폰을 연결해서 동영상을 다운 받아 이용하시고, 주무시기 전에는 노트북으로 주로 영화를 보시는 거네요. 제가 알기로는 A통신사에서 기기에 관계없이 영화를 다운받아서 볼 수 있는 서비스가 나온다는데요. TV로 확장해서 볼 수도 있고, 비용도 적당하고, 와이파이로 하니까 빠르고, 이런 서비스는 꼭 사용하시겠네요. 그렇죠?"

"네? 아, 그렇겠네요."

조사 대상자가 당황한 듯 대답했다.

이런 질문은 인터뷰 진행 경험이 별로 없는 사람이나 신상품 기획자, 디자이너가 흔히 범하게 되는 실수다. 디자이너나 기획자는 가끔 이렇게 자신의 지식을 이용하여 간단한 답을 유도하는 경우가 있다. 이는 대표적인 확증편향으로, 자신이 생각하고 있는 콘셉트에 대한 긍정적인 대답을 유도하는 습성에서 비롯된다. 조사를 진행하는 사람은 조사 대상자가 스스로 이야기를 풀어내도록 돕는 역할을 수행해야 한다. 조사 대상자가 단답형으로 대답해서는 사용자 행위나 태도의 근본적인 이유를 찾아내기 어렵기 때문이다. 그러므로 조사 대상자가 이런 질문에 긍정하는 것은 정확한 답변이 아니다. 그리고 사람들은 자신이 경험하지 못한 제품이나 서비스에 대해서는 쉽게 단점을 떠올리지 못하고 긍정적인 반응을 보이는 경우가 많다. 이런 답변만을 믿고 신제품이나 서비스를 시장에 내놓으면 실패할 확률은 높아진다.

조사 대상자가 짧게 대답하자 전체 인터뷰를 진행하던 내가 시치미를 떼고 물었다.

"그런 서비스가 나오는군요. 전 몰랐는데. ○○님, 이 아이디어에 대해 어떻게 생각하세요? 이런 게 나오면 ○○님에게는 어떤 장점이 있을까요? 또 혹시 우려스러운 게 있다면 어떤 건가요?"

질문을 듣고 잠시 고민하던 조사 대상자는 자신의 생각을 이야기하기 시작했다.

"좋을 것 같기는 한데, 제 생활을 생각해 본다면…"

응답자는 새로운 서비스에 대한 자신의 의견을 늘어놓기 시작했고, 이 질문에 대한 대답은 3분 넘게 계속되었다.

"장시간 수고 많이 하셨습니다. 감사합니다."

"인터뷰를 해보니 제가 어떤 사람인지 명확해지는 것 같은 느낌도 있어서 좋은데요? 수고하셨습니다."

시간을 보니 벌써 밤 11시 30분이 넘었다. 사용자의 집을 방문해서 진행하는 인터뷰의 경우 이렇듯 늦게 끝나는 경우가 많다. 프로젝트 팀원들은 피곤할지 몰라도 조사 대상자는 자신의 집에서 자신의 이야기를 한다는 환경적인 요인 때문에 조사 회사나 공공장소에서 진행되는 조사보다 훨씬 편하고 적극적인 자세로 인터뷰에 응하며, 불평도 거의 하지 않는다.

사용자 조사에서 유념해야 할 3원칙

사용자에게서 창의의 단서를 찾기 위해 진행되는 사용자 조사는 기본적으로 사용자와 같은 맥락(context)에서 그들의 눈높이에 맞추어 진행해야 한다. 그 이유는 기존의 시장조사가 사업자 관점에서 어떻게 하면 기업의 상품과 서비스를 팔 수 있을지 찾는 데 초점을 맞추는 반면, 새로운 디자인, 제품, 서비스의 단서를 찾기 위한 사용자 조사는 사용자 입장에서 그들이 진정으로 원하는 것이 무엇인지, 정말 하고 싶은 말이 무엇인지를 포괄적으로 알아내고 근원적인 문제점을 찾아내는 데 목적이 있기 때문이다.

정리하면, 사용자 조사에서 유념해야 할 것은 다음의 세 가지 원칙이다.

첫째, 사용자 가정을 방문해서 이루어지는 모든 심층 인터뷰는 철저하게 사용자의 눈높이에 맞추어 설계해야 한다. 따라서 조사자는 사용자의 입장을 미리 경험해본 후에 조사를 설계해야 한다.

둘째, 인터뷰를 진행할 때 조사자는 대상자가 스스로의 이야기를 풀어

나가도록 도와주는 역할만을 담당해야 한다. 인터뷰를 진행한다기보다는 지원해 주는 것이다.

셋째, 대상자가 가진 불편함이나 요구사항에 대해 대상자와 공감하고 함께 해결책을 구해 보는 형태로 진행해야 한다. 이를 통해 대상자는 인터뷰 부담을 덜 느끼고 인터뷰의 주인공이 되어 자신의 깊은 속마음을 조사자에게 전해 주게 된다.

종합해 보면, 사용자의 가정이나 생활공간을 방문해서 진행하는 조사는 그 대상자가 사용자가 되고(사용자의), 그 진행도 조사자의 지원을 받아 스스로 진행해 나가며(사용자에 의한), 그리고 그들이 가지고 있는 불편사항과 잠재적인 니즈를 찾아내는 데 중점을 두고(사용자를 위한) 조사를 진행해야 한다는 것이다. 디자이너나 기획자가 가지고 있는 콘셉트를 유리한 방향으로 검증하거나 자신이 얼마나 전문적인지를 확인하는 조사를 해서는 안 된다.

2

사용자의 자연적·문화적 환경에 주목하라

자연환경에 어떻게 적응했는지 파악하면 니즈 해결의 단서가 보인다

사용자의 숨은 니즈를 찾아내고자 할 때는 그들이 어떤 환경에서 생활하는가 하는 측면도 잘 살펴보아야 한다. 인간은 주위의 환경에 적응하고 살아가기 때문이다. 사용자의 주위 환경을 세밀히 관찰하다보면 그들의 니즈가 어디에서 기인했는지 파악하는 것이 가능해진다. 그리고 사용자가 불편함을 느끼고 극복하고자 하는 환경적 제약을 더 나은 방법으로, 사용자가 감동하는 방법으로 솔루션을 제공하는 것이 신제품이나 서비스의 개발 방향이 된다.

환경에는 지형이나 기후 같은 자연적 환경도 있지만, 사회나 제도 같은 문화적 환경도 있다. 자연적 환경을 극복하기 위한 인간의 행태가 가장 잘

드러나는 곳 중의 하나는 주거 공간이다.

대표적인 예로 미국을 보자. 미국의 주거 공간을 살펴보면, 서부와 동부의 가옥 형태가 다르다는 것을 쉽게 확인할 수 있다. 서부의 경우 멕시코 만류의 영향으로 1년 내내 온화하며 건조한 기후를 유지하고 지형적으로 환태평양 조산대에 속해 있어 크고 작은 지진이 가끔 발생하기도 한다. 또한 인근 산에서 쉽게 목재를 구할 수 있고 주로 해변을 중심으로 도시가 발달되었다. 그렇다보니 대부분의 가옥은 목재로 지었다. 목재의 경우 열전도율이 돌보다 높기 때문에 더운 기후에 장점이 있고, 지진이 발생한다고 하더라도 가옥 붕괴로 인한 인명 피해를 상대적으로 줄일 수 있기 때문이다. 반면 온화한 기후로 인해 동식물의 생장이 왕성한 이유로 목재를 갉아먹는 병충해에는 다소 약한 측면이 있다.

따라서 미국 서부에 거주하는 사람들은 과자 부스러기 등이 바닥에 떨어지는 것에 민감한 반응을 보인다. 단것을 좋아하는 개미가 출현하면 집을 못쓰게 만들 수도 있기 때문이다. 이런 영향으로 미국의 서부는 동부에 비해 해충 박멸 사업(pest control)이 발달해 있다. 주기적으로 방문해서 집을 갉아 먹는 해충을 제거해 주기도 하고 주의해야 할 점을 교육해 주기도 한다.

미국 서부와 달리 미국 동부는 돌을 이용해서 만든 가옥이 흔하다. 우리가 잘 알고 있는 브라운스톤(brown stone)도 미국 동부의 가옥 형태에서 유래한 말이다. 동부의 자연환경은 추운 겨울과 비가 많이 내리는 우기가 있기 때문이다. 돌은 목재보다 열전도율이 낮다. 다시 말해서 집안의 온도를 올리는 데 시간이 상대적으로 오래 걸린다. 하지만 한번 기온이 오르면 잘 식지 않는 장점이 있다. 또한 우기에도 목재 가옥에 비해 큰 장점을 가지고 있다. 추운 겨울을 보내려면 난방을 해야 한다. 미국 가옥의 난방은 주로 민간 기업에 의존하는데, 그 비용이 만만치 않다. 따라서 미국 동부의 가정에는 대신에 굉장히 두꺼운 이불이나, 옷 등과 같이 난방비를 줄일 수 있는 대체용품 사업이 발달해 있다. 나도 미국 동부에 사는 미국인 친구집에서 크고 두꺼운 이불을 덮고 겨울밤을 보냈던 기억이 있다.

기후환경뿐만 아니라 광대한 지리환경도 미국인의 소비생활에 큰 영향을 끼쳤다. 생필품을 구매하는 슈퍼마켓이나 쇼핑몰이 멀리 떨어져 있다 보니, 미국인은 1주일에 한 번, 또는 2~3주에 한 번씩 식료품 쇼핑을 한다. 그리고 한 번 쇼핑을 할 때마다 많은 양을 구매한다. 이 때문에 대부분의 가정은 찬장을 빼고도 식료품 창고를 따로 가지고 있는 경우가 많다. 그리고 대량의 짐을 운반하기 위해 승용차보다는 픽업트럭이나 대형 SUV 등의 차량이 가정용으로 선호된다.

미국의 자연환경과 이에 적응하는 사용자의 행태에서 미국인의 니즈를 더욱 잘 이해할 수 있고, 그 니즈를 해결하는 신제품과 서비스의 단서도 찾을 수 있다. 예를 들면 병충해에 강한 도료 사업을 미국 서부에서 해보는 것은 어떨까? 한국의 온돌이나 전기장판을 미국 동부의 가정에 도입해 보면 어떨까? 우리나라의 인터넷 쇼핑 시스템을 가지고 미국에서 사업을 해보면 어떨까? 물론 미국인의 취향에 맞도록, 그리고 그들이 기존의 방법에 대비해서 가치를 느끼도록 발전된 형태이어야 하겠지만 말이다.

사용자의 문화적 환경을 잘 이해하는 것에서도 새로운 이노베이션을 위한 열쇠를 찾을 수 있다. 과거 중동-이슬람 국가에서 성공을 거둔 LG전자의 메카폰이 좋은 사례다. 중동인을 대상으로 새로운 휴대폰 콘셉트를 만들기 위한 정성조사를 진행하면서 그들이 종교적 환경의 영향으로 하루에 다섯 번씩 메카 방향을 향해 기도를 하는 모습을 발견했다. 이들이 기도를 하기 위해서 메카 방향을 찾는 것에 어려움을 느끼고 있다는 것이 조사 결과 확인되었고, 좀 더 쉽게 메카 방향을 찾도록 나침반을 액세서리로 제공한 것이 중동 사용자의 마음을 사로잡아 메카폰의 성공을 만들어냈다. 만일 기획자나 디자이너가 이런 중동인의 종교적·문화적 특성을 간과했다면 메카폰의 성공은 없었을지도 모른다.

또 하나 예를 들어보자. 중동의 여인들은 국가에 따라 다르긴 하지만 온몸을 히잡으로 가리거나 얼굴만 내놓는 경우가 많다. 심지어 수영장이나 헬스클럽에서도 온몸을 가린 채 운동을 한다. 남자들도 반팔이나 반바지 차림은 잘 하지 않는다. 햇살이 따가운 기후 탓도 있겠지만, 상대적으로 더위를 덜 느끼기 때문이다. 심지어 중동 국가의 쇼핑몰에서 두꺼운 겨울 옷이 팔리고, 실제로 사람들이 입고 다니는 모습을 심심치 않게 볼 수 있다.

처음 보는 사람은 이런 모습이 다소 낯설거나 불편할지 모르나, 기획자나 디자이너는 어떻게 하면 중동의 여인들이 기존의 문화와 관습을 잘 유지하면서 다양한 스포츠를 즐기도록 해줄 수 있을까 하는 측면에 관심을 가져야 한다. 예를 들어 통기성이 대단히 좋은 소재의 섬유를 개발해 보는 것은 어떨까? 중동 여성을 위한 수영복 대여 사업은 어떨까?

국가마다 다양한 문화가 존재하고 여기에는 다양하고 복잡한 삶의 방식과 규칙이 녹아 있다. 다른 나라가 가진 문화적 환경의 특수성을 이해하고, 현지인이 환경적 제약을 어떻게 극복하고 더 나은 삶을 영위하기 위해 노력하는가를 살펴야 한다. 여기에서 현지인을 사로잡는 신제품과 서비스 이노베이션의 방향을 잡을 수 있고, 더 나은 솔루션을 제공할 수 있다.

사용자가 처한 환경은 그들이 적응할 수밖에 없는 제약일 수 있지만 기획자와 디자이너에게는 사용자를 더욱 잘 이해하고 그들이 원하는 솔루션의 방향까지 발견할 수 있는 좋은 창의의 원천이다.

이노베이션 다시 보기

여성들은 왜 사지도 않을 옷을 입어볼까?

지난 겨울, 나는 여성의 패션 소비 행태를 이해하고 여기에서 새로운 사업의 기회를 발굴하기 위한 프로젝트를 진행했다. 여성은 어떻게 패션 아이템에 대한 정보를 얻고, 어디서 어떤 과정을 거쳐 구매하고, 어떻게 소비를 하는가를 연구하고 분석하여 혁신적인 사업모델을 제안하는 것이 목적인 프로젝트였다(원래 제안 받은 프로젝트 주제는 모바일을 통한 의류 렌탈 사업의 사용자 검증이었다).

리서치를 하는 동안 여성 고객의 집을 일일히 방문하여 그들의 옷장(외간 남자가 들여다보기 정말 어려운!)을 전부 열어보았고, 그들의 쇼핑에 동행하며 여성의 의류 소비 행태를 좀 더 폭넓게 이해할 수 있었다.

대부분의 여성은 패션 아이템 쇼핑에서 상당히 오랜 시간을 사용한다(남자들이 여성과 함께 쇼핑하는 것을 꺼리게 만드는 이유이기도 하다). 이런 모습은 온라인에서도 똑같이 관찰되는데, 아이템을 장바구니에 담아두고, 넣었다 뺐다를 몇 번이고 반복한다. 도대체 왜 그럴까?

내가 만나본 여성 고객은 모두 의류 쇼핑에서 곧바로 옷을 구매하지 않았다. 물론 가격 요인을 고려하는 현실적인 부분도 있지만, 사지도 않을 옷을 수고스럽게도 피팅까지 해본다. 심지어 어떤 전업주부는 일주일에 수차례 쇼핑몰을 순례하며 같은 행태를 보이기도 했다. 언뜻 보면 자신과 어울리지 않아서 그럴 것이라는 일반적인 이유로 해석할 수 있지만, 좀 더 고민하고 들여다보니 그들의 숨은 니즈를 발견할 수 있었다.

남성은 일반적으로 상황에 대비해서 의류를 구매하는 반면(면접, 소개팅, 모임 등이 있으니까 필요해서), 여성의 경우는 마음에 드는 아이템이 눈에 띄면 그 의상이 어울리는 상황과 이벤트를 시뮬레이션하는 모습이 발견되었다(실제로는 그 상황이 안 생길 수도 있더라도). 그래서 피팅룸에서 옷을 입어보고 본인한테 잘 어울린다고 하더라도, 상상하는 실제 상황에서 검증한 것이 아니고, 덜컥 샀다가 실제 상황에서 어울리지 않으면(남들의 눈에) 의류 쇼핑에 실패하는 것이 되기 때문에 조심스러워하는 것이다.

이렇게 발견한 고객 인사이트에 따라 '필요할 때 옷을 빌려 입는' 가치를 제공하는 사업모델에서 '실제 상황에서 입어보고 구매하는' 가치를 제공하는 사업모델로 방향 전환을 제안했다.

고객의 반응도 남이 입었던 옷을 빌려 입는 것에 대해서는 위생 등의 이유로 거부감을 보였지만, 사기 전에 내가 생각했던 상황에서 입어보고 합리적인 가격에 구매 여부를 결정하는 것에 대해서는 긍정적이었다.

이렇게 새롭게 창출된 고객가치를 반영하여 새로운 개념의 의류 판매 서비스를 런칭할 수 있었다.

3
고객이 말하지 않는 것도 들어라

고객이 머문 자리를 보면 이야기가 들린다

창의적인 아이디어를 얻기 위한 프로젝트를 수행할 때, 여러분은 주로 어떤 조사를 진행하는가? 아마 대부분의 경우 해당 고객, 또는 잠재고객과의 인터뷰나 FGI 등의 기법을 많이 활용할 것이다. 그러나 이 기법만으로는 현실을 미화하려는 특성을 가진 고객과의 이야기 속에서 진짜 고객 니즈를 발굴하는 것은 상당히 어렵다. 이런 문제를 보완하기 위해서 고객의 생활환경을 반드시 관찰해볼 것을 권한다.

몇 년 전, 나는 고객의 문제를 해결해 주는 전화상담사를 만나서 그들의 어려움과 그들이 진정으로 원하는 것이 무엇인지 밝히는 프로젝트를 수행한 적이 있다. 전화상담사는 대표적인 감정 노동자로 그들이 받는 스트레스의 정도는 일반인이 생각하는 것보다 훨씬 심각했다. 따라서 많은 전화상담사는 상대적으로 좋은 근무환경임에도 얼마 되지 않아 그만두는 일이 빈번했다. 이런 조기 퇴직을 줄이고 숙련도 높은 전화상담사를 양성하기 위한 최적의 솔루션을 제안하는 것이 우리 프로젝트팀의 목표였다.

프로젝트가 세팅되자 상담사의 문제를 진단하고 그들의 니즈를 정확히 파악하기 위한 리서치 디자인이 이루어졌다. 이 리서치에는 상담사와의 면담 및 좌담회와 더불어 상담센터 투어도 포함시키기로 결정했다.

상담사 인터뷰에 앞서 상담센터의 업무환경을 둘러보았다. 제법 깔끔해 보이는 건물 외관과 여러 가지 복지 시설은 듣던 대로 '시설이 좋구나' 하는 생각이 들게 만들었다. 그렇지만 '이 사람들한테는 익숙해져서 눈에 잘 안 보이지만, 우리 눈에는 뭔가 다른 게 보일 거야'라고 생각하며 이곳저곳을 살피다가 상담사 휴게실에 들어섰다. 그랬더니 그곳에서 재미있는 모습을 발견했다.

'안마의자들이 왜 이렇게 구석에 있지? 먼지도 쌓여 있고. 여기 게임기도 있네. 한번 켜볼까? 아, 이건 오늘 한 번도 안 켜봤나?'

휴게실의 안마의자와 게임기 위치와 상태를 통해 실제로는 전화상담사들이 이 시설을 잘 사용하지 않는다는 것을 알았다. 왜 그럴까? 그 이유를 찾기 위해 휴게실에서 나와 전화상담사들이 실제로 일하고 있는 상담실로 향했다. 이리저리 둘러보다가 휴식을 위해 자리를 비운 전화상담사의 책상들이 눈에 들어왔다.

'그래, 상담사들의 책상 액세서리를 보면, 말로는 표현하지 않지만 그들

이 하고 싶어 하는 것이 무엇인지, 원하는 것이 무엇인지 알 수 있는 실마리가 보일 거야.'

이렇게 생각하며 책상 위의 액세서리들을 둘러보다가 대부분의 전화상담사가 공통적으로 가지고 있는 물건을 발견했다. 일회용 종이컵 묶음, 플라스틱 물병, 의자에 걸려 있는 무릎담요였다. 나를 안내해 주던 담당자에게 그 이유를 물어보았다.

"그건 전화상담사들이 무지 바쁘거든요. 하루에 받아야 하는 통화 수가 정해져 있어요. 목을 많이 쓰다보니 목이 아픈데, 물 마시러 가기에 시간이 아깝고 해서 저렇게 각자 물이나 음료를 준비해요. 무릎담요는 에너지 절약 정책의 일환으로 난방온도를 많이 못 높이니까 개인적으로 마련하기 시작한 것 같아요."

그러자 나는 의문이 풀렸다. 물 마실 시간도 아까울 정도니 편히 쉴 시간이 있겠는가!

다시 주위를 살펴보다가 유독 눈에 띄는 탁상 달력을 발견했다. 지난 날짜에 모두 '×' 표시가 되어 있었다. 그것을 보니 군대생활 할 때가 생각났다. 하루하루 전역 날짜를 손꼽아 기다리며 지루한 하루가 지나면 달력에 × 표시를 하던….

상담사와의 인터뷰는 아직 시작하지 않았지만, 상담사들이 무슨 이야기를 하고 싶어 하는지, 무엇을 필요로 하는지를 미리 들을 수 있었다. 전화상담사들은 하루하루가 정말 힘들었던 것이다.

이후 실제로 인터뷰를 진행하면서 나의 예측이 옳았음을 알았다. 미리 전화상담사의 애로사항을 파악하고 인터뷰를 진행하니 자연스럽게 공감대를 형성하는 데 도움이 되었고, 그들의 숨은 니즈 파악도 한결 수월했다.

고객은 하고 싶은 이야기와 필요로 하는 것을 그들이 활동하는 공간에 여러 가지 흔적으로도 표현해 놓는다. 고객 현장의 관찰은 사용자들이 여기저기에 남겨놓은 이야기를 발견하고 수집하는 활동이다. 이를 통해 사용자 스스로도 미처 인식하고 있지 못하거나, 심층 인터뷰를 통해서도 얻어내지 못한 그들의 숨은 이야기를 들을 수도 있고, 고객을 보다 깊게 이해할 수 있게 된다.

오감으로 관찰하라

흔히 관찰이라고 하면 눈으로 보는 것만을 생각하기 쉽다. 물론 시각을 통해 얻는 정보는 그 풍부함과 즉시성으로 인해 고객 문제 해결의 많은 실마리를 빠르게 제공하는 것은 사실이다. 하지만 관찰은 눈, 코, 귀, 입, 손 등 온몸의 감각기관을 모두 동원해서 하는 것이다. 그럼 오감을 통해 눈으로만 한 관찰에서 미처 파악하지 못한 조사 대상자의 더욱 다양하고 자세한 정보까지도 얻을 수 있다.

전화상담사 프로젝트를 진행하던 우리 프로젝트팀에게는 한 가지 고민이 있었다. 프로젝트의 특성상 회사 주도로 이루어지는 인터뷰(물론 우리는 외부 조사기관에서 나왔다고 했지만)에서 전화상담사들이 속 깊은 이야기를 다 하지 않을지 모른다는 우려였다. 이를 보완하기 위해 프로젝트팀은 다시 아이디어를 냈다. 공식적인 인터뷰를 하기 전에 상담센터 휴게실에 가서 아무런 조사 가이드 없이 전화상담사들이 하는 이야기를 관찰하고 있는 그대로 담아 오는 것이었다. '휴게실에서라면 동료끼리 허심탄회하게 그들의 속내를 털어놓지 않을까?' 하는 가정에서였다.

프로젝트 팀원들은 상담센터의 각 층으로 흩어져 휴게실을 둘러보기로 했다. 내가 보이스레코더를 들고 찾아간 찾아간 휴게실은 문을 열자마자 매케한 음식 냄새가 코를 자극했다. 마치 누군가 식사를 했던 것 같은 냄새였다. 눈으로 보이는 정돈된 모습과는 달리 불쾌감이 느껴졌다. 나는 "음식 냄새, 식사한 후"라고 관찰 노트에 기록하고 휴게실의 한 구석에 자리 잡고 앉았다. 의자는 보기와 달리 그리 푹신하지 않았다. "의자 편하지 않음"이라고 다시 노트에 기록했다. 그리고 관찰한다는 느낌을 주지 않기 위해서 창가 쪽으로 몸을 돌린 채 전화상담사들이 들어오기를 기다렸다.

"아, 정말 배고파."

"오늘 반찬은 뭐야?"

전화상담사들이 삼삼오오 저마다 도시락 가방을 들고 왔다.

'아, 상담사들이 휴게실에서 식사를 하는구나. 그래서 냄새가 났군.'

식사를 하는 동안 전화상담사들은 서로 스스럼없이 자신의 이야기를 늘어놓기 시작했다. 나는 준비한 보이스레코더의 녹음 버튼을 눌렀다.

"아까 그 고객 말이야, 정말 까다롭게 구는 거야."

"요즘 들어온 신입 애들은 참 버릇없지 않니?"

"지난 주말에 인천에 다녀왔는데 너무 좋더라. 쉬는 날을 맞춰서, 언니들이랑 같이 갈 수 있으면 좋을 텐데…."

나는 그들의 이야기를 들으면서 생각했다.

'인터뷰 가이드를 만들면서 미처 생각하지 못한 내용이 많네. 이따가 인터뷰 시작 전 프로젝트 팀원들과 공유해야겠다.'

휴게실 관찰이 끝나고 프로젝트 팀원들이 다시 한자리에 모였다. 그리고 각자의 관찰 내용을 공유했다.

"층마다 코칭실이라는 방이 있더라고요. 원래 목적은 상담실장님과 상담사가 일대일로 업무 관련 코칭을 하는 장소라고 하던데, 문을 열어보니 거기엔 각종 기자재가 쌓여 있었어요. 아마 코칭 제도는 있지만 실제로는 안 하고 있는 것 같아요."

"7층에는 온돌방이라고 쓰인 휴게실이 있어요. 자세히 보니 온돌방 명패 밑에 수유실이라고 적혀 있더라고요. 아이를 데려오는 상담사도 없고, 또 대부분 20대 초반의 젊은 여자분인데, 그들에게는 와닿지 않는 혜택이겠구나 하는 생각이 들었어요."

프로젝트 팀원들은 각자가 둘러본 다양한 시설에 대한 관찰 결과를 공유했다. 그리고 회사에서 제공하는 여러 시설이 사용되고 있지 않다는 것은 상담사의 고충이 제대로 전달되지 않는다는 것을 보여주는 것이라는 데 의견을 모았다.

이번에는 전화상담사들을 직접 관찰한 결과를 공유하기 시작했다.

"내가 보니까, 어느 상담사가 혼자 앉아 있는 거야. 다른 동료들은 휴식시간인 것 같던데…"

"저는 담배 피우는 야외 공간을 봤는데, 혼자 온 상담사들은 뭔가에 쫓기

듯 주위를 둘러보며 급하게 담배를 피우고 서둘러 떠나더라고요. 아마도 흡연 장소가 건물에서 많이 떨어지고 공개된 장소여서 그런 것 같아요."

상담사의 근무 환경과 상담사에 대한 관찰이 끝나자, 프로젝트 팀원들은 직접 인터뷰를 아직 진행하지 않았음에도 관찰을 통해 인터뷰만으로는 알기 어려운 전화상담사의 많은 속내를 미리 파악할 수 있었다는 것에 기뻐했다. 결국 우리 프로젝트팀은 전화상담사가 직접 이야기한 고충은 물론, 관찰을 통해 발견한 그들의 속사정까지도 근본적으로 해결할 수 있는 현실적이고 효과적인 아이디어를 상담센터 운영팀에 제안할 수 있었다.

이 사례에서 깨닫게 되는 중요한 교훈은, 고객은 자신의 생각을 꼭 말로만 표현하지는 않는다는 점이다. 또한 고객은 물어볼 때만 말하는 것도 아니다. 고객은 끊임없이 자신의 불편함과 욕구를 입이 아닌 행동으로 이야기한다. 제품을 만든 회사나 서비스 공급자에게 말뿐만이 아닌, 행동으로 표현하기도 하고, 또 자신이 머물렀던 곳에 흔적으로 남기기도 한다.

따라서 조사자는 고객의 이야기를 제대로 듣기 위해서 모든 감각기관을 곤두세워야 한다. 고객의 공간에서 그들처럼 보고, 듣고, 냄새 맡고, 말하고, 느껴야 정말로 고객에 대한 깊은 이해가 가능해지는 것이다.

창의적인 아이디어를 고객에게 얻고 싶다면 고객이 하는 말만 듣지 말고, 고객이 말하지 않는 것까지도 담아내는 오감 관찰을 병행해야 한다. 이를 통해 고객을 보다 깊게 이해할 수 있고, 차별적인 혁신의 근거를 얻을 수 있다.

이노베이션 다시 보기

평범한 일상을 새롭게 보는 것에서 이노베이션은 시작된다

디자인 이노베이터는 무심히 지나치던 일상 속에서 만나는 사람들이 말로 하지 않는 이야기를 듣는 능력을 길러야 한다.

여러분은 하루에 얼마나 많은 사람을 만나는가? 함께 생활하는 가족과 학교나 직장의 친구나 동료만 떠오르는가? 출퇴근 길이나 이동 중에 무심히 지나치게 되는 수많은 사람은 어떤가? 그들과 어떤 대화를 나누어본 적이 있는가?

물론 그렇게 지나치는 수많은 사람과 직접 이야기를 나눠보라는 것은 아니다. 그러나 대화를 하지 않는 것과 표현하지 않는 것은 구분할 필요가 있다.

예를 들어 출근길에서 사람들을 유심히 보면 이런 이야기를 말없이 하고 있는 것을 느끼게 된다.

"일산에서 양재동 사무실까지 출근하는데, 지하철 3호선을 타고 가요. 끝과 끝이다 보니 늘 자리가 있는 편이죠. 1시간이 넘게 걸리는 거리다 보니, 오가는 시간 동안 스마트폰에 동영상을 담아서 봐요. 보조 배터리도 늘

챙기고요."

"만원 지하철에서 자리에 앉으면 편하긴 하지만 불편한 것도 있어요. 가끔은 옆자리 아저씨와 자리 다툼도 하고요. 그렇지 않을 때도 그냥 스마트폰을 켜서 여기저기 들어가봐요."

"출근길 지하철 안에서 가끔 화장을 해요. 좀 부끄러운데…. 그래도 아침 시간이 바쁘잖아요. 조금이라도 늦게 일어나면 시간이 정말 부족해요. 그래서 지하철 안에 사람이 많긴 하지만 신경 안 쓰고 화장을 하죠. 지하철이 흔들려도 문제없어요."

흔히 의사소통 하면 구두로만 진행되는 것으로 여겨지는 경우가 많다. 하지만 사람들은 포스처(자세, posture)나 제스처(행위, gesture) 등의 비음성적 수단을 통해서도 사람들과 의사소통을 나누고 있다. 차이가 있다면 구두로 표현될 때의 니즈나 불편사항이 더 절실하다는 것이다.

또 다른 각도로 보면, 구두로 표현하는 것은 사람이 스스로 문제를 해결하지 못하는 것인 경우가 많다. 그래서 말로 표현해서 남들이 알아주기를 원하는 것이다. 반면 자세나 행위로 표현되는 것은 견딜 만하거나, 또는 스스로 자구책을 찾아서 일정 부분 니즈가 충족된 것인 경우가 많다.

이를 다시 고객 만족의 크기로 보면 아이러니하게 반대되는 현상을 보인다. 말로 표현할 만큼 니즈가 컸던 불편함을 해결해 주면 고객은 만족보다는 충족이라고 느끼고(부족한 것이 채워졌다), 자세나 행위로 표현된 불편함을 해결해 주면 더 큰 만족(추가적으로 좋아졌다)을 느낀다. 다시 말하면 굳이 말로 표현하지 않을 만큼 고객이 대수롭지 않게 느끼는 불편함을 해

△ 왼쪽: 출근길에 화장을 하는 여성. 오른쪽: 만원 지하철에서 사람들은 무엇인가를 계속 하고 있다.
다른 사람의 자세나 행위를 무심히 넘기지 말고 '왜 저렇게 할까?'의 관점으로 바라보는 연습이 필요하다.

결해줄 때 고객 감동의 크기는 더 커진다.

　따라서 디자인 이노베이터는 말로 표현되는 고객의 니즈와 불편함과 더불어, 고객이 말은 하지 않지만 계속해서 표현하고 있는 이야기를 듣는 능력이 매우 필요하다.

　지하철에서 말없이 묵묵히 있는 승객들이 행동으로 표현하는 이야기를 들어보자. 예를 들면 이런 이야기가 들릴 것이다.

　'기나긴 출근길을 무료하게 가는 것은 싫어요. 동영상 시청으로 무료한 시간을 달래고는 있지만 매번 동영상을 준비하고 배터리를 걱정하는 것은 부담스러워요(시간을 효율적으로 활용하고 싶어요. 이를 위해 준비하는 부담을 줄여주세요).

'이동 중에 사람들과 영역 다툼에 대한 긴장감을 줄이고 싶어요. 이동 시간 동안 생기는 시선처리의 불편함을 줄여주세요. 이 상황에서 벗어나고 싶어요.'

'다른 사람의 시선에서 자유롭고 싶어요. 좀 더 편리한 방법으로 내 작업을 완수하고 싶네요.'

이런 해석을 통해 사람들이 무엇을 원하는지 좀 더 명확히 알 수 있다. 그럼 여러분의 머릿속에는 자연스럽게 수많은 아이디어가 떠오를 것이다.

여러분이 회사에서 회사나 학교에서 수행했던 인터뷰 위주의 고객조사, 이제는 성과나 학점과 관계없이 무심히 지나쳐온 일상의 사람들을 잘 관찰해 보자. 질문하지 않아도 그들이 하는 많은 이야기를 들을 수 있다. 그 이야기에서 이노베이션의 많은 기회를 발견할 수 있다. 그리고 따로 시간과 노력을 투자하지 않아도 디자인 이노베이터로서의 중요한 역량이 향상될 것이다.

포토 다이어리 기법과 동행관찰 기법

고객 인터뷰를 넘어서 고객을 더 잘 이해하기 위한 조사 기법으로 포토다이어리와 동행관찰 기법이 주로 쓰인다. 포토 다이어리는 고객과 직접인터뷰를 진행하기 전에 일정 기간 동안 사진을 포함한 다이어리를 쓰게하는 방법이고, 동행관찰 기법은 고객의 제품과 서비스 이용 행태를 현장에 동행해서 관찰하고 특이점에 대해 질문하고 확인하는 방법이다.

포토 다이어리는 보통 고객에게 거주지나 주로 생활하는 장소의 사진, 서비스나 제품을 이용하는 장소, 이용하는 모습, 동선 등의 사진을 요청한다. 사용자가 찍어서 보낸 사진을 잘 분석해 보면 사용자와 관련된 많은 정보를 얻을 수 있다. 특히 포토 다이어리 기법은 사용자와 사물이나 서비스 간의 커뮤니케이션을 얻을 수 있다. 예를 들면 사용자 동선의 사진을 통해 어떤 사물이 사용자에게 어떤 메시지를 보내고 있는지를 알 수 있고, 주 생활 장소의 사진을 보면 인터뷰 내용에 포함되지 않은 사적인 영역까지도 알게 된다.

나는 스마트폰 앱 사용 관련 인터뷰를 진행하기 위해 만난 고객으로부터 받은 포토 다이어리에서 그룹 HOT의 브로마이드와 각종 소품이 방안에 가득한 것을 발견했다. 이렇게 알게 된 정보로 HOT 멤버 중 좋아하는 사람에 대한 이야기를 꺼내며 해당 사용자와의 인터뷰를 자연스럽게 유도해 나갈 수 있었다.

한편 동행관찰 기법을 통해서는 사용자가 서비스를 받는 상황에서 말하지 않는 메시지를 확인할 수 있다. 마트나 패스트푸드 식당에서 고객 행동을 보면 점원과 고객이 말을 하지 않고도 서로 의사 표현을 하는 모습을 발견할 수 있다. 햄버거 가게의 계산대에서 고객은 미리 스마트폰을 꺼내 쿠폰 등의 혜택을 받을 준비를 하고, 자기 차례가 되면 스마트폰을 꺼내 바로바로 할인 혜택과 포인트 적립을 한다. 사람들이 미리 스마트폰을 꺼내 준비하는 모습에서 '난 빨리 이 줄에서 벗어나고 싶어요', '난 당신이 계산을

2. 내가 자주 방문/구매하는 브랜드를 소개해주세요. (작성)

2-3. 일상 생활 시 마주치는 브랜드/상점들을 사진으로 찍어주세요

집/학교/회사 근처, 버스/지하철 정류장 근처 등 일상적으로 자주 머무는 공간의 브랜드/상점들을 자유롭게 촬영하면 됩니다. (사진 복수 가능)

학교 앞에 위치한 맥도날드

학교 가는 길에 있는 세븐일레븐

학교 바로 앞에 있는 올리브영

하교하면서 자주 들리는
대학로 다이소

학교 가는 길 혹은 하교하면서
자주 들리는 지에스25

혜화역 근처에 위치한 커다란 올리브영

혜화역 바로 앞에 위치한 뚜레쥬르

△ 위: 고객이 작성한 포토 다이어리 − 고객의 쇼핑 동선이 파악된다.
아래: 고객 동행관찰 − 고객의 행동 관찰을 통해 말하지 않는 것도 듣는다.

빠르게 하도록 돕겠어요', '묻지 말고 바로바로 처리해 주세요' 등의 메시지를 들을 수 있다. 그리고 뒷줄의 고객에게는 '빨리 계산을 마치고 갈게요'라는 이야기를 하는 것이다. 만일 뒷줄에 있는 고객이 자꾸 옆으로 고개를 내밀어 쳐다본다면, '정말 급해서 그러는데, 빨리 주문할 수 없나요?'라는 말을 한다고 볼 수 있다.

따라서 사용자가 자신이 한 행위의 이유를 설명하는 것을 잘 듣는 것도 중요하지만, 행위가 일어나는 순간에 사용자가 몸과 행동으로 하는 말도 들을 수 있어야 한다.

4

현상을 조각조각 쪼개어서 보라

확증편향의 오류를 극복하는 '머리 어깨 무릎 발' 관찰법

사람들은 지식과 경험이 쌓일수록 어떠한 현상에서 흐름이나 패턴을 발견하려고 하는 것이 보통이다. 이런 행태는 현상을 이해하기 위해 유사한 것끼리 묶어서 해석하는 방식에서 기인한 것인데, 시간이 흐를수록 연구와 분석의 맨 처음 과정으로 자리 잡게 된다. 여러 가지 관찰된 사실을 집단화하거나 흐름이나 패턴으로 잡아가는 접근 방법은 방대한 양의 데이터를 지식으로 축적하는 데 큰 도움이 될 뿐만이 아니라 시간과 비용을 줄이는 데 상당히 효과적이다.

하지만 이런 접근 방법은 사용자의 진짜 니즈를 발굴하고 새로운 아이디어의 단서를 찾기 위한 조사에서는 그 적용 시기에 신중해야 한다. 왜냐

하면 집단과 패턴으로 현상을 이해하려는 의도는 사용자가 가진 작지만 중요한 정보를 간과하게 할 가능성이 크기 때문이다. 즉 확증편향의 오류에 빠지게 된다.

확증편향은 애석하게도 현장에서 기획자나 디자이너이가 가장 많이 범하는 오류다. 디자이너나 기획자는 자신이 생각하는 콘셉트를 가지고 사용자를 만나는 경우가 많고, 그렇기 때문에 사용자의 생활 속에서 새로운 아이디어의 단서를 발견하기보다는 본인의 가설을 뒷받침할 만한 근거를 자연스럽게 찾게 된다.

확증편향의 오류에서 벗어나려면 어떻게 해야 할까? 현상과 사물을 조각조각 나누어보는 연습을 많이 하고 그 과정에 익숙해지면 된다. 사용자 조사에서 눈에 잘 띄는 큰 단서를 발견하는 것과 더불어 이를 구성하고 있는 요소와 주위의 것을 부분으로 나누어서 관찰하고 새로운 의미를 찾는 연습을 하는 것이 중요하다. 즉 우리가 어린 시절 불렀던 동요 '머리 어깨 무릎 발'처럼 하면 된다.

사용자를 관찰할 때 얼굴만 보는 것이 아니라, 머리, 어깨, 몸통, 다리, 발 등으로 구분해서 살피고, 특이점이 발견되면 기록으로 남겨라. 사용자와의 인터뷰에서도 제품이나 서비스에 직접적으로 관련 있는 질문만 하지 말고 그들의 라이프스타일, 가족관계, 주거 생활, 직업 등 사용자를 이해하기 위해 필요한 모든 질문을 하라. 그리고 이렇게 사용자에 관한 모든 정보가 모이고 나면 그 정보로 묶음을 만들고 흐름을 찾고 패턴을 발견하기 위한 익숙한 과정으로 넘어가면 된다. 그럼 사용자를 더 잘 이해할 뿐만 아니라 생각하지 못했던 새로운 아이디어의 단서를 찾을 수도 있다.

　예를 들어 유럽의 광장을 떠올려보자. 대부분의 유럽 도시가 그렇듯이 큰 교회나 성당을 중심으로 광장이 있고, 그 주변에는 커피숍과 레스토랑이 즐비하다. 물론 빼놓을 없는 것이 햇빛을 받으며 식사할 수 있는 노천 테이블이다. 여기까지는 아마 누구나 쉽게 떠올릴 수 있다.

　그럼 하나의 노천 카페를 집중해서 떠올려보자. 그리고 노천 카페를 공간별로 나누어보자. 입구, 테이블, 복도, 화장실…. 이 중에서 테이블의 배열 상태는 어떠한가? 무엇이 달랐는가? 아니면 무엇이 새로웠는가?

　유럽의 노천 카페는 대부분 테이블이 광장 안쪽을 향한 배열을 택하고 있다. 다시 말해 서로 마주 보고 앉는 배열보다는 테이블을 사이에 두고 마치 극장 의자처럼 광장을 향해 배열되어 있다. 한낮의 햇볕을 즐기는 것이 음식을 먹거나 대화를 나누는 것만큼 중요하다고 여기기 때문일 것이다. 광장에서 볼 수 있는 갖가지 풍경을 감상하며 오후 한때를 즐기고 싶어 하는 그들의 니즈가 반영된 것이다. 그냥 '카페가 거기서 거기지'라는 일반적인 시각을 가지고 보면 이런 차이는 보이지 않는다.

　유럽, 그중에서 이탈리아의 노천 카페 이야기를 하나 더 해보자. 내가 이탈리아로 사용자 조사를 갔을 때의 일이다. 이탈리아의 여느 광장 노천 카페가 그렇듯이 커피와 차를 즐기는 현지인과 세계 각국에서 온 여행자를 쉽게 볼 수 있다. 여기서도 나누어 보기의 결과 재미있는 작은 차이를 발견할 수 있었는데, 그것은 이탈리아 현지인들이 아침과 오후에 마시는 커피의 종류가 다르다는 것이다. 이탈리아의 광장 노천 카페에서 마시는 커피를 떠올린다면 대부분이 카푸치노를 떠올릴 것이다. 상당히 낭만적이다. 실제로 오전과 오후를 막론하고 카푸치노를 주문해서 마시는 여행객을 많이 볼 수 있었다.

반면 현지인은 오전에는 카푸치노를 마셨지만 이후 시간에는 이런 모습을 찾아보기 힘들었다. 흥미로웠다. 그래서 현지인에게 왜 그런지 물어보았다. 그러자 습관적으로 그렇게 할 뿐 이유는 자기들도 잘 모르겠다고 했다. 동행했던 이탈리아 에이전시 직원은 아마도 아침에는 우유가 들어 있는 카푸치노가 아침식사와 잘 어울리기 때문에 이를 즐겨 마시고, 오후엔 커피만 마시는 문화가 반영된 것이 아닌가 했다. 어쨌든 이탈리아를 대상으로 어떤 제품과 서비스 콘셉트를 만든다고 한다면, 이는 간과할 수 없는 중요한 포인트임에는 틀림이 없었다.

성공적인 이노베이션을 위해서는 큰 것 못지않게 작은 차이를 발견하는 것이 중요하다. 이제부터 눈을 크게 뜨고 익숙한 환경에서 작은 차이점을 찾아보고 왜 그런 차이가 일어나는지 원인을 밝혀보자. 그곳에 새로운 이노베이션을 위한 소중한 단서가 놓여 있을 것이다.

이노베이션 다시 보기

"여러분이 원하는 장례식은 어떤 모습인가요?"

이 질문은 장례문화를 개선해 보자는 취지로 열린 워크숍에서 참석자에게 던진 것이다. 여러분이라면 어떻게 대답하겠는가?

그전에 여러분은 장례식하면 어떤 이미지가 떠오르는가? 슬퍼하는 유족, 장례식장, 조화, 조문객 등 장례식의 현장을 떠올리는 사람도 있을 것이다. 또 조의금 부담, 다소 과해 보이는 장례의식, 조문객에 지친 유족이 떠오르는 사람도 있을 것이다.

그러나 다시 한 번 생각해 보면 이런 이미지는 모두 장례식의 당사자가 떠올리는 이미지라기보다는 제3자 시각에서 각인된 이미지다. 장례식을 경험한다는 것은 결국 안타깝고 슬프게도 가족을 잃은 적이 있다는 의미인데 이런 경험을 직·간접적으로 하기 전에는 '내가 원하는' 장례식을 이야기한다고 해도 그것이 정말 내가 원하는 모습인가 하는 의문은 여전히 남을 수밖에 없다.

장례문화를 개선해 보자는 시민 참여 워크숍은 20대부터 60대까지 시민들을 각 10명씩 초대해서 각자 세대에서 원하는 장례식의 모습을 들어보고 다른 세대가 바라는 모습과 비교해 보는 자리였다.

각 세대가 원하는 장례식의 모습을 요약하면 다음과 같다.

20대: 죽은 나를 위해 행해지는 하루짜리 파티. 즐겁게 진행되었으면….

30대: 결국 나의 결혼식처럼 평생 한 번 치러지는 의식.

40대: 아직은 먼 이야기. 조금씩 배워두어야 하는 프로세스.

50대: 가족의 장례를 치르느라 고생한 나의 고생을 알아줄 수 있는 의식.

60대: 내가 곧 당사자가 될 의식, 생전에 잘 보지 못했던 사람도 왔으면….

그런데 그러면 자식에게 부담이 될 테니 적절하게 남들처럼만….

여러분도 느끼겠지만, 장례식의 직접 당사자가 되는 40대 이상이 생각하는 모습과 그 이전 세대가 생각하는 모습은 차이가 있다. 또한 가족의 장례를 치르는 주체인가, 아니면 장례식의 당사자인가에 따라서도 희망하는 장례식의 모습이 달랐다. 결국 사용자의 경험이 얼마나 되는가에 따라 장례식이라는 주제에 드러난 행동과 표현이 달랐음을 보여주는 사례다.

디자인 이노베이션을 위한 고객조사를 진행할 때는 사용자가 가진 해당 주제에 대한 경험의 양과 질을 반영해야 하며, 아울러 관련된 이해관계자를 고르게 리서치 해서 행위와 표현의 근본 이유를 제대로 알아내야 한다.

당연해 보이는 상식도 '정말 그럴까?' 의심하라

2000년대 초반 휴대전화에 카메라가 탑재되기 시작했다. 그 당시의 카메라는 지금 스마트폰의 카메라에 비하면 성능이나 품질 면에서 굉장히 초보적인 수준이었다. 여전히 사람들은 흔히 '똑딱이'라고 부르는 컴팩트 디지털 카메라를 애용했고, 휴대폰 카메라는 아직 피부에 와닿는 제품은 아니었다.

이 무렵 휴대폰 제조업체들이 카메라 화소 경쟁에 뛰어들면서 국내에는 이미 100만 화소 카메라폰 시대가 막 열렸다. 당시 우리나라에서 휴대폰에 탑재된 카메라의 주요 용도는 셀프카메라였는데, 특히 젊은 여성 중심으로 인기를 끌었다.

이 즈음에 나는 유럽시장에서 최초의 메가픽셀(100만 화소 이상) 카메라폰은 어떤 콘셉트여야 하는지 아이디어를 내는 프로젝트를 수행하게 되었다. 하지만 우리나라보다 카메라폰 보급률이 높지 않은 유럽시장을 대상으로 카메라폰 콘셉트를 발굴하는 것은 쉬운 일이 아니었다. 우리나라에서는 사용자가 카메라폰 경험(10만~30만 화소급이었지만)이 있었기 때문에 어떤 니즈가 있고 무엇을 불편해하며 어떤 혜택을 보고자 하는 것을 파악하기 용이했지만 유럽의 경우는 그렇지 못했던 것이다.

이 프로젝트를 수행하기 위해 가장 먼저 시작한 일은 유럽인이 무엇을 찍는가에 대한 연구였다. 생각해 보라. 여러분에게 카메라가 있다면 주로 어떻게 활용할까? 아마도 한국인이라면 주로 인물 사진을 찍을 것이다. 그다음은 풍경 사진을 많이 찍을 것이다. 이는 실제 통계로도 입증되었다.

나는 보편적인 인간의 모습을 떠올리고, 유럽인 역시 주로 촬영하는 피사체가 인물일 것으로 생각했다. 그러고는 우리나라에 적용되는 것과 비슷한 콘셉트의 카메라폰이면 좋을 것이라는 가정을 했다. 프로젝트를 함께 수행하는 팀원과 개발을 담당하는 엔지니어들도 같은 생각이었다. 물론 유럽인을 직접 만나보기 전까지는 말이다.

이런 가정을 실제로 확인해 보기 위해 유럽 현지 조사를 기획했다. 조사 대상 국가는 유럽 지역의 패션을 선도하는 이탈리아와 구매력이 높은 독일이었다. 이탈리아는 영국, 프랑스, 독일보다 경제적으로 뒤처지지만 의류는 물론이고 자동차 등의 첨단 제품의 트렌드에 이르기까지 유럽의 유행을 선도하는 나라다. 그래서 대개 유럽향 제품을 테스트할 때는 이탈리아를 꼭 끼워서 진행하곤 한다. 아마도 여러 문명이 교차하는 지정학적 위치의 특수성과 예술을 사랑하는 감각적인 국민성이 이런 특성으로 표출되는 것 같다.

조사 방법은 먼저 조사 대상자에게 양해를 구하고 조사 대상자의 휴대폰 사진보관함을 살펴보는 것에서 시작했다(보통의 경우 사람들에게 사진을 많이 찍냐고 물어보면 그렇지 않다고 대답하는데, 이는 자신의 행동 빈도를 인지하고 있지 못하거나 관대화 현상이 발생하기 때문이다). 그들의 사진보관함에는 아름다운 유럽 곳곳의 모습이며 사랑하는 사람이나 가족 등 많은 사진이 담겨 있었다.

여기에서 첫 번째 재미있는 점을 발견했다. 인물보다는 풍경 사진이 훨씬 많았던 것이다. 왜 그럴까? 그 궁금증은 고객을 대상으로 한 인터뷰에서 확인하기로 하고, 다시 한 번 천천히 살펴보았다. 한 명의 휴대폰에 담긴 사진만으로는 특이한 점이 보이지 않아 이번엔 여러 명의 휴대폰에 담긴 사진을 비교하면서 살폈다. 역시 비슷했다. 아름다운 자연과 건축물 사진이 인물 사진보다 매우 많았다.

'그럼 역시 통념과 다르지 않은 건가?'

심증은 점점 굳어갔지만 왠지 모를 꺼림칙함을 지울 수가 없었다. 이번 리서치에서는 최초의 메가픽셀 카메라인 만큼 사진의 품질에 대한 고객의 선호도도 포함되어 있었다. 그래서 준비한 것이 여러 피사체(인물, 정물, 풍경)의 사진을 각각 색감을 달리하여(기술적으로 밝기, ISO, RGB 값 등을 단계별로 차등을 두었음) 보기 카드를 만들고 응답자로 하여금 가장 선호하는 색상을 선택하도록 했다. 이탈리아와 독일의 수백 명의 소비자로부터 휴대폰과 카메라, 그리고 휴대폰 카메라에 대한 다양한 의견과 반응을 정성적·정량적으로 조사했고, 조사된 내용을 토대로 유럽시장 최초의 메가픽셀 카메라폰 콘셉트를 개발하기 위한 분석을 시작했다.

예쁘게 나오지 않는 카메라로 인물 사진을 찍을 리 없다

유럽인의 휴대폰에 풍경 사진이 압도적으로 많았던 이유는 두 가지로 요약되었다.

먼저 문화적으로 유럽인에게는 사진을 찍는 행위가 일상적인 일(routine)이 아니라 특별한 경우에 하는 일(ritual)이기 때문이었다. 그것은 비단 피사체가 풍경이냐 인물이냐를 나누기 전에 모든 경우에 해당되었다. 그리고 유럽인은 세계 여러 곳을 여행하는 것을 즐기기 때문에 추억을 담으려고 사진을 찍었다.

두 번째 이유는 당시 유럽시장에 보급되어 있던 카메라폰의 성능이 좋지 않아 카메라 대용으로 급한 경우에만 촬영했기 때문이었다. 인물 사진이 많지 않았던 이유 역시 카메라 성능과 연관지어 결론 지을 수 있었다. 예쁘게 나오지 않는 휴대폰 카메라로 사진을 찍지 않는다는 것은 너무 당연한 일 아닐까?

그럼 유럽인이 인물 사진이 잘 나온다고 하는 것은 어떤 의미일까? 그 답은 보기 카드 테스트를 통해 얻을 수 있었다. 유럽으로 조사를 떠나오기 전에 한국인을 대상으로도 동일한 보기 카드 테스트를 실시했다. 이 결과를 유럽인의 반응과 비교하니 재미있는 점을 발견했는데, 한국인이 선호하는 사진의 색감과 유럽인이 선호하는 색감이 다소 차이가 있다는 것이었다. 그중에서도 인물 사진의 경우, 우리나라 사람은 피부톤이 하얗고 밝게(뽀샤시) 나오는 사진을 선호했다. 유럽인은 반대로 하얗고 밝게 나오는 사진에 대해서는 '아파 보인다', '예쁘지 않게 보인다', '건강하게 보이지 않는다' 등의 반응을 보였다. 유럽인은 오히려 약간 붉은빛이 도는 피부톤을 선호했다. 건강하고 예쁘게 보인다는 반응을 보인 것은 물론이다.

이런 결과를 바탕으로 유럽시장에 출시되는 메가픽셀 카메라폰의 셀카 모드에서 기본 색감을 약간 붉은빛이 돌도록 세팅할 것을 제안했다.

기술적·감성적으로 카메라의 성능과 품질을 알고 있다고 생각하고 사용자의 입장에서 '좋은 카메라, 좋은 사진'의 의미를 다시 확인하지 않았다면, 그리고 그 상태로 신제품을 만들어 시장에 출시했다면, 아마도 유럽인은 우리가 출시한 새로운 카메라폰의 성능과 사진의 품질에 대해 만족하지 못했을 것이다. 이노베이션은 이렇게 스스로가 당연하다고 생각하는 상식이라고 하더라도 '정말 그럴까?'라고 다시 한 번 의심하는 것에서부터 시작된다.

이노베이션 다시 보기

팬택의 스카이폰은 사진이 잘 나오는 폰으로 유명했다. 그런데 그 명성의 이면에는 다음의 사연이 전해 내려온다.

경쟁 휴대폰 메이커에 비해 시기적으로나 판매량적인 측면에서 뒤처져 있던 팬택은 성능 좋은 카메라 부품을 조달하는 데 애로가 있었다. 그래도 경쟁사들과 어깨를 나란히 하기 위해서 출시일자를 정하고 이에 맞추어서 카메라폰을 출시해야 했는데, 그러다보니 초기에는 성능이 다소 떨어지는 카메라 부품을 사용했다. 이 결과 사진을 촬영하면 피사체는 밝게 나오고 주변이 흐릿하게 보이는 현상, 즉 '비네팅' 현상이 나타나는 불량이 발생했다. 이에 팬택은 시장의 반응이 나쁠 것으로 예상했다.

그러나 소비자의 반응은 정반대로 폭발적이었다. 우리나라 사람, 특히 여성들은 얼굴이 하얗고 밝게(뽀샤시) 나오는 것을 특히 좋아했기 때문에 스카이폰은 '셀카가 잘 나오는 폰'이라는 명성을 얻으며 소비자의 구매 욕구를 자극했던 것이다.

고객의 관점을 갖는 순간 혁신의 새 틀을 발견한다

과거에는 사용자가 주어진 정의와 구분에 맞추도록 요구받아

우리가 어떤 제품이나 서비스를 새롭게 구상하거나 개발할 때는 반드시 고객의 생활을 먼저 들여다보고 중요한 힌트를 잡아내는 것이 필요하다.

예를 들어 여러분이 생각하는 일반적인 가옥 구조는 어떤 모습인가? 아마도 안방, 건넛방, 거실, 부엌, 다용도실쯤으로 생각할 것이다. 좀 더 추가한다면 세탁실, 파우더룸, 앞뒤 베란다 등도 떠올릴 수 있다. 대부분의 한국형 아파트나 빌라의 구조는 이런 모습이다. 안방은 주로 부모님이나 그 집안의 가장 중심이 되는 사람이 잠을 자거나 휴식을 취할 때 이용하고, 작은방은 그 외의 용도나 아이들 방으로 이용되는 경우가 대부분이다. 거실은 텔레비전을 보거나 가족이 함께 이용하는 공간, 부엌은 음식을 만들거

나 식사를 하는 공간이고, 그 이외의 공간도 각각의 기능에 맞추어서 이용하게 된다.

시간을 거슬러 올라가서 우리나라의 과거 주거 형태를 생각해 보자. 과거에는 공간 구분이 명확했다. 안방과 건넛방에 가려면 중간에 마루가 있고, 사랑방은 마당을 가로질러야 했다. 부엌은 음식 조리와 난방을 동시에 할 수 있도록 건물 한켠에 붙어 있었다. 그리고 화장실은 뒷간이라 부르며 거주 공간과는 떨어져 있었다. 이런 가옥 구조는 당시의 생활과 문화를 반영하는 것이므로 가부장적이며 유교 문화의 농경사회에서는 적합한 형태였을 것이다.

이와 달리 현대식 가옥 구조는 대부분 큰 하나의 공간을 여러 곳으로 나누는 구조다. 안방, 건넛방, 거실, 주방, 화장실, 다용도실 등 모든 공간이 구분되어 있다. 이는 산업사회에 살고 있는 현대인의 자유롭고 평등하며 위생을 중요시하는 가족 중심적 가치관이 반영된 결과로 보인다.

그러나 이런 식의 공간 구분, 또는 정의는 지극히 사용자의 이용 목적보다는 일반적인 기능에 집중했고, 사용자 또한 이렇게 주어진 정의와 구분에 맞추어 생활하도록 요구받고 있다.

여기서 잠깐만 생각해 보자. 과연 대부분의 사람이 주어진 공간 구분에 맞추어 살아가고 있을까? 요즘 사람의 주거생활은 20~30년 전과 별로 달라진 것이 없을까? 왜 여전히 대부분의 집이 유사하게 디자인되는 것일까? 아마도 그 이유는 생산적인 가치, 대량생산에 의한 원가 절감과 이를 통한 높은 이익의 실현이라는 목적이 숨어 있기 때문일 것이다.

그런데 고객 가정을 방문하는 리서치를 하다보면, 이와 관련해서 재미있는 사실을 발견하게 된다. 그것은 아무리 건축업자가 자신이 생각하는 사용자의 편의에 맞게 설계해서 집을 지어서 제공해도 사용자는 자신만의 편의와 용도에 맞게 리모델링 한다는 점이었다.

예를 들어 베란다를 확장하기도 하고, 방과 방을 터서 큰 방을 만들기도 하고, 각종 인테리어를 통해 주거 공간을 자신의 니즈에 맞게 재창조한다. 어떻게 보면 낭비가 아닐 수 없다. 이는 사용자들이 주거 공간을 정의하는 관점이 공급자의 관점과는 다르고 새로운 니즈가 존재한다는 의미로 해석할 수 있다.

그렇다면 어떻게 하면 이런 고객의 니즈를 발굴해서 공간 디자인에 반영할 수 있을까? 사용자의 생활을 직접 들여다보면 고객이 느끼는 현재 가옥 구조에 대한 불편사항, 그들의 새로운 공간에 대한 니즈와 재정의, 그리고 주거생활의 변화 추이를 확인할 수 있다. 과거에 내가 근무했던 가전회사에는 새로운 가전제품 콘셉트를 개발하기 위해서 이렇게 사람들의 주거 공간 이용 행태에 주목하고 관찰 조사를 실시했다. 가족 구성원의 집 안에서의 동선과 행태를 살펴 그들이 각 공간을 어떻게 정의하고 사용하는지, 어떤 공간이 주 사용 공간이고, 또 어떤 공간이 죽은 공간인지를 파악해서 새로운 공간 개념에 맞게 가전제품을 재정의한 것이다.

이를 통해 통해 과거와는 달리 가족이 가장 많이 사용하는 공간은 주방이라는 것을 발견했고, 주방은 주부가 혼자 음식을 조리하는 장소라는 전통적 개념에서 벗어나서 가족 간의 대화와 공동 작업이 가장 많이 일어나는 가족생활의 중심 공간으로 재정의했다. 또한 주부는 이 공간의 핵심 주체로서 가족의 대화나 공동 행위에서 소외되지 않고 주된 역할을 잘 수행할 수 있도록 가전제품의 콘셉트를 발전시켰다. 과거 다용도실에 있었던 세탁기가 주방으로 들어가고, 가족 간의 게시판 역할을 하던 냉장고에 통신 기능이 있는 스마트패드가 들어가는가 하면, 가족과 함께 요리를 만들 수 있는 아일랜드 식탁이 등장한 것은 모두 사용자 관점의 공간 정의에 기반해서 새롭게 디자인되고 개발된 사례다.

우리나라의 주거 형태와 사용자 공간 정의뿐만 아니라 외국인의 공간 개념도 잘 살펴보는 것도 필요하다.

과거 중동에서 진행했던 가정방문 조사 결과, 가사 도우미를 쓰는 것이 일반적인 중동의 주거 공간에서 주방은 가족의 핵심 공간이 아니라는 점을 발견했다. 오히려 주방은 가사 도우미의 작업 공간일 뿐이었다. 대부분의 경우 가족과 함께 생활하는 가사 도우미가 많기 때문에 주방에는 별도의 공간(작은 침실과 화장실)이 붙어 있는 경우가 많으며, 조리와 관련된 가사 노동은 가사 도우미가 담당한다.

그런데 냉장고에 저장하는 식재료는 가사 도우미가 아닌 주인이 관리하는 경우가 많았는데, 주인들이 가사 도우미의 식재료 낭비와 분실에 신경을 쓰기 때문이었다. 이를 반영하여 중동 시장에 출시하는 냉장고에는 자물쇠 기능을 추가하기도 했다.

이처럼 기존의 정형화된 연구자의 시각에서 벗어나 고객의 관점을 가지는 순간 비로소 이노베이션의 새로운 틀을 발견할 수 있다.

자기 자신의 생각과 인식 패턴에서 자유로워지자

고객 연구를 통해 디자인 싱킹, 디자인 이노베이션을 하려는 사람이 가져야 하는 가장 기초적인 역량은 무엇일까? 물론 리서치 설계, 리서치 운영, 고객 인터뷰 스킬, 조사 방법론적 지식 등과 같은 노하우도 포함되지만, 그보다 먼저 자신의 생각과 인식 패턴에서 자유로워져야 한다.

사람은 자신이 성장하고 생활하는 환경 속에서 그에 맞는 나름의 관점을 갖게 되는데, 이 렌즈를 통해서 세상과 사람을 인식하고 판단하게 된다. 이런 맥락에서 유사한 생활환경과 문화적 배경을 가지고 있는 사람이라면 특정 사물이나 현상에 대한 시각이나 생각도 비슷한 모습을 보인다. 그리고 고객을 연구하는 디자인 이노베이터 역시 이 환경적 유사성에서 만들어진 렌즈를 끼고 있고, 이 시각적 편향에서 자유로울 수가 없다.

디자인 이노베이션의 시작은 고객을 잘 이해하는 것인데, 해당 고객을 나의 렌즈를 통해서 바라본다면 어떨까? 그 결과는 고객 관점으로 고객을 이해하기보다는 연구자의 주관적 관점의 틀을 벗어나지 못한 채 제한적으로 이해하는 데 그칠 것이다.

예를 들어보자. 어떤 사람을 이해하고자 할 때 가장 먼저 이용하는 자신의 관점 렌즈는 아마도 그 사람이 어떤 연령대인지 확인하는 것이다. 20대인가, 40대인가, 60대인가? 그리고 어느 지역에 사는지도 중요한 렌즈로 작용한다. 그런 다음 연령대와 지역에 대해 자신이 가진 관점으로 그 사람을 판단하고, 이를 근거로 이해했다고 여기게 된다. 즉 이런 생각이다.

'50대 여성이고 서울 강남에 살고 있으니까 아마도 백화점 쇼핑을 많이 할 것이고, 스마트폰 이용은 기본적인 것만 할 수 있을 거야.'

이런 판단 이후엔 확증편향의 기제가 작용하게 된다. 다시 말해 연구자의 결론에 부합되는 증거만 보이게 되고 그 증거를 모아 결론을 더욱 설득력 있게 만들려고 한다. 따라서 50대 여성도 스마트폰을 잘 다루고, 강남 살아도 저렴한 재래시장을 선호할 수도 있다는 가능성을 간과하게 된다.

다른 이의 眼鏡을 스스럼없이 쓰어야 하다

물론 이런 접근이 나쁜 것은 아니다. 주관적 시각에 의한 접근법은 사람과 현상을 패턴화해서 쉽고 빠르게 이해하게 해준다. 우리가 가진 지식의 대부분은 이런 패턴화의 유용성에 의해서 생겨나게 된다.

하지만 이런 접근은 디자인 이노베이터에게는 유용하지 않다. 고객에 대한 깊은 이해를 가로막기 때문이다. 디자인 이노베이터는 주관적 관점의 안경을 벗고 연구 대상 고객이 가진 안경으로 갈아 쓸 수 있어야 한다. 물론 처음에는 본인의 시력과 맞지 않아 어지럽고 불편할 수 있지만, 바로 이 순간 고객을 더 잘 이해하기 위한 마법의 '왜(why)'가 마구 생겨나게 되는 것이다. 그리고 그 대답을 찾아가는 과정에서 알고 있던―다른 경쟁자도 아는―관점이 아닌 아닌 완전히 새로운 패턴과 프레임이 탄생할 수 있으며, 비로소 이노베이션이 시작된다.

디자인 이노베이션, 디자인 싱킹을 한다는 것은 새로운 제품이나 서비스, 그리고 사업을 발명하는 것이 아니다. 디자인 이노베이션은 고객으로부터 그들만의 관점과 생각의 근거를 발견하고 이를 바탕으로 기존에는 미처 깨닫지 못했던 새로운 고객 이해의 프레임을 만들고 제안하는 것이다. 디자인 이노베이터는 스펀지와 같아야 한다. 고객의 관점을 잘 흡수하고 또 잘 배출해야 하기 때문이다.

"여기선 모든 것이 푸른색인데?"

도로시가 물었다.

"그 어느 도시보다 푸르지."

오즈가 대답했다.

"하지만 푸른색 안경을 쓰고 보면 모든 것이 푸르게 보이게 마련이지."

-《오즈의 마법사》중에서.

7

고객의 왜곡에 속지 말고 제대로 해석하라

사용자 조사가 어려운 이유

사용자, 또는 잠재고객을 대상으로 한 조사가 어려운 이유 중의 하나는 고객의 이야기를 제대로 해석하기가 어렵다는 것이다. 고객을 연구할 때 연구자가 자신의 가설을 검증하려고 들거나, 고객의 이야기 가운데 자기의 목적에 맞는 부분만 유독 크게 부각시키는 문제는 앞에서 이야기한 바 있다. 이런 침소봉대가 일어나는 이유는 연구자의 확대해석도 있지만 고객의 왜곡도 한몫을 하게 된다.

그럼 이런 오류를 줄이고 고객의 진짜 니즈를 발굴하기 위해서 어떻게 해야 할까? 그 시작은 고객에 대해 우리가 가지는 여러 가지 인식을 바꾸는 것이다.

연구자가 고객에 대해서 갖는 첫 번째 오류는 '고객은 아무것도 모른다'이다. 이런 인식은 리서치를 진행하는 연구자가 자신의 분야에서 쌓아온 전문성에 기인한다. 그러나 실제로 고객과의 리서치 현장에 나가보면 고객이 훨씬 많이 아는 경우가 비일비재 하다. 게다가 제품과 서비스의 사용 경험과 대안에 대한 고객의 생각은 담당자를 압도한다. 다만 고객이 하는 말이 다소 서툴거나 용어가 부적절할 뿐이다. 따라서 연구자는 고객에게 배운다는 자세를 가지고 리서치에 임해야 한다.

연구자의 두 번째 오류는 '고객은 늘 이성적인 판단을 한다'라는 생각이다. 사람은 이성과 감성을 동시에 가지고 있는 존재다. 어떤 판단을 할 때도 이 두 가지가 동시에 작용한다. 그래서 때로는 효용이 떨어지는 제품이나 서비스를 구매하기도 하고 때로는 과소비를 하기도 한다. 고객은 이를 부끄러워하기 때문에 스스로를 합리화하기 위해 합리적인 이유를 찾거나, 또는 감추는 행위를 하게 된다.

예를 들어 내가 만난 한 여고생은 자기가 PMP를 구매한 이유를 인터넷 강의를 듣기 위해서라고 강조했다. 하지만 그 PMP에는 인터넷 강의보다는 영화나 음악이 더 많았다. 게다가 인터넷 강의 콘텐츠는 작년에 다운받은 것이고, 영화와 음악은 최신의 것이었다. 연구자는 고객의 합리화 이면에 있는 진짜 의도를 파악할 줄 알아야 한다.

연구자의 세 번째 오류는 '모든 고객이 기꺼이 자신의 생각과 과거의 행동을 설명할 수 있다'라는 생각이다. 사람은 누구나 기억과 망각이라는 능력을 가지고 있다. 이 중에서 기억이라는 능력은 용량에 한계가 있어서 과거의 경험 가운데 선택적인 몇 가지만 기억하고 나머지 모든 기억을 미화하는 특징이 있다. 응답자의 기억 조작에서 오는 오류를 막으려면, 응답자와 인터뷰를 진행할 때 그들의 행동을 더욱 정확하게 알아보기 위한 보조 기억을 활용해야 한다. 이를 테면 응답자의 휴대폰에 담겨 있는 사진, 메모, 달력 등에 남겨진 내용을 동의를 얻어 훑어본다든지, 응답자의 기억을 떠올리게 쉽게 하기 위한 사진 일기 작성, 일일 생활표 그리기 등의 방법을 사용해 보는 것도 좋다.

또한 대부분의 고객은 자신의 의사를 표현하는 데 어려움을 겪는다. 사실 낯선 사람에게 자기 의견을 말하기가 쉽지는 않다. 이런 오류를 보완하기 위해 연구자는 응답자 선정 시 표현력을 응답자 선별 질문지에 포함시키기도 한다.

연구자의 네 번째 오류는 '고객은 언어로 사고하고 언어로만 표현한다'라고 믿는 것이다. 언어는 사실 최후의 단계다. 인간은 어떤 제품이나 서비스를 사용했을 때 인지와 표현 단계상 불편함이나 만족을 언어가 아니라 표정이나 제스처로 가장 먼저 표현한다. 그러고는 이를 해결하기 위한 다음 어떤 행동을 하거나, 아니면 그대로 받아들인다. 고객 스스로가 문제를 해결했거나 받아들이면 고객은 이 문제에 대해서 쉽게 잊어버린다. 이렇게 해도 해결되지 않는 부분에 대해서만 인터뷰 진행자가 물어볼 때 대답하게 되는 것이다.

이렇게 말로 표현되지 않는 숨은 불편함이나 니즈를 찾기 위해서는 반드시 인터뷰를 할 때 고객의 표정이나 제스처를 살피고 이를 기록할 것을 권한다. 해당 제품과 서비스를 연구자 앞에서 직접 사용하게 하고 그들의 행동적 반응을 살펴라. 그리고 왜 그런 표정이나 제스처, 또는 자세를 취했는지를 나중에 물어보라.

또한 그들의 생활공간이나 환경을 꼭 관찰해 보기를 바란다. 사람은 기억을 잊어도 그들의 컨텍스트(환경, 문맥)에는 늘 흔적이 남아 있기 때문이다. 일례로 CD를 모으는 매니아를 인터뷰하기 위해 찾아갔던 한 응답자의 집에서 과거에 모아둔 만화책 컬렉션을 발견할 수 있었는데, 이를 매개로 응답자의 수집 성향과 CD 수집 시 느꼈던 다른 불편함까지도 확인할 수 있었다.

고객은 자신이 말한 대로 행동한다?

마지막 연구자의 오류는 '고객은 자신이 말한 대로 행동한다'라고 믿는 것이다. 사람의 의지와 행동이 늘 일치하는 것은 아니다. 생각이 있어도 행동으로 옮기는 데는 시간이 걸린다. 그리고 앞서 이야기한 자기 합리화의 본능 때문에 자신의 행위를 미화하거나 과장하는 표현을 하는 것이 일반적이다. 예를 들어 하루에 TV 시청 시간이 1시간이라고 했던 응답자는 인터뷰 결과 하루에 5시간 이상 TV시청을 했고, 주기적으로 아침 운동을 한다고 했던 응답자는 실은 불규칙적인 시간에 일어나서 일주일에 두세 번 정도 운동을 했다.

특히 이 오류에서 주의해야 할 것은 미래 상황에 대한 고객의 호언이다. "이 문제가 해결되면 꼭 이 제품/서비스를 구매할 거예요"라는 말은 곧이 그대로 받아들이면 안 된다. 왜냐하면 아이디어나 콘셉트에 대한 호감도와 실제로 구현된 제품이나 서비스에 대한 구매 의향은 다르기 때문이다. 이를 제대로 확인하기 위해서는 반드시 관련된 유사 질문으로 응답의 내용을 검증하고, 전체 인터뷰 내용을 통해 고객이 느끼는 니즈의 정도를 측정할 필요가 있다.

이처럼 고객의 이야기에서 진짜 니즈를 찾기 위해서는 고객에 대한 연구자의 인식 오류를 최소화하고 그들의 이야기를 뒷받침할 수 있는 보조적인 방법(연관된 검증 질문, 고객의 현장 관찰) 등을 활용하는 것이 중요하다. 이렇게 함으로써 고객이 진짜로 필요한 것을 해결해 주는 아이디어 발굴의 효율성을 높일 수 있다.

이노베이션 다시 보기

우리의 서비스는 누구에게 초점을 맞추고 있는가?

얼마전 젊은 직장인 남성 소비자를 만나서 온라인 커머스 경험에 대한 이야기를 들었다.

"제가 부모님과 같이 사는데, 집이 아파트도 아니고 택배 물건을 받아줄 사람도 없고 해서 편의점 픽업을 이용하는데, 좋은 것 같아요. 그렇지만 그분들이 관리를 제대로 하는 것 같지 않아서 비싼 건 못 하고요. 또 반품할 땐 난감하죠."

이런 불편함에 대한 호소는 너무나 당연한 이야기고 기본적으로 해결되어야 할 문제인데, 그동안 소비자와 택배회사 직원이 알아서 해결해야 할 것으로 방치되어 왔다.

언덕 위 단독주택에 거주하는 한 전업주부는, "제가 없을 때 택배가 오면 동네 세탁소에 맡겨달라고 부탁을 해요. 미안하긴 하지만 그래도 동네 사람이니까…"라고 털어놓았다.

가격 경쟁의 온라인 커머스 프레임을 벗어나서 새로운 경쟁으로 고객을 우리편으로 만드는 비결은 고객 관점의 가치를 발견하고 이를 제공하는 것이다. 위의 두 사용자 사례에서 그들은 미안함과 불편함이라는 감성적 불편사항을 기꺼이 좀 더 비싼 가격과 맞바꿀 의사가 있어 보였다.

미국 아마존의 오프라인 반품 경험은 이런 고객의 불편사항을 잘 해결해 주고 있다. 반품할 물건을 들고 집 근처 반납소(drop off)를 찾아가면 락커(locker)가 있다(심지어 락커에 이름까지 있다). 여기에 핀 코드(pin code)를 입력하면 빈 락커가 열리고, 반품 물건을 넣으면 끝이다. 게다가 이 반납소는 편의점에 있다. 고객이 껄끄러워하는 편의점 점주와의 인터렉션도 필요 없다. 곧 이곳에서 픽업도 가능할 것이다.

다시 한 번 물어보자. 우리의 서비스는 누구에게 초점을 맞추고 있는가?

△ 미국 아마존의 집 근처 반납소의 락커. 여기에 핀 코드를 입력하면 빈 락커가 열리고, 반품 물건을 넣으면 끝이다.

8

모든 고객 행동에는 숨은 이유가 있다

몰링 현상의 숨은 이유

미국은 일부 대도시를 제외하면 대부분의 지역이 인구 밀집도가 높지 않다. 미국인에게 도시는 일터라는 개념이 강하고, 실제 거주는 도시 외곽 한적한 곳인 경우가 많다. 그리고 미국은 땅이 넓어서 우리나라처럼 빠른 물류 시스템을 만드는 것도 쉽지 않다. 따라서 다양한 상점이 한곳에 밀집한 쇼핑몰 문화가 발달했다. 미국인은 최소 1주일에 한 번 정도 쇼핑몰에 방문해서 생필품을 구매한다. 이런 관점에서 보면 쇼핑몰은 미국이라는 지리적 특수성이 반영된 쇼핑의 공간으로 이해될 수 있다.

그런데 재미있는 것은 쇼핑과는 전혀 관계없어 보이는 청소년들이 평일 오후 시간이나 주말에 쇼핑몰을 활보하는 것을 볼 수 있다는 점이다. 그리고 쇼핑몰에 머무는 시간은 길지만 실제로 쇼핑은 하지 않고 여기저기 둘러보기만 하는 윈도우 쇼핑족도 많다.

쇼핑몰이 원스톱 쇼핑에 편리한 곳이라는 기능적인 개념으로 본다면, 이들을 어떻게 설명해야 할까? 쇼핑몰을 어슬렁거리는 사람들의 행위를 '몰링(malling)'이라는 신조어로 표현하기도 하는데, 이들은 왜 몰링을 하는 것일까?

미국 청소년은 세계의 여느 청소년과 마찬가지로 방과후에 시간을 보낼 곳이 많지 않다. 대부분은 운동을 하거나 집에서 시간을 보내는데, 일단 집에 오게 되면 친구와 어울리는 사회활동이 제한적일 수밖에 없다. 그리고 대부분의 친구 집이 멀리 떨어져 있기 때문에 친구 집에 찾아간다거나 하는 일은 쉽지 않다. 그런데 쇼핑몰에 가면 자연스럽게 또래의 아이들을 만날 수도 있고, 또한 그들이 좋아할 만한 상점(아이스크림·음료수 가게, 극장 등)도 많이 있다. 주차장도 충분하고, 대중교통과도 연결된다. 주머니 사정이 넉넉하지 않은 청소년에게 이런 요소는 꽤 매력적이다. 그들에게 쇼핑몰은 제품과 서비스를 교환하는 곳이 아니라 여가를 제공하는 공간의 용도로 이해될 수 있는 부분이다.

신제품과 서비스를 개발하는 디자이너와 기획자는 고객의 행동을 관찰하고 그들 행동의 알려진 목적(예를 들어 쇼핑몰에 가는 것은 쇼핑하기 위해서)만이 아니라 그 이면에 숨은 이유를 찾아야 한다. 왜냐하면 이를 통해서 새로운 제품이나 서비스의 단서를 발견할 수 있기 때문이다.

몰링 현상은 우리나라에서도 쉽게 발견된다. 평일 오전 시간에 도심에 있는 대형 쇼핑몰이나 백화점을 방문해 보라. 아마도 이른 시간임에도 손님이 많다는 사실에 다소 놀라게 될 것이다.

그런데 그들 대부분은 중년, 또는 노년의 여성이다. 따로 시간을 보내거나 여가를 즐기기에 적당한 공간을 찾기 어려운 중·노년 주부가 가족이 모두 학교나 일터로 나가면 쇼핑몰로 몰려드는 것이다. 물건을 구매하기보다는 또래들과 어울려 차 한잔을 함께한다거나 수다 떠는 것을 즐긴다. 이들에게도 쇼핑몰은 물건을 구매하는 장소라기보다는 여가와 사교를 즐기는 공간으로 인식되고 있는 것이다. 다시 말해 이들도 몰링을 즐긴다고 볼 수 있다. 이처럼 고객의 행동에는 알려진 목적 이외의 다른 목적도 숨어 있다.

노에브라프 _ 고객 행동의 숨겨진 목적으로 창의성을 움직여 보라

또 다른 사례를 들어보자. 남성이 자동차에 열광하는 이유가 무엇일까? 자동차는 기능적으로 보면 편리한 이동을 가능케 하는 제품일 뿐이다. 이런 관점에서 보면 대중교통이 발달한 우리나라의 경우 단순히 과시욕만으로는 남성의 자동차 소유욕을 충분히 설명하지 못한다. 게다가 드라이브를 즐기는 행위는 기능적이지도 않고 생산적이지도 못하다.

나는 자동차 관련 프로젝트를 수행하다가 고객으로부터 자동차 구매의 주된 동기를 파악할 수 있었다. 사회적 압력과 스트레스가 큰 요즘 시대에 자동차는 나만의 공간을 제공해 주는 탈출구 역할을 할 뿐만 아니라, 사용자가 조종하는 대로 움직이기 때문에 우두머리가 되어 사람들을 통제하고 싶어 하는 욕구를 충족할 수 있다. 즉 남성의 본능적인 지배 심리가 가장 잘 표현되는 공간이라는 점이 바로 자동차 구매 동기에 반영되는 것이다. 그래서 많은 돈을 들여서라도 성능 좋고 최신 편의 사양이 장착된 멋진 차를 사기도 하고, 차량을 튜닝해서 업그레이드도 하는 것이다.

이쯤에서 눈치 챘겠지만, 사용자 행동의 숨은 목적은 새로운 제품과 서비스, 또는 사업 아이디어의 단서를 제공한다. 예를 들어 쇼핑몰에서는 몰링족을 위한 서비스 상품을 더 많이 갖추는 아이디어를 생각할 수 있다. 쇼핑몰의 이노베이션 담당자라면 여성 고객을 위한 스파나 에스테틱, 네일링 같은 서비스 상품 구색도 가능할 것이고, 청소년을 위한 공연장이나 교육장과 같은 시설의 입점도 생각해볼 수 있다.

고객이 어떤 행동을 할 때 단순히 눈에 보이는 목적에만 포커스를 맞추지 말고, 그 이면에 '혹시 다른 목적은 없을까?' 하는 의구심을 갖고 고객 행동의 의미를 되짚어보길 바란다. 그럼 고객 행동의 새로운 목적을 발견할 수 있고, 이를 통해 고객을 감탄하게 만드는 신제품과 서비스의 콘셉트 발굴도 가능할 것이다.

이노베이션 다시 보기

고객의 비이성적 행동에 집중해서 이노베이션 방향을 발견한다

디자인 이노베이션을 위한 고객 연구의 초점은 고객이 어떻게 생각하는 가보다는 그들이 어떻게 행동하는가에 있어야 한다.

다음의 온라인 쇼핑 관련 고객 인터뷰 내용을 보고 생각해 보자.

"이렇게 친구들하고 단체 카톡을 하거든요. 다들 주부니까 연예인 얘기보다는 '어디서 좋은 물건이 싸게 나왔다더라, 어디서 타임 세일을 한다더라, 공동 구매 같이 하자' 이런 얘길 많이 해요. 저도 관심이 생기고 그럼 사는 거죠. 제가 카톡으로 공유하기도 하고요."

"거의 매일 온라인 쇼핑을 해요. 모바일로요. 이렇게 보다보면 할인 폭도 크고, 1+1도 있고 안 사면 안 될 것 같아요. 그리고 핫딜이 뜨면 수량이 한정되니까 더 하게 돼요. 집에 여유분이 없는 건 아니지만, 어차피 쓸 거니까 사둬도 괜찮은 것 같아요. 오히려 안 사면 더 불안해요."

"아직 집에 참기름이 떨어진 건 아닌데, 이 참기름이 좋은 것 같아서 주문했어요. 유기농이기도 하고, 전에 어머니가 직접 만들어주신 참기름 맛이 날 것

같기도 하고 해서요. 대기업에서 파는 참기름은 그 맛이 안 나거든요."

여러분은 어떤 생각이 드는가? 아마도 다음의 세 가지 반응이 있을 것이다.

'그렇지, 나도 저런 경우가 있어.' → 공감
'흠, 저 정도면 쇼핑 중독 아니야?' → 판단
'고객이 품질 좋은 물건을 선호하는구나.' → 발견

하지만 이것은 누구나 생각할 수 있는 수준이다. 디자인 이노베이션을 위한 고객 연구를 진행할 때는 여기서 한 걸음 더 들어가야 한다. 디자인 이노베이션은 현상을 이해하는 것에 더하여 혁신을 위한 고객 인사이트도 발굴해야 하기 때문이다.

디자인 이노베이션 플로우는 원인을 이해하고 대안을 만드는 과정

그렇게 하기 위해서는 위의 고객 답변이 나오게 만든 질문의 유형을 생각해 보아야 한다. 질문의 유형은 "온라인 쇼핑에 대해서 어떻게 생각하나요?"가 아니라 "여러분은 어떻게 온라인 쇼핑을 하시나요? 직접 보여주면서 설명해 주세요"의 형태일 것이다.

다양한 경험에 비추어볼 때 이런 질문 형태가 고객 인사이트 발굴에 대단히 유리하다. 그 이유는, 사람은 이성적으로 생각하되 비이성적으로 행동하기 때문이다. 다시 말하면 고객의 생각은 이성적으로 유사성을 가지지만, 고객의 행동은 각자 행동의 동기에 따라 (우리가 그토록 찾고 싶어 하는) 차별성을 갖게 된다는 말이다.

디자인 이노베이터와 디자인 싱커는 바로 그 차별성에 초점을 두고 고객을 연구해야 한다. 차별적 행동의 동기를 알아가는 과정에서 일반론적인 시각에서 벗어날 수 있는 포인트를 발견하게 되고 그 포인트에서부터 고객 인사이트 발견이 시작된다.

디자인 이노베이션을 위한 고객 연구에서 고객 관찰이 중요하고, 고객의 목소리뿐만 아니라 수많은 사진, 동영상 자료가 필요한 이유도 같은 맥락에서 설명될 수 있다. 어떤 사람은 이런 에스노그라피(ethnography)가 비효율적이라 말하기도 하지만, 사람에 대한 연구는 효율보다는 그 효과에 집중해야 하고, 가설이 없는 상태에서 전방위적으로 이루어지는 것이 역설적이게도 더 효율적이다. 효율 추구를 위한 반복적 실수(비슷한 조사를 다수 진행하게 되는)는 피할 수 있기 때문이다.

위의 고객 인터뷰 내용(온라인 쇼핑 관련 비이성적 행동)을 가지고 그 행동 동기를 생각해 보자. 시작은 '왜 이렇게 행동할까?'이다.

답변 사례:

"온라인 쇼핑을 통해 지인과 관계를 잘 유지하고 돈독하게 하고 싶어요."

→ 온라인 쇼핑의 이유는 관계 유지 – 관계 유지를 더 잘하게 하려면 디자인 이노베이터는 무엇을 해주어야 하는가?

"남들에게 뒤처질지도 모른다는 불안감을 줄이고 싶어요."

→ 온라인 쇼핑의 이유는 불안감 해소. 불안감의 이유는 다른 곳에서 찾을 수 있음 - 불안감을 줄여주기 위해서는 디자인 이노베이터는 어디서 무엇을 해주어야 하는가?

"내 생활의 수준을 좀 더 업그레이드하고 싶어요. 내 취향에 맞는 소비를 온라인 쇼핑에서 하고 싶어요."

→ 나를 알아주는 온라인 쇼핑에 대한 기대 - 디자인 이노베이터는 무엇을 해주어야 하는가?

이제 디자인 이노베이션의 방향이 기존의 개선(온라인 쇼핑) 방향과 달라질 수 있겠다는 생각이 드는가? 고객의 비이성적 행동에 집중하면 새로운 이노베이션의 방향(고객 인사이트)을 발견할 수 있다.

고객의 진짜 니즈 분석하기

내게 새로운 것이 아니라 고객에게 새로워야

고객이 문화에서 고객의 니즈를 이해하라

제품과 서비스의 새로운 콘셉트를 개발하는 사람이 가장 경계해야 하는 흔한 오류 중의 하나는 스스로가 주요 고객이라고 생각하는 것이다. 이런 생각은 기술적인 캐즘(chasm, 시장이 받아들일 준비가 안 되어 있는데 지나치게 혁신적인 제품을 시장에 일찍 출시하는 것)만큼이나 시장 경쟁에 도움이 되지 않는다.

신제품이나 서비스 개발에 참여하는 사람이 자신의 니즈를 다수 일반 고객의 니즈라 생각하고 신제품이나 서비스를 개발한다면 그것은 이미 경쟁자도 다 쉽게 파악한 니즈를 바탕으로 한 것일 가능성이 높다(또는 이미 경쟁사에서 관련 제품을 출시했을 수도 있다).

반면에 신제품 콘셉트를 개발하는 구성원이 얼리어답터나 극단적 사용자층이라고 한다면 현실과 동떨어진, 즉 혁신적이기는 하지만 고객이 구매하지 않는 콘셉트의 제품이나 서비스를 개발할 가능성이 높다. 따라서 크리에이티브를 위한 첫 번째 단계는 나를 버리고 철저하게 고객의 입장이 되어 그들의 니즈를 파악하는 것이다.

놀랍게도, 특히 오래되고 규모가 큰 기업일수록 고객은 이미 다 알고 새롭지도 않은 콘셉트임에도 자사에서 처음 시도했다는 데 의의를 두고 개발되는 제품과 서비스가 정말 많다. 중요한 것은 나에게 새로운 것이 아니라 고객에게 새롭고 생산적인 것이 되어야 함에도 말이다. 이런 현상도 스스로가 제품과 서비스의 핵심 사용자라고 오해하는 데서 비롯된다. 사례를 통해 이 문제를 좀 더 생각해 보자.

내가 아는 상식은 검정짜는 이미 알고 있다

중남미 대륙은 천혜의 대자연, 그리고 찬란한 고대문명을 가진 곳이다. 반면 높은 범죄율과 경제적으로 낙후된 지역이라는 인식도 동시에 있다. 나는 중미의 대표적인 국가인 멕시코와, 남미의 대표적 국가 브라질을 대상으로 새로운 휴대폰 콘셉트를 개발하기 위한 프로젝트를 수행하면서 창의적인 아이디어를 발굴할 때 고객 입장에서 그들의 삶을 이해하는 것이 얼마나 중요한지 새삼 깨닫는 경험을 했다.

멕시코 하면 어떤 것이 떠오르는가? 스페인어, 축구, 미국의 이웃, 멕시코 음식, 천주교 신도, 휴양지, 높은 범죄율, 이웃 국가인 미국으로의 불법이민 등이 떠오를 것이다. 나도 멕시코를 직접 가기 전에는 멕시코 하면 떠오르는 수식어가 그런 것이었다. 당시 중남미 고객을 연구하고 그들로부터 새로운 휴대폰 콘셉트의 실마리를 발굴하는 업무를 담당하고 있던 나는 멕시코가 미국과 가깝고, 다른 중남미 국가와는 달리 정치적으로 독립적이고 미국과 친밀하기 때문에 소비자의 성향 또한 미국의 영향을 많이 받을 것이라고 생각했다. 여기에 국민의 80퍼센트 이상이 가톨릭 신도라는 생각이 더해졌다. 그래서 나는 미국에서 히트한 디자인을 그대로 휴대폰에 적용하고, 기능상으로는 가톨릭 캘린더를 넣는다든지, 축구 관련 게임을 넣는다든지 등 우리가 이미 알고 있는 사실을 참고해서 개발하고 출시하면 멕시코 고객의 호응을 얻을 것이라고 생각했다.

이런 편견을 바탕으로 다음의 가설을 수립했다.

'멕시코인은 축구와 천주교에 관련된 기능이 휴대폰에 탑재되면 좋아할 거야.' '멕시코는 미국의 영향을 많이 받아서 미국 시장에서 성공한 제품은 멕시코에서도 성공할 수 있을 거야.'

그리고 이런 가설을 검증하기 위해 멕시코 소비자를 대상으로 FGI 등의 정성 조사와 갱서베이(gang survey, 사람들을 회의실에 모이게 한 다음 진행자의 리드에 따라 정량 조사를 수행하는 방법)를 진행하여 가설의 검증 정확도를 높이고자 했다.

모든 리서치 준비를 마치고 멕시코에 도착했을 때, 축구장으로 향하는 인파와 축구 관련 각종 이벤트, 천주교 상징을 많이 볼 수 있었고, 이를 바탕으로 나의 가설이 맞겠구나 하는 초기 판단을 했다. 하지만 예정했던 스케줄대로 조사를 진행하면서 문득 이런 생각이 들기 시작했다.

'과연 이렇게 하면 멕시코 소비자가 원하는 새로운 콘셉트의 휴대폰을 만들 수 있을까? 이런 가정이라면 경쟁사도 쉽게 할 수 있을 텐데…'

무언가 새로운 시도가 필요하다는 생각이 계속 머릿속에 맴돌았다. 그러다가 마침 일정이 없던 토요일에 동료와 함께 멕시코시티를 돌아보기로 결정했다. 촉박한 일정과 불안한 치안 탓에 호텔의 소개로 택시 운전사를 가이드로 하여 제일 먼저 대통령궁에 들렀다. 그곳에서 가장 눈에 띈 것은 멕시코의 유명화가인 디에고 리베라(Diego Rivera)가 그린 벽화였다. 아즈텍 문명의 시작부터 현대 멕시코에 이르기까지의 이야기였는데, 이를 통해 멕시코인의 정서적 뿌리를 확인할 수 있었다. 가이드인 택시 운전기사가 그 벽화와 멕시코 역사에 대해 열정적으로 설명했는데, 멕시코인이 아즈텍 문명의 위대함과 선조의 문화적 업적에 대해 얼마나 자부심을 가지고 있는지를 느끼게 되었다.

'아, 이들의 가슴 속에는 고대 문명국으로서의 자부심이 있구나. 어쩌면 천주교 문화보다 아즈텍 문화적인 것에 힌트가 있을지도 몰라.'

벽화를 보며 가장 인상 깊었던 것은 멕시코 고대 문명인 아즈텍 문명이 창공의 나비로부터 시작되었다는 이야기였다. 택시 운전기사는 신이 하늘에 나비를 날려보내면서 하늘이 열리고 세상이 시작되었다는 전설을 들려주었다.

'맞아, 바로 이거야!'

나는 그 이야기를 휴대폰 기능으로 활용해야겠다고 생각했다. 그 당시 휴대폰은 요즘의 스마트폰과는 달리 자주 전원을 껐다 켜곤 했는데, 부팅 시간 동안 화면에는 제조사 로고만이 표시되는 것이 일반적이었다. 그 화면에 나비가 날아오르는 모습을 모션 그래픽으로 표현해 주면 멕시코인이 좋아할 것이라는 아이디어가 떠올랐다. 이 아이디어를 사업팀에 제안했으나 이런저런 이유로 반영되지 않았다. 나중에 국내 경쟁사가 부팅 화면에 나비가 날아가는 모습이 나오도록 구현하자 휴대폰 판매량도 늘어났다고 한다. 역시 뿌리 깊은 민족적 자긍심에 대한 호소가 적중한 결과였다.

택시 운전기사가 다음으로 안내한 곳은 현지의 백화점과 시장이었다. 거기서 확인한 것은 당시 멕시코의 계층화가 심하다는 것이었다. 멕시코 국민은 기본적으로 스페인 정복자의 후예와 혼혈 메스티조, 그리고 원주민으로 나뉘는데, 이들은 서로 다른 생활 영역에서 살아갔다. 상류 계층인 스페인 유민의 후손은 멕시코의 경제력을 장악하여 주소비계층이면서 유행을 선도해 나갔다(실제로 이들은 자기들만이 가는 백화점에서 주로 쇼핑했고, 다른 계층의 멕시코인도 자신의 활동 영역이 따로 있었다).

당시 멕시코 휴대폰 브랜드 판매 순위는 인접국인 미국과 차이가 있었다. 즉 미국 시장에서 인기가 없는 소니에릭슨 모델이 멕시코 시장에서는 최고 인기였다. 그 이유는 멕시코인의 계층별 생활 모습에서 찾을 수 있었다. 국내의 삼성과 LG의 휴대폰 라인업은 미국에서 인기 있는 모델을 그대로 마이그레이션 시켜 멕시코 시장에 내놓은 것이었다. 반면 생산 시설이 약했던 소니에릭슨은 유럽에서 히트한 디자인의 모델을 단가를 낮추기 위해 저급 재질로 조립해서 시장에 내놓았다. 이런 전략은 멕시코 시장에서 유행을 선도하는 스페인 유민 후손 계층의 디자인적 취향과 일치했다. 멕시코의 주류를 이루는 스페인 유민의 후손에게는, 지리적으로 가까운 미국보다는 그들의 뿌리인 유럽에 대한 동경이 남아 있기 때문에 결국 유럽의 감성을 담은 소니에릭슨의 손을 들어주게 된 것이다.

치안이 나쁜 브라질 소비자가 원하는 휴대폰 콘셉트는 안전일까?

나는 브라질에서도 비슷한 시기에 새로운 휴대폰 콘셉트를 개발하기 위해서 현지를 조사했다. 당시 브라질은 다른 중남미 국가와 마찬가지로 범죄율이 매우 높았다. 특히 권총을 든 노상강도가 많았고, 고가인 휴대폰은 강도들이 좋아하는 물건이었다. 실례로 현지 법인의 현지인도 20대 중반임에도 강도를 네 번 당했다고 할 정도였다. 외국인을 대상으로 한 납치 사건도 많고, 중화기로 무장한 경비원을 거리에서 쉽게 볼 수 있을 정도로 치안이 매우 불안했다. 심지어 이동을 할 때는 거리의 일반 택시를 타면 안 되고 꼭 호텔에 등록되어 있는 '안전택시(safe taxi)'를 이용해야 했다.

상품기획자와 디자이너는 이런 치안 상황에 착안해서 손바닥 안에 들어갈 사이즈의 휴대폰을 디자인했다. 통화할 때 휴대폰이 손 안으로 쏙 들어가서 보이지 않으니 강도의 위험으로부터 벗어날 수 있다고 생각한 것이다. 그러고는 자신만만하게 제품을 시장에 내놓았는데 결과는 참담한 실패였다.

그 이유를 찾기 위해 실제 사용자를 대상으로 2차 콘셉트 발굴 조사를 실시했다. 그 결과 브라질과 멕시코인이 진짜로 원했던 것은 휴대폰을 강도로부터 보호하는 것이 아니라(어차피 플랜에 묶여 있고 보상도 되니까) 휴대폰을 통해 자신을 과시하고 싶어 하는 것임을 발견했다. 즉 그들은 자신이 휴대폰으로 통화하는 모습을 남에게 보이고 싶어 했고, 그러기 위해서 더 화려하고 멋진 휴대폰을 원했던 것이다.

생각해 보면 우리나라와 달리 멕시코인은 남녀노소를 막론하고 허리에 차는 휴대폰 홀더 케이스를 선호했는데, 이것도 그 이유로 설명이 가능했다. 케이스를 허리에 찬 것만으로도 남에게 과시할 수 있으니 말이다. 실제로 당시에 우리처럼 똑같이 한 손에 들어가는 콘셉트의 팬택 제품은 현지 시장에서 히트를 쳤는데, 팬택의 디자이너와 기획자가 단순히 경쟁사와 차별을 두기 위해 별다른 생각 없이 폴더의 상단 커버 부분에 큐빅을 박은 것이 비결이었다. 반짝거리는 큐빅이 주는 화려한 느낌이 중남미 소비자의 과시 욕구와 정확히 맞아떨어졌기 때문이다.

2

TV는 '가구'일 수도 있다

TV는 어떤 물건일까?

TV가 어떤 물건인지 모르는 사람은 없을 것이다. 백과사전에서는 이렇게 정의한다.

동영상을 전송하는 원거리 통신 대중 매체. 단색 또는 컬러로 된 동영상을 전송하며 소리가 포함된 정보가 전달될 수 있다. 일상에서 텔레비전은 텔레비전 수상기, 텔레비전 프로그램, 텔레비전 방송 등을 뜻하는 말로 사용된다.

− 위키피디아

이 정의에 대해 정면 반박할 사람은 없을 것이다. 그럼 질문을 조금 다르게 해보자.

"가전제품으로서 TV는 당신에게 어떤 의미인가?"

어떤 사람은 이에 대해 TV가 시청자를 바보로 만들어버리는 바보 상자라고 할 것이고, 또 어떤 사람은 새롭고 유익한 정보를 편리하게 얻는 수단이라고 할 것이다.

이 질문은 사용자가 TV를 어떻게 바라보는지 태도를 파악할 수 있게 해준다. 아울러 사용자가 TV에 어떤 의미를 부여하는지도 알 수 있다.

이렇게 사용자가 어떤 제품이나 서비스에 대해 공급자가 부여한 것 이외에 어떤 태도를 보이고, 또 어떤 의미를 부여하는가를 파악하면 새로운 콘셉트를 만들거나 새로운 디자인을 할 때 대단히 중요한 소스로 활용할 수 있다.

사용자가 부여하는 의미는 새 콘셉트 · 디자인 연구의 중요 소스

예를 들어보자. 국내 굴지의 한 가전업체에서는 유럽시장에 새롭게 출시할 TV의 콘셉트를 만들기 위해서 프로젝트팀을 꾸렸다. 일반적으로 TV는 소자, 스크린 사이즈, 화질 등이 중요한 경쟁 요소다. 이 요소들에 따라 신상품 개발이 이루어지고 차등적으로 가격이 매겨진다.

그러나 이번에는 조금 다르게 소비자 관점에서 TV 콘셉트를 만들어보기로 했다. 그래서 프로젝트팀에서는 유럽 가정을 가가호호 방문하여 TV 보유 대수나 위치, 용도 등을 파악하고, 소비자가 각각 TV에 어떤 의미를 부여하는지 확인했다.

유럽은 우리나라나 신흥 개발도상국처럼 낡은 건물을 헐고 새로운 건물을 올리는 방식의 재개발이나 재건축을 하기보다는 수백 년 된 건물에 살면서 낡거나 고장 난 부분을 고쳐서 사용하는 것이 일반적이다. 이런 실정이다보니 공중파 수신 감도가 좋지 않거나 케이블TV조차 설치하기 어려운 경우도 많다. 이 때문에 위성TV가 발전했는데, 그래서인지 몰라도 유럽인은 대부분 두 대 이상의 TV를 보유하고 있다.

재미있는 것은 각각의 TV에 사용자가 부여하는 의미가 달랐다는 점이다. 주로 거실에는 대형 TV를 설치했는데, 여기에는 가족이 함께 모여서 시간을 같이 나누는 수단이라는 의미와 더불어, 고급 가구처럼 다른 방문객에게 보여주기 위한 의도가 담겨 있었다. 가족을 중시하고, 밤 늦게까지 밖에서 시간을 보내는 문화가 발달하지 않은 유럽은 친지들의 집을 방문하는 것이 대단히 일반적인 문화여서, 가족뿐만 아니라 이웃이나 친구들과 함께 TV를 보는 경우도 많기 때문이다.

이처럼 유럽 소비자에게 TV는 디스플레이로서의 성능뿐만 아니라 가구로서의 의미도 제품 선택 시의 중요한 포인트였다. 우리나라의 한 가전업체에서 프랑스의 와인 산지 이름을 딴 TV를 유럽시장에 내놓아 큰 성공을 거둔 것도 아마 그런 사용자의 의미를 부여했기 때문으로 보인다.

또한 유럽 가정은 대체로 방방마다 TV를 놓는데, 개인주의 문화가 발달해서가 아니라, 앞서 말했듯이 공중파의 수신율이 좋지 않아서 TV마다 위성이나 케이블 등의 서비스를 따로 연결해서 쓰기 때문이다.

다시 말하면, 아이러니하게도 거실에서 모두가 같이 보는 목적인 고급 대형 TV는 제품 자체를 보여준다는 의미가 강하고, 실제 콘텐츠 소비는 가족 구성원의 취향과 목적에 맞게 각자의 방에서 작은 TV를 통해 이루어진다는 의미다.

이처럼 소비자는 공급자가 일방적으로 부여하는 제품과 서비스의 의미나 개념을 넘어서 스스로의 용도와 목적에 맞게 새롭게 의미를 부여하며, 이에 따라 제품이나 서비스를 선택하는 행태를 보인다. 따라서 사용자가 스스로 제품이나 서비스에 새롭게 부여하는 의미, 또는 개념을 파악하는 것은 새로운 상품을 기획하거나 디자인을 하는 데 아주 훌륭한 창의력의 원천이 될 수 있다.

3
미국인의 'No', 한국인의 'Not Bad'

사람마다 반응 방법과 정도는 제각각

사람마다 자라온 환경과 문화의 차이로 인해 같은 현상에도 반응 방법과 정도는 제각각이다. 사용자 조사를 진행할 때도 이런 현상이 관찰된다. 예를 들면 미국과 같이 솔직하고 자유로운 감정 표현이 익숙한 문화에서 성장한 사람은 감정 표현이 매우 풍부하다. 반면 일본처럼 서로의 예의를 중요시하는 문화에서 자란 사람은 호불호를 표현하는 것이 상당히 조심스럽다. 쌍둥이라고 해도 어느 나라 어떤 문화의 영향을 받으면서 자랐느냐에 따라 반응이 달라진다.

한번은 미국의 한 디자인 컨설팅사와 함께 프로젝트를 수행한 적이 있다. 미국인 컨설턴트는 모두 감정 표현이 적극적이고 미국인답게 명확한 의사소통을 했다. 반대로 이들과 같이 프로젝트를 수행한 한국 직원들은 그야말로 전형적으로 한국식으로 감정 표현을 했다. 시간이 흐르면서 이런 차이가 함께 업무를 수행하는 데 약간의 걸림돌로 작용하기 시작했다. 물론 영어를 사용하는 커뮤니케이션에서 미국인과 대등한 언어 구사가 힘든 점도 있었지만, 분명 한국인은 미국인에 비해 극적인 표현을 많이 하지 않았다.

어느 날 미팅에서 한 미국인 컨설턴트가 상당히 적극적으로 자신의 의견을 피력하면서 참석한 사람들에게 동의를 구했다. 한국인 참석자들은 그의 의견이 마음에 들지 않았지만 강한 어조로 "아니요(No)"라고 하지 않고, "나쁘지 않다(Not bad)"라는 식의 응답을 했다. 그 결과 미국인 동료는 미팅에 참석한 한국인 동료들이 자신의 의견을 '싫어하지 않는다'라고 해석하고 자신의 의견을 최종 보고서에 반영했다. 이를 안 한국인 동료들의 표정이 좋지 않았음은 두 말할 필요도 없다. 결국 내가 나서서 미국인 컨설턴트들에게 우리의 감정 표현 방식과 영어 표현의 진정한 의미에 대해 설명해 주어야 했다. 여기서 나는 사용자가 표현하는 내용의 정도를 내가 느끼는 정도와 동일시하면 안 된다는 교훈을 다시금 깨달았다.

이와 비슷한 사례가 또 있다. 멕시코 휴대폰 사용자를 대상으로 다양한 사용자 조사를 진행했을 때 바쁜 일정 때문에 하루에 4건의 정량조사(갱서베이)를 4일간 진행해야 했다. 그래서 현지의 조사 회사와 모든 일정을 조율한 뒤 첫 조사가 시작되는 당일 아침 이른 시간에 약속 장소에 도착해서 응답자들을 기다렸다.

그런데 조사 시작 시간이 되어도 한 세션에 참석하기로 약속한 참석자의 반도 오지 않는 것이 아닌가. 처음 세션이 미루어지면 그 이후의 조사도 자연스럽게 미루어질 것이고, 그럼 응답자로 참석한 사람들의 불평이 이만저만이 아닐 것임을 우려한 나는 조사업체에 크게 항의했다. 그들은 사과는 했지만 크게 개의치 않는 눈치였다.

시간을 한참 넘겨서야 한 세션의 응답자가 모두 도착했고 정량조사의 첫 세션이 시작되었다. 그리고 첫 세션이 끝나기 전에 두 번째 세션의 응답자들이 오기 시작했는데, 당연히 이들은 첫 세션이 끝날 때까지 기다려야 했다. 그런데 매우 초조해하는 나와는 달리 현지의 직원과 응답자들은 편안해 보였다. 게다가 그들도 첫 번째 그룹과 마찬가지로 모두 모이기까지 시간이 꽤 걸렸다. 결국 그날 4건의 정량조사는 예정했던 밤 9시를 훌쩍 넘겨 11시가 되어서야 끝이 났다. 놀라웠던 것은 갱서베이에 참석했던 응답자들이 한 명도 불평하지 않고 오히려 상황을 여유롭게 즐기는 것처럼 보였다는 점이다.

첫날 세션이 모두 끝나고 나서야 나의 기준으로 현지의 사용자가 맞추어줄 것이라고 생각했던 나 자신을 반성했고, 이 교훈은 멕시코의 응답자들이 내놓은 결론을 해석할 때도 반영이 되었다. 즉 그들의 반응을 해석할 때 이를 우리의 기준으로 치환, 즉 조절(calibration)하는 방법을 이용한 것이다. 아마 이런 일이 미국이나 유럽, 아니면 우리나라에서 발생했다면 정말 상상하기도 싫은 악몽이 되었을 것이다.

　사용자 조사를 통해 새로운 제품이나 서비스를 개발하는 이노베이션에 종사하는 디자이너나 기획자는 감정 표현과 인식의 차이를 오해하는 잘못을 특히 유의해야 한다. 이런 오류는, 미리 설정한 가설에 따라 거기에 맞는 내용으로 조사를 진행하거나 거기에 맞는 결과만을 채택하는 확증편향적 사용자 조사의 경우 결과에 치명적 영향을 미치게 된다. 이때 사용자의 반응이 긍정적이라면 더욱 조심해서 해석해야 한다. 자신이 설정한 가설이 맞았다는 것과 더불어 이를 입증할 확실한 증거가 필요하다는 생각 때문에 필요 이상으로 과장된 사용자 반응에 기뻐하며 콘셉트의 성공에 대한 확신을 가지게 될 수 있다. 특히 사용자와의 직접 인터렉션이 강조되는 정성조사에서는 일부러 감정 표현이 풍부한 사람을 모집한다든지, 또는 인터뷰 진행자가 사용자의 적극적인 표현을 유도한다든지 하는 일도 심심치 않게 발견할 수 있다.

　반대로 콘셉트나 가설에 대해 부정적인 의견이나 응답이 나오는 경우는 오히려 정도를 낮추거나 별일이 아닌 것으로 해석하기가 쉽다. 이노베이션 리서치의 목적이 사용자의 진짜 니즈를 파악하는 데 있음을 다시 한 번 떠올려 본다면 어떤 형태의 사용자 조사든지 정확한 의미를 파악하기 위해 노력을 해야 한다.

　정성조사의 이런 주관적 해석의 단점을 보완하는 방법으로 정량조사를 사용하기도 하는데, 특정 불편사항이나 가설에 대한 만족도를 파악하기 위해 주로 리커트 척도(등간척도)를 활용하는 것이 일반적이다. 여러분도 흔히 응답해 보았을 형태의 질문들이다. '당신은 ×××에 대해서 얼마나 만족하시나요?'라는 질문에 '1점(전혀 만족하지 않는다)'에서 '7점(매우 만족한다)' 가운데 응답자가 선택하는 방식의 질문 유형이 바로 그것이다.

하지만 겉으로 상당히 과학적으로 보이는 정량적 질문 방법에도 사람마다 다른 감정 표현의 방식이 그대로 적용된다. 따라서 응답자의 성향과 출신 성분에 따라 그 결과의 내용을 다소 조정해야 하는 것은 필연적이다. 정량조사에서는 이런 성향의 차이에서 생기는 오류를 줄이기 위해 이른바 조절계수를 사용한다. 조절계수란 응답자의 응답 성향을 파악하는 계수를 구한 다음에 특정 질문에 대한 응답 내용의 값을 다시 조절하는 것이다.

그렇다면 정성조사의 경우는 어떻게 조절할 수 있을까? 정량조사와 마찬가지로 조사 진행자는 응답자가 인터뷰 시간 동안 보이는 감정 표현의 정도를 파악해야 한다. 만일 적극적이고 감정 표현이 풍부한 응답자라고 한다면 특정 콘셉트에 대해 반응한 것보다 조금 낮은 정도로 해석하고, 소극적인 응답자라고 하면 반대로 약간 높게 해석해야 한다.

조절계수가 필요한 이유는 결국 사용자가 특정 제품이나 서비스를 좋아하는 것과, 이것을 구매하고 그들의 생활에 적용하는 것과는 큰 차이가 있기 때문이다. 사용자가 기존의 서비스에 대해 느끼는 불편함의 정도를 측정할 때도 마찬가지다. 다소 감정 표현이 풍부한 응답자는 모든 불편함에 대해 전부 매우 불편하다고 이야기할 것이고, 반대로 소극적 감정 표현의 응답자는 다 견딜 만하다고 할 것이다.

다양한 응답자의 성향을 조절이라는 과정을 거쳐 진짜 니즈를 파악하는

만족도 평가 문항 예시	매우 불만족	불만족	보통	만족	매우 만족
1. 가격 만족도	0점	1점	2점	3점	4점
2. 디자인 만족도	0점	1점	2점	3점	4점
3. 제품 사이즈 만족도	0점	1점	2점	3점	4점
4. 고객센터 서비스 만족도	0점	1점	2점	3점	4점
5. 배터리 수명 만족도	0점	1점	2점	3점	4점
6. 통화품질 만족도	0점	1점	2점	3점	4점

△ 스마트폰 고객만족도 평가항목 예시(고객마다 최고점과 최저점의 기준이 다름). 감정 표현이 풍부한 응답자는 모든 불편함에 대해 전부 매우 불편하다고 이야기할 것이고, 반대로 소극적 감정 표현의 응답자는 다 견딜 만하다고 할 것이다.

것은 단순히 잠재고객이 좋아하는 콘셉트 아이디어를 얻기 위해서가 아니라 그들이 진짜 구매하는, 진짜 성공하는 아이디어를 개발하는 데 중요한 열쇠가 되기 때문이다.

사용자의 엔드 픽처에 주목하라

이노베이션 업무를 수행하다보면 제품과 서비스가 안겨주는 단편적인 만족감과 일시적인 변화가 신제품과 서비스 개발의 목표로 정해지는 경우가 종종 발생한다. 제품과 서비스 이노베이션을 위해 사용자 조사를 진행하더라도 이노베이션의 단서를 발견하는 일이 굉장한 노력과 시간을 요하는 과정이고, 이때 발생하는 피로감이 크기 때문이다. 따라서 궁극적인 변화를 찾기보다는 작은 변화에 만족하고 마는 경우가 많다. 또한 단기적 성과에 집중하는 회사 구조에 속해 있다보면 시간이 오래 걸리고 그 성과 측정에서 상당한 인내력이 필요한 이노베이션의 험란한 경로를 따라 가기쉽지 않기도 하다.

그럼에도 사용자를 위한 이노베이션 업무를 수행하기 위해서는 사용자의 먼 미래를 예측하고 그들이 궁극적으로 원하는 가치를 제대로 파악해야만 한다. 사용자가 그리는 제품과 서비스 구매의 최종 목적, 즉 '엔드 픽처(end picture)'를 파악하는 것은 사용자에 제공할 이노베이션의 방향을 결정하는 일이다.

또한 제품과 서비스 이노베이션 과정에서 범하는 오류는 자국에서 성공한 콘셉트가 세계 시장에서도 그대로 받아들여질 것이라는 생각이다. '가장 한국적인 것이 가장 세계적인 것'이라는 말을 제대로 이해하지 못해서 이런 현상이 발생한다. 비슷한 유형의 제품과 서비스라도 사용자의 기대와 엔드 픽처는 그들이 속한 문화와 환경에 따라 상당히 다르게 나타날 수 있고, 이런 차이를 기준으로 시장별 이노베이션 내용이나 모습도 달라져야 한다.

한국 부모의 엔드 픽처 vs. 미국 부모의 엔드 픽처

교육시장을 예로 들어보자.

한번은 한국인과 미국인 부모의 교육관에 대한 리서치를 수행한 적이 있다. 유아와 어린이를 대상으로 신기술이 적용된 교재 사업의 콘셉트를 개발하기 위한 조사였다. 먼저 한국인과 미국인 가정 방문 인터뷰와 그룹 좌담회를 진행했고, 선생님을 대상으로는 그룹 좌담회를 실시했다.

조사 결과 한국 부모는 아이 교육의 중심을 대학입시에 두는 경우가 많았다. 그래서 자녀를 위한 교육 과정이나 교재를 선택할 때 '이 교육이 우리 아이가 대학 가는 데 얼마나 도움이 될까?', '이 교재의 내용이 대학 가는 데 필요할까?' 등이 중요한 선택 기준이었다. 자녀의 인성 교육이나, 부모와의 상호작용 등에 대해서는 필요성은 공감했지만, 교육과정이나 교재 선택 기준으로는 상대적으로 선택률이 낮았다.

결국 한국의 부모는 대부분 자녀가 좋은 대학에 입학하는 것을 교육의 최종 목표로 삼고 있고, 그 목적에 도움이 되는 교재를 선호한다는 결론을 내렸다. 이에 따라 한국에서의 새로운 교육 교재 사업은 좀 더 진학과 시험에 적합한 콘텐츠로 구성하는 쪽으로 방향을 잡았다.

반면 미국에서 진행된 리서치 결과는 매우 달랐다. '아이가 태어난 후 가장 먼저 시작하는 교육이 무엇인가?'라는 질문에 한국 부모는 언어 교육, 그 다음에 여러 가지 개념을 심어주는 지식 교육의 순이었다. 반면 미국 부모는 음식물 교육을 가장 먼저 했다. 어떤 음식은 먹어도 되고 어떤 것은 먹으면 안 되고 하는 것이다. 다음으로는 수영이었다. 내가 찾아간 모든 미국의 가정에서 똑같은 교육을 어린 자녀에게 시키고 있다는 점은 매우 흥미로웠다.

미국 부모가 영유아 시절 가장 중요하다고 생각하는 교육은 바로 생존에 관련된 것이었다. 안전과 먹거리에 관한 것은 모두 부모가 책임지고 챙기는 한국과 매우 다른 점이었다. 미국 부모가 생존 교육과 더불어 자연스럽게 하는 교육은 사회화였다. 시간이 지남에 따라 동네의 아이들과 어울려 할 수 있는 클럽활동이나 놀이활동에 참여하게 하고, 이를 통해서 자연스럽게 세상과 소통하고 서로 돕는 법을 알려주고 있었다.

또한 자녀 교육과 교재 선택 선정 기준에 대해서도 한국 부모와는 다른 대답을 들었다. 즉 자녀의 교육과정이나 교재 학습에 부모가 참여하여 자녀와 상호작용 하기를 바랐다. 아무리 좋은 교육과정과 교재라고 하더라도 부모가 자녀와 함께하는 부분이 없다면 부정적으로 생각했다. 한국 부모가 자녀의 교육과정에 직접 참여하는 것을 그다지 좋아하지 않는 것과는 대조적인 모습이었다.

한편 '신기술을 적용한 교재로 어떤 과목이 적합한가?'라는 질문에 미국 부모는 상대적으로 부모의 개입 여지가 많은 생활과학, 역사, 지리, 요리 등으로 답했다.

그렇다면 미국 부모가 자녀 교육에서 최종적으로 바라는 모습은 무엇일까? 바로 '사람들과 잘 어울리면서 건강하고 바르게 사는(well being around) 사회구성원이었다. 아무리 좋은 대학에 입학했다 하더라도 이런 인성이 갖추어져 있지 않다면 세상을 살아나가기 힘들 것이라는 인식을 하고 있었다. 이런 미국 부모의 엔드 픽처에 따라 미국에서의 사업 진행 방향은 부모는 물론 친구와 선생님도 참여할 수 있는 교재를 개발하는 것으로 결정되었다.

이렇게 사용자가 그리는 궁극적인 모습에 따라 이노베이션 방향이 결정되면 새로운 제품이나 디자인의 개발에도 역량을 집중할 수 있고 효율적인 작업이 가능해진다. 또한 지역과 문화에 따른 차이의 발견은 사용자를 만족시키는 콘셉트를 만들고 원래의 콘셉트를 현지화하는 데 중요한 단서를 제공한다.

오래된 관습에서 미래를 예측하라

일본인이 친절한 이유

일본인은 친절한 것으로 정평이 나 있다. 일본을 방문해 보면 그 친절함을 제대로 느낄 수 있다. 쇼핑몰 점원부터 식당 종업원에 이르기까지 특유의 경쾌한 목소리 톤과 허리를 거의 90도로 굽히는 인사로 손님을 맞이한다. 세계 어느 나라를 다녀도 이렇게 친절함이 몸에 밴 국민을 찾기 어려울 정도다.

한번은 업무 관계로 일본의 비즈니스 파트너 사무실을 방문했을 때다. 회의를 마치고 돌아가는 길에 엘리베이터까지 일본 업체 관계자가 배웅을 해주었는데, 그들의 인사에 그만 놀라고 말았다. 엘리베이터 문이 닫힐 때까지 회의에 참석했던 업체 관계자 모두가 나와 90도 인사를 하는 것이 아닌가! 무슨 갑을관계도 아니었는데도 말이다.

일본인이 비단 외국인이나 고객에게만 친절하게 대하는 것은 아니다. 이미 알려진 바와 같이 일본인의 질서 의식은 가히 놀랄 만하다. 공공장소에서 휴대전화를 받는다거나, 버스 정류장에서 줄을 서지 않는다거나, 교통 신호를 위반한다거나 하는 모습은 찾아보기가 어렵다. 어찌 보면 굉장히 질서 있고 좋아 보이는 모습이다. 하지만 다른 나라 사람의 시각에서 보면, 모두에게 친절하게 대하는 모습이 좋은 면도 있지만 결코 쉬운 일은 아닐 것이라는 생각도 든다.

언젠가 일본인 친구에게 어떻게 그렇게 친절할 수 있느냐고 물었더니 그 친구는 나의 예상을 뛰어넘는 대답을 했다.

"일본인이 서로한테 친절한 이유는 그렇게 해야 자기의 권리를 보장받을 수 있다고 생각하기 때문이지. 다시 말해서 내가 당신의 권리를 존중해 줄 테니, 당신도 내가 하는 일을 존중해 달라는 의미야. 외국인이 생각하는 것과 달리 일본인은 굉장히 개인주의적 성향이 강하지."

이야기를 듣고 나니 많은 궁금증이 풀렸다. 일본의 대중문화가 매우 다양하고 깊이가 깊은 것도, 가족이나 연인 간에도 계산이 철저한 것도, 오타쿠라 불리는 마니아층이 다양하고 두터운 것도 아마 일본인의 개인주의 성향에 기인한 것이 아닌가 하는 생각이 들었다.

아이모드와 라인이 성공한 이유는 일본 특유의 전통 때문

일본인의 이런 성향은 다양한 사회적 규칙을 만들었고, 이 규칙들은 그들의 개인주의를 보호해 주었지만, 동시에 어쩔 수 없는 불편함도 안겨주었다. 공공장소에서 전화 통화를 꺼리는 일본의 문화는 스마트폰이 유행하기 이전에 아이모드(imode, 모바일 인터넷 서비스)라는 일본 특유의 모바일 인터넷 서비스를 세상에 내놓게 했고, 세계적으로 크게 성공하게 만들었다.

당시 음성 통화와 문자 정도만 주고받던 휴대폰 서비스에 여러 가지 정보를 얻을 수 있게 해준 아이모드는 혁신적이었다. 일본의 택시 요금은 일반인이 이용하기엔 무척 비싸고, 자가용을 유지하는 것도 비용이 많이 들어간다. 따라서 대부분의 일본인은 잘 마련된 지하철이나 버스 등 대중교통을 많이 이용하는데, 이때 지하철 등 공공장소에서 조용히 굴어야 한다는 암묵적 규범은 일본인에게 휴대전화를 이용할 수 없게 하는 불편한 상황을 안겨주었다. 이런 불편함을 아이모드가 해결해준 것이다.

(당시 일본인을 대상으로 한 리서치 결과) 일본인은 아이모드를 통해 이동 시간이나 낯선 곳에서의 지루함에서 벗어나 지속적으로 세상과 연결되는 느낌을 유지할 수 있었다. 또한 우리가 지금 애용하는 카톡과 같은 실시간 SNS서비스(문자로 대화하고 감정을 싣는 스탬프 이용 등)를 이미 경험했다. 이것이 스마트폰 시대 라인 서비스가 성공을 거둔 토대가 되었다.

일본에서 라인(Line, NHN의 소셜 채팅 기반 플랫폼 서비스)이 크게 성공한 까닭도 일본인의 독특한 성향에서 찾을 수 있다. 즉 일본인의 자국 제품과 서비스에 대한 높은 선호와 독특한 통신 문화 때문이다.

내가 일본인의 스마트폰 이용과 관련해서 진행했던 심층 조사에서 대다수의 응답자는 라인 서비스 운영사가 일본 회사라고 답했다. 일본인은 제조사나 서비스 운영회사의 국적이 어디인가에 민감한 특징을 보인다. 전반적으로 자국 기업의 제품과 서비스를 선호하는데, 이는 일본 회사들이 그동안 보여준 제품·서비스의 완결성에 대한 경험과 신뢰에 기인한다. 그래서 외국산 브랜드가 일본 시장에서 성공한 경우는 손에 꼽을 정도다.

이런 상황에서 일본인이 라인을 일본 회사로 인식한다는 것은 놀라운 일이 아닐 수 없다. 이렇게 되기까지는 라인을 운영하는 NHN의 지독한 현지화 노력이 바탕에 깔려 있음은 물론이다. 이에 더해 행운의 여신도 그들의 편이었다. 일본의 한 재난 현장에서 지진의 잔해에 깔려 있던 생존자가 라인 서비스를 이용해서 구조된 것이 텔레비전을 통해 일본 전역에 방송이 된 일이 있다. 이를 계기로 일본인의 머릿속에 라인이 위기 상황에도 잘 되는 일본 회사의 서비스라는 이미지가 각인되었고, 이후 사용자가 기하급수적으로 늘어났다고 한다. 일본인은 한번 사용한 서비스는 오랜 시간 동안 지속적으로 사용하는 특성이 있는데, 라인이 바로 그 궤도에 진입한 것이다.

라인의 또 다른 성공 요인은 스탬프 UI(우리나라에서 '스티커'라고 부르는 그래픽 아이콘)다. 앞서 이야기한 것처럼, 일본인은 아이모드 등의 피처폰 모바일 인터넷 서비스에 익숙해 있고, 여기에서 제공되는 채팅 서비스를 많이 사용했다. 이런 채팅 서비스는 특히 형식을 갖출 필요가 없는 사적 인맥과의 커뮤니케이션에 주로 이용되었는데, 전화 통화를 하기 어려운 공공장소에서 유용하다는 장점이 있었다. 게다가 스탬프 서비스를 통해 복잡한 문자 입력 없이도 사용자의 감정이나 상황을 쉽고 간편하게 전달할 수 있었다. 스마트폰의 등장과 더불어 일본 소비자는 스마트폰 인맥을 새로 구성해야 하고, 기존의 익숙하고 편리했던 스탬프 UI를 사용할 수 없는 불편함을 겪게 되었다. 이때 라인이 전화번호를 기반으로 사적 네트워크 구성을 용이하게 해주고, 일본인이 선호하는 캐릭터를 스탬프로 제공함으로써 사용자의 불편함을 일시에 해결해 주었다.

내가 만난 일본 라인 유저들은 이 스탬프 서비스에 상당한 만족감을 표현했다. 라인 스탬프의 인기는 라인 스탬프를 모델로 한 액세서리와 팬시 용품으로까지 이어지고 있다.

기술의 긍정적 부분을 살리면서 새로운 가치를 제공하라

아이모드와 라인의 성공 사례에서도 알 수 있듯이, 오래된 관습에서 새로운 창조의 실마리를 찾을 수 있다. 이때 기억해야 할 것은 오래된 관습을 완전히 바꾸어서 새로운 것을 만들려고 해서는 안 된다는 것이다. 앞에서 말한 일본의 공공장소 예절 사례처럼 사람들이 불편함을 느끼면서도 어떤 행위를 지속하는 이유는 거기에서 얻는 무언가 긍정적인 결과가 있기 때문이다.

따라서 이런 긍정적인 부분을 살리면서 불편함을 개선하는 새로운 가치를 제공해야 한다는 점이 새로운 제품과 서비스 콘셉트 개발에 반드시 고려되어야 한다.

이노베이션 다시 보기

남과 다른 디자인으로 고객이 더 나은 가치를 느낄 수 있도록 하라

온라인 쇼핑의 장점은 고객이 직접 백화점이나 상점에 나가는 수고 없이 원하는 물건을 저렴하게 구입할 수 있고, 편리하게 배송을 받을 수 있다는 점이다. 여기까지는 누구나 아는 사실이다.

그러면 과연 온라인 쇼핑이 편하기만 할까? 사람들이 온라인 쇼핑을 하면서 새롭게 겪게 되는 불편함은 없을까?

이에 대한 답으로 아마 오프라인 쇼핑에 없던 '배송'이 가장 먼저 떠오를 것이다. 배송은 고객에게 물리적으로 편리함도 안겨주었지만, 반대급부로 심리적인 부담감도 주었다. 특히 요즘과 같이 1인 가구가 늘어나고 바쁜 일상을 살아가는 현대인에게 온라인 쇼핑몰에서 보내는 택배를 받아야 한다는 것은 상당한 심리적 스트레스를 준다(이는 다양한 고객 리서치를 통해 공통적으로 발견되는 점이다).

1. 택배가 정확히 언제 올지 몰라서 올 때까지 기다리는 동안 긴장도가 증가한다.

2. 택배가 언제 도착하는지 알더라도 부재중일 때는 도난이나 파손 걱정으로 불안해진다(사진1).

3. 부재중에 도착하는 택배를 다른 사람한테 받아달라고 부탁하는 것이 부담스럽다(사진 2 - 이런 문제를 해결한 제품이 나와 있다. 이미지 출처:구글).

4. 택배 상자가 더러워서 집 안으로 들이는 것은 부담스럽다(사진 3).

5. 택배 상자를 버려야 하는 수고가 발생한다(사진 4).

온라인 쇼핑 경험이 있는 사람이라면 누구나 공감할 것 같은데, 도대체 왜 온라인 쇼핑 관련 회사에서는 고객에게 어필할 수 있는, 그리고 경쟁에서 우위를 점할 수 있는 좋은 기회를 왜 놓치고 있는 것일까?

고객은 지불하는 물건값(가치)이 같다면, 이런 고객의 문제를 해결해 주는 온라인 쇼핑을 선택하지 않을까? 설령 조금 가격이 비싸더라도 기꺼이 선택할 것이다(가치가 늘어났으니까).

디자이너와 기획자라면 이렇게 보이는 부가가치 증대의 기회를 가지고 무엇을 해야 할까?

△ 사진1) 오피스텔 경비실 앞에 쌓여 있는 택배 물건.

△ 사진2) '어메이징 택배함'이라는 현관 설치형 택배함.

△ 사진3) 집으로 못 들어가고 현관에 나와 있는 택배 박스.

△ 사진4) 분리수거를 위해 현관에 정리되어 있는 SSG 택배 박스.

6
진짜 니즈를 찾기 위해 한 번 더 '왜?'를 고민하라

'왜?'에 대한 고객의 표면적인 답변으로는 고객의 진짜 니즈를 파악하기 어렵다.

사용자 조사를 통해 새로운 제품이나 서비스의 콘셉트 아이디어를 발굴하는 디자이너나 기획자는 이미 나온 리서치 결과에 대해 다시 한 번 '왜(why)?'를 던져보아야 한다. 앞에서 강조했듯이, 이는 사용자의 니즈를 잘해결해 주는 차별화된 콘셉트를 만드는 것과 직접적인 연관이 있기 때문이다.

사용자의 행위나 태도에 대해 '왜'를 한 번 물어보면 사용자의 행위나 태도에 대한 표면적인 원인을 파악할 수 있고, 두 번 물어보면 사용자를 이해하게 되며, 세 번 이상 물어보면 사용자 자신도 모르는 그들의 숨은 니즈를 파악하는 데 한 발짝 더 나아갈 수 있다.

고객조사 과정에서 '왜?'를 물어보는 것은 어쩌면 당연하다는 생각이 들수도 있다. 하지만 일반적으로 행해지는 고객조사를 들여다보면, 연구자는 특정한 가설을 가지고 그 가설의 타당성을 확인하는 과정에서 '왜?'를 묻게 되는 경우가 많다. 이 경우 대부분의 연구자는 '왜?'에 대한 고객의 표면적인 답변을 확인하는 정도에서 질문을 끝내고 만다. 하지만 이렇게 하면 고객의 무의식에 자리 잡은 진짜 니즈를 발굴하는 데 고객 단서가 부족하기 쉽다.

물론 '왜?'를 반복적으로 묻는 것은 결코 쉬운 일이 아니다. 모든 질문에 '왜?'를 여러 번 물을 수도 없고, 또 어떤 질문에 '왜?'를 물어야 하는가에 대해서도 충분히 시간을 가지고 준비해야 하며, 사용자 인터뷰 중간에 그 해답을 알아내야 하기 때문이다.

특정한 행위와 태도에 대해서 '왜?'에 대한 답변을 충분히 얻지 못했다고 하더라도 너무 걱정할 필요는 없다. 사용자 인터뷰 내용을 분석하는 과정에서 그 이유가 밝혀질 수도 있기 때문이다.

새로운 제품이나 서비스 아이디어를 발굴하기 위해 진행하는 사용자 조사는 비단 특정 제품이나 서비스의 이용 행태에만 국한해서 조사를 진행하지는 않으며 사용자의 전반적인 라이프스타일과 관련된 모든 영역을 가능한 한 파악하려고 한다. 이를 통해서 특정 행위나 태도가 어디에서 기인했는지 알 수 있다.

그러므로 사용자 조사를 충분하게(holistic) 진행했다면 추후 분석 과정에서 충분히 사용자의 진짜 니즈를 파악할 수 있다.

예를 들어보자. 어린 자녀를 둔 맞벌이 주부라면 누구나 자녀 양육과 직장생활을 동시에 감당해야 하는 어려움을 하루하루 겪고 있을 것이다. 나는 몇 년 전, 날이 갈수록 증가하고 있는 워킹맘이 진짜로 원하는 것이 무엇인지 파악하기 위해서 다양한 조사를 수행했다. 여러 분야에서 일하는 워킹맘을 모아서 좌담회도 열고, 그들의 가정도 직접 방문해서 인터뷰도 진행했다. 사진 일기도 작성하게 해서 그들의 삶을 가능한 한 속속들이 들여다보려고 했다. 아울러 비교집단으로 전업주부에 대해서도 똑같은 리서치를 수행했다.

이 결과 재미있는 점을 발견했는데, 예를 들면, 전업주부와 워킹맘 간에 사이가 좋지 않다는 점, 전업주부가 육아나 양육에 대한 자신감이 높은 점, 워킹맘은 자녀 양육에 더욱 많은 비용을 지불하고 있다는 점 등이었다. 나는 이런 현상이 나타나는 이유를 알아내기 위해 분석하면서 여러 차례 '왜?'를 반문했다. 그러자 앞서 진행한 수많은 리서치의 내용에서 연결고리를 찾았다.

워킹맘의 온라인 커뮤니티 등록·방문 빈도가 높은 행태를 분석하는 과정에서 '왜?'를 물어보고 도출한 니즈는 양육에 필요한 정보를 얻고 비용을 절감하는 것이었다. 그러나 이런 결론은 어떻게 보면 굳이 조사를 진행하지 않아도 알 수 있는 것이다. 그래서 좀 더 '왜?'를 반문하며, 즉 '왜 온라인에서 정보를 얻고 이를 통해 비용을 절감하려고 할까?'에 답을 하는 분석 작업을 수행했고, 그 결과 흥미로운 결론에 도달했다. 워킹맘은 친구 중에 살림과 육아 전문가인 전업주부가 있지만, 전업주부와 워킹맘 사이의 애증관계로 인해 손쉬운 정보 획득을 주저하게 된다는 것이었다.

먼저 전업주부와 워킹맘 간의 애증관계는 사회적 경쟁의 결과에서 기인하는 경우가 많았다. 우리나라 여성들은 학교를 졸업하고 사회생활을 시작하기까지는 모두 비슷한 경로를 밟지만 결혼을 하고 자녀를 출산하는 과정에서 경력 단절이 발생하는 경우가 많았다. 결혼과 출산으로 경력이 단절된 여성은 그렇지 않은 여성에 대해 시선이 곱지 않게 바뀌었다.

반대로 워킹맘은 가정주부로서 전업주부의 전문성을 인정하지만 자신은 그렇지 못하다는 점 때문에 불편해했다. 워킹맘은 육아 전문가보다는 자기와 비슷한 연령대의 자녀가 있는 전업주부의 육아 노하우를 얻고 싶어 했고, 그래서 전업주부의 육아 블로그를 검색하는 경향이 있었다. 그리고 또래의 유경험자 전업주부에게서 육아 노하우를 듣고 싶어 하지만 전업주부와의 묘한 애증관계 때문에 그것이 쉽지 않은 상황이었다. 실제로 한 워킹맘은 여고 시절부터 친한 친구가 전업주부가 되면서 절교하게 된 이야기를 들려주기도 했다.

전짜 니즈를 파악하고 모두를 만족시키는 콘셉트를 제안

전업주부가 상대적으로 육아나 양육에 대한 자신감이 높은 이유는 상대적으로 자녀와 보내는 시간이 많기 때문이었다. 자녀와의 상호작용과 양육 경험을 통해 노하우가 생기기도 하고, 실제로 인터넷이나 육아 관련 서적들을 통해 경험와 지식을 쌓는 노력을 워킹맘보다 훨씬 많이 했다. 이들이 워킹맘을 대하는 태도가 좋지 않은 이유 중의 하나는 자신이 많은 시간과 노력을 투자해서 얻은 육아 지식을 워킹맘이 너무 쉽게 생각한다는 것이었다. 다시 말하면 전업주부는 자신의 전문성을 어떤 형태로든 인정받고 싶어 하는 니즈가 있었다.

워킹맘은 도우미나 아이의 조부모에게 들어가는 양육비 외에도 교육비나 교구에 비용을 들이고 있었다. 이는 워킹맘이 엄마로서의 역할을 상대적으로 많이 수행하지 못한다는 미안한 감정에서 기인하기도 했지만, 아울러 자녀에게 나중에 인정받고 싶어 하는 욕구에서도 기인하고 있음을 확인했다.

내가 진행한 인터뷰에서 한 워킹맘은 아직 말을 못 하는 어린 자녀의 옹알이를 도우미 아줌마는 알아듣는데 정작 엄마인 자신은 그렇지 못하다면서 안타까운 감정을 드러내며 눈물을 보이기도 했고, 또 어떤 워킹맘은 늦은 퇴근 후 아이가 자고 있더라도 억지로 깨워서 한 시간씩 같이 시간을 보낸다고도 했다.

종합해 보면, 워킹맘은 기존의 육아 지식이나 정보를 효율적이고 경제적으로 얻기보다는 자신에게 최적인 정보를 얻고 싶어 했고, 어떤 방법으로든 양육에 개입하고 싶은 니즈가 있었다. 이에 비하여 전업주부는 양육과 가사에 대한 자신의 노력을 인정받고 싶어 하는 니즈가 강한 것으로 파악되었다.

이렇게 여러 번의 '왜?' 분석을 통해 나오는 사용자의 진짜 니즈를 통해 워킹맘과 전업주부를 모두 만족시키는 새로운 서비스의 콘셉트를 제안할 수 있었다. '왜?'를 여러 번 고민하면 사용자의 진짜 니즈를 찾을 수 있다. 그 과정이 다소 에너지가 많이 소모되지만, 마지막엔 달콤한 열매를 안겨다줄 것이다.

크리에이티브 R/

▼

Radical Create
고객이 감동하는 혁신 만들기

1

창의의 ROI로 이노베이션을!

창의의 ROI는 아이디어 발상과 선별의 가이드

'창의력(creativity)'이란 새로운 것을 생각해 내는 힘을 말한다. 그리고 창의력은 문제를 해결하는 강력한 원동력이 되기도 한다. 이런 측면에서 어떤 것이라도 기존에는 없던 새로운 것을 생각해 내고, 남이 시도하지 못한 방법을 적용하려는 태도를 가진 사람을 창의적이라고 부를 수 있다.

하지만 디자이너와 기획자가 발휘해야 하는 창의력은 이런 보편적인 창의력의 개념과는 다른 가이드가 필요하다. 무조건 새로운 것이 좋은 것이 아니라 그 새로움의 내용이 고객과 기업에 효과적이고 생산적이어야 함을 담고 있어야 한다.

그러면 효과적 창의, 생산적 창의를 위해서 어떤 가이드가 필요할까? 나는 그 대답으로 '창의의 ROI'를 제안한다. ROI는 경영학에서 말하는 '투자 자본수익률(Return on Investment)'이 아니라 마케팅의 ROI, 즉 Relevance, Originality, Impact와 관련이 있다. 마케팅의 ROI는 광고를 기획하거나 만들 때 광고 내용이 광고 소비자와 연관(relevance)이 있어야 하고, 그 내용이 독창적(originality)이어야 하며, 파급력(impact)이 있어야 한다는 의미다. 일반적으로 광고 크리에이티브 종사자는 이런 원칙을 준수하며 광고를 제작한다. 여유가 있다면 한번 여러 광고를 살펴보고 분류해 보기 바란다. 대부분 ROI에 맞추어서 제작되었다는 것을 쉽게 파악할 수 있다.

광고에서 ROI의 목적은 사람들의 머릿속에 제품과 서비스 메시지를 오랫동안 남아 있게 하고 그 메시지가 구매 시점에 기억이 나서 영향을 미치게 하는 데 있다. 이와 마찬가지로 내가 말하는 창의의 ROI도 디자이너, 또는 기획자가 사용자의 문제를 효과적으로 해결하는 아이디어를 짜낼 때 도움이 되고, 나아가 사용자가 제품이나 서비스를 구입하고 감동을 느끼도록 하는 아이디어 발상과 선별의 가이드이다.

R-핵심가치 유지, O-가치 최적화, I-새로운 영역 주도

창의의 ROI 중 첫째는 기존 제품과 서비스가 제공하는 핵심 가치의 유지(retainment)다. 이는 새로운 아이디어를 생각해낼 때 사용자의 기존 사용 습관이나 목적을 크게 벗어나지 않는 범위에서부터 아이디어를 떠올리는 것을 의미한다. 우리가 아파트나 건물을 리노베이션(renovation) 할 때 건물 구조는 그대로 유지하면서 사용자의 편의에 맞게 일부 변경하는 것과 마찬가지다. 제품이나 서비스의 본질은 그대로 유지하면서 새로운 제품과 서비스를 통해 사용자가 가지는 본질적인 효용에 추가적인 가치를 제공하는 아이디어를 생각해 내는 것이 중요하다. 이를 통해 사용자는 새로움에 대한 거부감이나 이질감 없이 신제품과 서비스를 구매하게 된다.

두 번째는 새롭게 제공되는 아이디어가 사용자에게 주는 가치의 최적화(optimization)이다. 이는 창의의 결과물이 사용자에게 안겨주는 가치, 또는 효익이 기존 방식에 대비하여 월등히 나은 것이어야 함을 의미한다. 고객이 기존에 사용하던 문제해결 방식에서 새로운 방식을 적용, 또는 변경하는 경우는 새로운 제품과 서비스가 사용자에게 그들의 습관이나 행동 패턴을 기꺼이 바꿀 만큼 충분한 가치를 제공할 때다. 다시 말해서 새로운 제품과 서비스가 사용자의 문제를 최적으로 해결해 주지 않으면 사용자는 기존의 방식을 고수한다는 의미다. 따라서 창의적 아이디어는 사용자의 문제를 최적의 방법으로 해결해줄 수 있도록 고민되어야 한다.

마지막으로 새로운 영역의 주도(initiative)다. 이는 기존에는 없던 완전히 새로운 방법으로 시장의 패러다임을 바꾸고 시장을 선도하는 아이디어를 내는 것을 말한다. 예를 들어 애플의 아이폰, 아마존의 킨들(Kindle), 구글의 유튜브 등과 같은 사업이 고객의 니즈에 기반에서 새로운 사업 영역을 개척하고 시장을 주도하는 대표적인 예다.

창의의 ROI에는 그 중심에 늘 고객이 있고 고객에 의해 창의가 평가받는 공통점을 가지고 있다. 따라서 이노베이션 업무를 수행하는 디자이너와 기획자는 고객이 기존의 제품과 서비스의 핵심 가치를 유지(retainment)

하면서 부가적 가치를 제공하고, 기존보다 월등한 최적의 가치를 제공하기 위한 방법을 고민하며(optimization), 그리고 사용자의 여러 가지 니즈를 융합하여 완전히 새로운 가치를 제공하는 아이디어를 만드는 일(initiative)을 하는 데 창의력을 집중해야 한다.

이노베이션의 목적은 실체를 관심의 아니라 고객 불편 해결

예를 들어보자. 최근 사람들의 독서량이 줄어드는 것에 대한 여러 가지 우려를 듣곤 한다. 독서량 감소 추세는 해가 갈수록 심각하다. 인터넷을 비롯한 각종 미디어가 발달함에 따라 정보 원천의 전이가 필연적이라는 측면에서 이런 현상을 이해할 수도 있고, 사람들의 책에 대한 관심이 점점 떨어지기 때문이라고도 이해할 수도 있다(반면 사람들이 생각하는 독서의 중요성은 여전히 높은 편이다).

사람들이 책을 많이 읽지 않는 이유를 고객이 느끼는 불편사항에서 찾아보면 어떨까?

보통 책을 읽기 위해서는 다음의 두 가지 과정이 필요하다.

1. 서점에 가서 원하는 책을 구매하거나 읽는다.
2. 도서관에서 가서 원하는 책을 빌려서 읽고 반납한다.

그러나 과거와는 달리 동네 서점은 자취를 거의 감추었고, 번화가의 대형 서점만이 살아남은 도서 유통구조상 독자가 책을 사거나 읽기 위해서

서점을 방문한다는 것은 그 자체가 하나의 과업으로 느껴질 수 있다. 또한 도서관의 경우도 숫자 자체가 적고, 집에서 거리가 멀다거나 해당 지역민만 이용 가능하다는 등 제한이 있어서 이용이 쉽지 않은 경우가 많다.

이런 관점에서 본다면 결국 사람들이 책을 읽지 않는 1차적인 이유는 책에 접근하기가 힘들다는 불편함에서 찾을 수 있다. 바쁜 현대인의 삶 속에서 책을 사거나 읽기 위한 이동(travel)과 구매·대여의 과정은 점점 고객에게 큰 불편함이 될 것 같다.

그렇다면 디자이너, 또는 기획자는 무엇을 혁신해야 할까? 창의의 ROI에 입각해서 창의력을 발휘해 보자. 독서의 핵심 가치를 유지하면서 가치를 최적화하며 이전에 없는 새로운 영역을 주도하는 방법은 무엇일까? 서점이나 도서관을 바꿀 수도 있겠지만, 사람들이 책을 읽으려면 서점이나 도서관에 가야만 한다는 인식을 바꾸는 것은 어떨까? 그렇다면 이런 디자인 원칙이라면 어떨까?

'도서관(서점)이 나에게 오도록 하라!'

다음 사진은 서울 지하철 2호선 서울대입구역에 설치되어 있는 '도서예약대출기'의 모습이다.

독서라는 핵심 가치를 유지하면서(R), 인터넷으로 회원 가입을 하고 원하는 책을 예약하면 그 책이 지정된 사물함에 배달이 되고, 이용자가 출퇴근 시간에 픽업·반납하는 방식으로 사람들이 기존에 독서 방식을 바꿀 만큼 가치를 제공한다(O). 또한 이 방법은 기존에는 없는 새로운 서비스로서 시장을 주도할 수 있다(I).

△ 서울 지하철 2호선 서울대입구역에 설치된 도서예약대출기. 사람들이 책을 읽으려면 서점이나 도서관에 가야만 한다는 인식을 바꾸는 것은 어떨까?

이런 맥락에서 보면 아마존의 킨들도 휴대용 인터넷 디바이스 포지셔닝이 아닌, 책에 대한 고객 접근 가치를 향상시킨 기기로 자리 매김한 것으로 보인다.

2
입체적으로 생각하고 실제로 만들어보자

새로운 제품과 서비스를 개발하기 위한 아이디어를 얻는 좋은 방법 중의 하나는 눈으로 익히고 기억하는 것을 직접 손으로 만들어보는 것이다. 어린 시절 우리나라 지도를 한 번쯤 그려보았을 것이다. 지도를 그리면서 자연스럽게 우리나라 전체 지형이 어떤 것과 닮았다고 생각했을 것이고, 또 그런 생각이 우리나라 지형이 포효하는 호랑이의 모습과 닮았다는 공감대를 만들었다.

그럼 이제 그 기억을 떠올리면서 우리나라 지도를 보지 말고 생각나는 대로 그려보자. 다 그리고 나면 실제 지도와 비교해 보자. 아마도 두 지도가 대강은 비슷할 것이다. 좀 더 시간을 가지고 지도를 그린다면 언론에 자주 등장하거나 특별한 추억이 있는 곳은 자세히 표현되어 있을 것이다. 반면 자주 보지 못한 곳이나 별다른 추억이 없는 곳은 실제와 다르게 그렸거나 아예 생략되었을지도 모른다.

그래도 우리나라 지도는 우리에게 익숙할 것이다. 이번에는 범위를 넓혀서 세계지도 그리기에 도전해 보자. 물론 이번에도 기억만으로 그려야 한다. 다 그렸다면 실제 지도와 비교해 보자. 결과는 어떤가? 우리나라와 주변 국가를 제외한 5대양 6대주가 잘 기억 나는가? 그리고 정확하지는 않더라도 대략 비슷하게 그렸는가? 아마 대부분의 독자는 자신이 그린 세계지도와 실제 지도가 많이 다른 것을 발견하게 될 것이다. 물론 지리를 전공한 사람이나 지도 관련 종사자라면 잘 그려내겠지만, 내 경험으로는 대부분 제대로 그리지 못했다.

세계지도 그리기를 시작하기 전으로 돌아가보자. 어쩌면 여러분은 지도 그리기 요청을 받기 전까지 세계의 지형을 잘 안다고 생각했을지도 모른다. 왜냐하면 어린 시절 학교에서 배운 내용이기도 하고, 다양한 매체를 통해 여러 번 세계지도를 보아서 잘 안다고 생각했기 때문이다. 이 실습을 통해 여러분이 안다고 생각한 것이 실제 표현하는 과정에서 그렇지 않음을 스스로 깨달을 수 있고, 아울러 여러분이 잘 알지 못하고 관심이 없던 지역(예를 들어 나는 스칸디나비아 반도와 러시아 북부, 캐나다 북부, 북극 쪽의 지형을 잘 몰랐다)을 새롭게 발견하고 새삼 감탄하는 즐거움도 얻을 것으로 생각된다.

또 지도를 그리는 동안 각 지역에 대한 여러 가지 궁금증도 자연스럽게 생겨났을 것이다. 어떤 사람이 살고 있는지, 어떤 집에서 살고 있는지, 무엇을 주식으로 하는지, 어떤 교통수단을 이용하는지, 어떤 언어를 쓰는지….

이처럼 머릿속에 있는 생각을 그려보거나 만들어보는 연습은 우리의 인식 속에서 알고 있다고 생각하지만 실제로는 그렇지 않을 수도 있음을 확인시켜주고, 미처 생각하지 못했던 전혀 새로운 것을 발견하게 해주기 때문에 새로운 아이디어 발상에 도움을 준다.

흔히 현업에서 디자이너와 기획자는 프로토타이핑(모형 제작)을 비슷한 목적으로 하고 있기는 하다. 하지만 거의 제품화 바로 전 단계에 이르러서야 해보는 경우가 대부분이고 아이디어 발상에는 사용하지 않는다. 아이디어 발상 단계에서는 문서에 의한 아이디어 공유와 전달이 대부분이다. 물론 이 과정에서 다양한 그림이 그려지기도 하지만 충분하지 않다. 지도의 경우 평면적인 모습이기 때문에 그림으로 그리는 것이 가능하지만, 제품과 서비스는 입체적이므로 평면적인 그림으로는 표현할 수 없는 것이 많기 때문이다.

모형을 빨리 만들어 이를 자극물로 삼아 아이디어를 추가해 보자

언어와 활자를 주로 사용해서 발전되는 아이디어는 흔히 커뮤니케이션의 오해를 낳기도 하고(같은 단어를 들어도 연상되는 내용이 사람마다 다르기 때문에), 미처 생각하지 못했던 부분이 사후에 발견되어 돌이킬 수 없는 상황이 되기도 한다. 아이디어를 모형화해서 발전시키는 일은 그 목적이 해당 아이디어의 이해와 보완에 있기 때문에 정교함은 중요하지 않다. 그보다는 빠른 시간에 유사한 형태가 되도록 하는 것이 관건이다. 모형을 빨리 제작하기 위해서 실제 제품과 같은 재료와 부품이 필요한 것은 아니다.

예를 들어 냉장고 콘셉트라고 하면, 주변에 다 먹고 버린 과자 상자를 이용해서 입체감 있는 냉장고의 모형을 빠르게 만들 수 있고, 또 은행이나 병원 등의 서비스에 관련된 아이디어라고 하면, 초등학생들이 미술 시간에 사용하는 도화지, 색종이, 고무찰흙, 수수깡 따위의 재료를 이용해서 공간을 구성하고 그 위에 서비스 아이디어를 배치할 수도 있다.

이런 모형 만들기는 의사결정자나 고객에게 보여주기 위한 것이 아니라 아이디어를 발전시키고, 또 다른 아이디어를 발굴하기 위한 또 하나의 아이디어 자극물로 활용하기 위한 것이다. 하나의 아이디어는 또 다른 아이디어를 생각나게 하는 좋은 자극물이며 창의의 원천이다.

디자이너와 기획자가 개발하려고 하는 콘셉트가 제품이든 서비스든 관계없이 빠르게 모형을 만들어보고 이를 자극물로 삼아 추가적인 아이디어를 떠올려보자. 그러면 구성원 간에 훨씬 풍부한 커뮤니케이션이 가능해지는 것은 물론, 완성도 높은 아이디어로도 발전시킬 수 있다. 아울러 제품과 서비스의 양산 과정에서 발생할 수 있는 실패 비용도 줄이거나 막을 수 있다.

디자인 이노베이션 · 싱킹의 핵심은 고객중심 철학

최근에 나는 지인이 주관한 디자인 싱킹 워크숍에 다녀왔다. 워크숍은 크게 두 개의 세션으로 구분되어 있었는데, 첫 번째 세션은 디자인 싱킹의 개념에 대한 간단한 강의와 실습이었고, 두 번째 세션은 실제로 물건을 만들어보는 내용이었다. 이 워크숍에서 두 가지 점이 흥미로웠다. 하나는 참석자들의 구성이었고, 다른 하나는 직접 가죽을 이용해서 가방을 만들어보는 '제작실습'이었다.

참여자들의 의견은 다양했다.

"저는 데이터 분야에서 쭉 일하고 있는데요, 개인적으로 디자인 싱킹에 관심이 많아서 이런저런 세미나, 워크숍, 강연에 참석하고 있어요. 그런데 아직 어떻게 하는 건지 모르겠어요. 고객 리서치만 들어갈 뿐 그전에 일해오던 것과 뭐가 다른지도 모르겠고요."

"결국 디자인도 인문학과 궤를 같이하는 것이라고 생각해요. 정확한 답이 있는 게 아니라 보면 볼수록, 하면 할수록 깊이가 깊어진다고 할까?"

"저는 일러스트레이터예요. PC로만 작업하다가 직접 만들어보면 재미있을 것 같아서 참가했어요."

이 워크숍에는 작가, 데이터 전문가, 리테일 전문가, 공예가, 엔지니어, 디자이너 등 다양한 사람이 참석했는데, 공통 관심사는 디자인 싱킹과 메이커 무브먼트였다.

이 중 유독 인상이 깊었던 참가자는 디자인 싱킹에 대해 잘 알고 싶지만 아무리 강연을 많이 듣고 행사에 참여하더라도 그 의미가 잘 와닿지 않는다고 말하던 분이었다. 그분은 외국에서 오랫동안 데이터 관련 업무를 했다는데, 디자인에 관심이 많아서 참석은 했지만 별로 새로운 것을 찾지 못했다고 했다. 그분과 잠시 이야기를 나눌 시간이 되어서 왜 그런 생각을 가지게 되었는지를 들을 수 있었다.

첫째, 기존의 디자인 이노베이션이나 디자인 싱킹 강의는 왜 디자인 싱킹이나 이노베이션이 중요한지 깊이 고찰하기보다는 기존과는 다른 어떤 프로세스를 가지고 있는지에 초점을 맞춘 것 같기 때문이다(물론 그분이 방법론을 중요하게 생각할 수도 있다).

방법론과 프로세스는 사상과 철학적인 토대 위에서 힘을 발휘하는 법이다. 마치 아주 잘 만든 칼을 누가 쓰느냐에 따라 소 잡는 칼도 되고 파리 한 마리 못 베는 칼이 되기도 하는 것과 같다. 사실 내가 경험한 여러 가지 유사한 강연에서도 근본적인 질문인 "도대체 왜 디자인 이노베이션인가?", "디자인 싱킹의 지향점은 어디인가?", "디자인 이노베이션의 중심이 인간인 이유는 무엇인가?" 등에 대해 자세히 이야기를 나누어본 적은 없었던 것 같다. 참고로 내가 아는 한 미국 대학에서는 디자인 전공자에게 한 학기 내내 철학 공부만 시킨다고 한다.

아무리 방법론에 숙달이 되었다고 해도 그것만으로 고객에게 차별적인 가치를 제공하기는 어렵다. 오히려 방법론이나 프로세스를 도구로 인식할 수 있어야 한다. 그래야 새로운 방법론을 비롯한 차별적인 가치도 만들어낼 수 있다.

둘째, 디자인 싱킹의 핵심이 고객이고, 방법론을 도구로 받아들여야 함을 알았다고 해도 여전히 직접 만들어본 경험이 부족했기 때문으로 보인다. 학교나 기관에서 진행하는 강의나 워크숍에서 해외의 사례 ─ 잘 와닿지 않는—를 설명하거나, 프로토타입을 제작한다고 해도 결국은 연습 게임에 불과하다.

디자인 이노베이션 교육에서는 앞단의 콘셉트 도출에서만 그치는 것이 아니라 직접 제작하고 이를 실행하고 다시 피드백 받고 수정하는 모든 과정을 포함해야 하는데, 교육에서는 언제나 늘 제작 수용성은 평가하기 힘든 프로토타입 제작에 그치고 만다.

따라서 디자인 싱킹, 디자인 이노베이션 교육에는 참여자가 반드시 고객의 니즈를 담은 제품이나 서비스를 제작해볼 수 있는 시간이 주어져야 한다. 이를 위한 시설상의 지원은 당연하다.

실물을 직접 접했을 때 고객이 얻는 가치에 대한 속단은 금물

직접 만들어보지 않으면 고객에게 어떤 가치를 주는지 완전히 알 수 없다. 따라서 디자인 이노베이션 과정에서 제대로 된 프로토타이핑이 반드시 필요하다. 아무리 논리적으로 계산하고 컴퓨터로 시뮬레이션 하더라도 그 실물을 직접 접했을 때 고객이 얻는 가치에 대해서는 속단할 수 없는 법이다.

결국 다시 기본으로 돌아가서 시간이 조금 더 걸리더라도 디자인 이노베이션을 하는 궁극적인 이유에 대해 고민하고 이해하는 것이 관련 교육에 반영되어야만 기초가 튼튼한 디자인 이노베이터를 양성할 수 있다고 본다.

이런 맥락에서, '참여자가 직접 제작해볼 수 있는 환경(Fab Lab)'에서 디자인 싱킹 워크숍이 진행된 제작실습은 상당히 인상적이었다. MIT의 한 교수에 의해 'Fabrication Laboratory'로 시작해서 현재 전 세계에 지부를 두고 있는 이곳에는 제품 제작에 필요한 각종 도구가 비치되어 있고(3D 프린터, 레이저 커터 등), 이용을 원하는 사람은 신청을 하면 시간을 배정받아 작업할 수 있다(서울에는 청계천 세운상가에 있다). 나도 이곳에서 직접 노트북 가방을 가죽으로 만들어본 경험이 있다. 이렇게 실제 만들어보는 경험을 통해 고객조사로 발굴한 고객가치가 제품으로 만들어지면 어떤 실질가치로 연결되는가를 한 번에 알 수 있었다.

△ 저자가 자신의 아이디어를 직접 만들어보고 있다. 직접 만들어보지 않으면 고객에게 어떤 가치를 주는지 완전히 알 수 없다.

이노베이션 다시 보기

디자이너와 기획자의 장점이자 단점의 하나는 아이디어가 이미 너무 많다는 것이다. 게다가 참을성도 부족해서 고객의 니즈를 다 이해하기도 전에 자신이 가진 아이디어를 전부 이야기하고 작업에 들어간다.

최근에 디자인 싱킹적 어프로치에서는 '처음부터 프로토타이핑 하라'고 강조한다고 하는데 여기에는 다소 함정이 있다. 프로토타이핑은 선정된 아이디어를 형상화하는 작업이라고 볼 수 있는데, 여기에 커뮤니케이션을 위한 보조수단 제작까지 포함하는 것은 디자이너나 기획자에게 혼란을 줄 수 있다. 따라서 커뮤니케이션을 위한 도구 제작은 '스티뮬러스(stimulus)'라고 정의하고, 선정된 아이디어의 형상화만을 '프로토타이핑'이라고 구분할 필요가 있다.

그리고 처음부터 프로토타이핑을 했을 때 장점도 있겠지만 다음의 부작용도 생각을 해볼 필요가 있다.

첫째, 고객의 니즈가 명확하지 않은 상태에서 프로토타이핑은 디자이너와 기획자에게 확증편향의 자세를 취하게 만들 수 있다. 다시 말해 그들이 내놓은 아이디어, 또는 프로토타입을 중심으로 고객의 니즈를 이해하려 든다면 정작 고객이 정말 필요로 하는 것을 놓칠 수 있다.

둘째, 과거의 경험이나 이미 가지고 있는 아이디어에 기반을 둔 프로토타입이 나오게 될 경우 혁신성이 떨어질 수 있다. 고객의 문제를 잘 정의했다면 솔루션도 잘 나와야 한다.

마지막으로, 수많은 아이디에이션(ideation) 참석 경험으로 보건대, 사람들은 자신이 내놓은 아이디어나 프로토타입에 애착을 가지기 때문에 그것이 고객의 니즈를 해결해 주지 못한다고 하더라도 포기하지 못한다.

프로토타이핑은 상당히 효과적인 커뮤니케이션 수단이다. 그러나 그 종류와 제작의 시기가 잘 정해지지 않으면 효과와 효율도 줄어들게 된다. 고객의 니즈가 명확해진 다음에 본격적으로 여러분의 아이디어 창작 능력을 마음껏 발휘해 보자.

다음 세 가지만 기억하세요

1. 고객 현장으로 들어가 고객을 연구하세요.

고객이 겪는 애로사항을 발견하고 진짜 니즈를 정의하세요.

2. 고객 니즈를 해결하는 해결책을 도출하세요.

가능성을 고려하지 말고 많은 아이디어를 만들어보세요.

3. 해결책을 가능한 빠르게 프로토타이핑 해보세요.

거칠고(Rough), 빠르게(Rapid) 만들어서 계속 수정하세요.

혁신에도 사이클이 있다

역사에서 미래의 혁신을 얻는다

'역사의 수레바퀴'라는 말이 있다. 과거에 일어난 사건들이 형태는 다르지만 비슷한 속성과 주기로 현재에도 반복된다는 의미다. 시대마다 혁신 제품과 서비스가 세상에 출현하고 이것이 고객의 선택을 받는 과정을 보면, 시대와 환경은 다르지만 유사한 패턴이 있다는 것을 알게 된다. 따라서 새로운 제품과 서비스 아이디어는 과거에 고객이 제품과 서비스를 적용하고 사용해온 패턴을 살펴보는 것에서도 얻을 수 있다.

제품의 수명주기(product life cycle)에서 새로운 제품과 서비스 확산은 주로 얼리어답터의 구매에 의해서 시작된다. 이들은 제품과 서비스의 완성도보다는 남보다 먼저 구매하고 사용해 보는 것을 즐긴다. 이들이 추구하는 가치는 남보다 먼저 소유하고 사용 경험을 공유하는 것이기 때문에 기술적인 안정성이나 디자인상의 완성도에 대한 고려는 상대적으로 크지 않은 것이 보통이다. 오히려 차별성이 있거나 혁신적인 성능, 새로운 기능, 독창적인 디자인 등에 좀 더 반응하고 구매한다.

얼리어답터의 신제품·서비스에 대한 반응이 초기 다수 구매자층으로 확산되는 시점에서는 제품과 서비스 완성도가 높아지게 되는데, 이 완성도 향상은 동종 제품을 출시하는 경쟁사와의 성능 경쟁에서 비롯되는 경우가 일반적이다. 성능 경쟁이 시작되면서 곧바로 새로운 디자인 경쟁도 함께 시작되는데, 그 중심에는 디자인 폼팩터(form factor)의 변화가 있다. 디자인 폼팩터의 변화는 사용자에게 최적의 사용성을 누리게 하기 위한 기능적인 측면의 디자인 변화부터 시작해서 점점 세밀한 부분의 감성적 만족도를 제공하는 디자인 변화의 순으로 발전하는 양상을 보인다.

예를 들어 휴대폰 디자인의 변천사를 살펴보자.

초기 휴대폰의 모습은 그야말로 '벽돌'이었다. 커다란 직육면체 벽돌 모양의 본체와 위로 솟은 안테나가 주요 폼팩터였다. 그러던 것이 회로 기술과 반도체 집약 기술의 발전으로 점차 사이즈가 줄어들기 시작했고, 그 결과 나온 폼팩터가 '캔디바' 타입의 디자인이었다. 캔디바 타입의 폼팩터는 휴대폰이 먼저 도입된 유럽과 아시아 일부 국가에서 인기가 높았다. 그 이후에는 전화번호 자판이 얼굴에 눌리는 것을 방지하기 위한 목적의 '플립형' 폼팩터가 출시되어 우리나라와 일본에서 인기를 끌었다. 이는 상대적으로 두상이 크고 볼살이 많은 동북아시아인의 얼굴 구조와도 어느 정도 관련이 있는 것으로 보인다. 휴대폰 디자인에는 각 인종의 얼굴 형태와 사이즈, 심지어 손의 크기까지도 연구한 결과가 집약되어 있다.

휴대폰 크기와 관련된 재미있는 경험이 하나 있다. 내가 유럽시장에 휴대폰 관련 고객조사를 갔을 때의 일이다. 당시 유럽에서는 모토롤라에서 출시한 '레이저'라는 폴더형 휴대폰이 슬림함을 무기로 선풍적인 인기를 끌고 있었다. 한국에는 출시되기 전이라 한 번도 실물을 본 적이 없었는데, 파리의 한 거리에서 한 파리 시민이 사용하는 것을 보게 되었다. 놀라웠던 것은 레이저가 얇기만 한 것이 아니라 사람들의 얼굴형과도 자연스럽게 어울리는 디자인이라는 점이었다. '슬림의 매력이 이런 것이군' 싶었다. 하지만 나중에 한국 시장에 출시되고 난 후 사람들이 레이저로 통화하는 모습을 보니 웃음이 났는데, 얼굴이 작고 갸름한 유럽인에게는 레이저의 폼 팩터가 잘 들어맞았지만, 상대적으로 얼굴이 큰 우리나라 사람은 그런 느낌을 받을 수 없었기 때문이다.

어쨌든 좀 더 시간이 흐르자 컬러 디스플레이가 탑재된 휴대폰이 출시되기 시작했다. 이에 따라 자판뿐만 아니라 메인 디스플레이까지도 커버되는 '폴더' 폼팩터가 출시되었다. 그 외에도 '사이드 킥', '로테이팅', '스위블' 등의 사용성을 보완하는 다양한 폼팩터의 휴대폰 디자인이 출시되었다. 이런 폼팩터의 춘추전국시대를 거치며 휴대폰 디자인에서는 컴팩트와 슬림이라는 키워드가 화두였는데, 이때부터 '어떻게 하면 가장 작고 슬림한 폰을 만들 것인가?' 하는 것이 휴대폰 제조업체 디자이너와 상품기획자의 고민이었고, 고객 또한 이런 변화에 민감하게 반응했다.

디자인이 슬림과 콤팩트라는 키워드에 집중하기 시작하면, 이제 제품과 서비스는 제품 수명주기상 성숙기의 마지막 단계, 또는 쇠퇴기에 접어들게 된다. 다시 말해 시장이 포화되어 교체 수요를 제외하고는 시장의 성장이 더 진행되지 않는다.

이 단계까지 디자인 측면의 변화 과정을 정리하면 이렇다. 크기는 큰 형태에서 점점 작아지고, 무게는 점점 가벼워지며, 사이즈는 점점 콤팩트해지고, 폼팩터는 점점 다양한 고객의 니즈를 충족시키면서 최적의 성능을 이용하는 데 유리한 모습으로 발전된다. 그리고 이런 흐름은 거의 모든 제품에 적용이 되는 패턴이다. 어떤 제품이라도 초기에는 상당이 크고 볼품이 없지만, 본질적 기능이 전달하는 가치 때문에 소비자의 선택을 받고 점차 수려한 모습으로 탈바꿈을 하는 식이다. 이는 바로 휴대폰 폼팩터 변화 과정과 유사하다. 예를 들어 초창기 개인용 PC의 모습을 보면 아마 그 크기와 모양에 놀라게 될 것이다.

성숙기·쇠퇴기 제품의 고객 수용을 극적으로 변화시키려면?

그럼 이렇게 성숙기, 또는 쇠퇴기에 접어든 제품의 고객 수용을 극적으로 변화시키려면 어떻게 해야 할까? 고객으로부터 더 나은 가치를 발굴해서 이를 고객에게 어필하는 신제품을 출시하고 서비스를 구현해야 한다.

이런 신제품의 출현은 그전까지 완성되었던 디자인의 패턴 흐름을 되돌리는 역할을 한다. 휴대폰 시장에서 스마트폰의 출현은 이런 양상을 대변한다고 볼 수 있다. 스마트폰의 출현으로 그동안 휴대폰의 폼팩터는 전면

터치 디스플레이를 제외한 나머지 폼팩터가 전멸하다시피 되어버렸다. 하지만 앞서 이야기한 제품 디자인의 변화 패턴의 흐름이 다시 시작될 것으로 예측된다.

현재의 스마트폰 디자인을 생각해 본다면 다음에 어떤 모습이 디자인되어야 하는지에 대한 힌트를 충분히 얻을 수 있다. 조금 다른 것이 있다면 형태적인 측면에서 스마트폰 개념이 오히려 유사 기능(통신기능과 컴퓨팅 파워)을 가진 모든 스마트 기기로까지 범위가 넓어지는 양상을 보인다는 점이다. 하지만 내가 볼 때 아직까지 스마트폰은 처음 출시된 폼팩터에서 사이즈 경쟁의 단계에 머무르고 있다.

그 다음은 어떤 단계가 될까? 이 글을 읽는 여러분이 판단해 보기를 바란다. 그리고 이노베이션에 종사하는 분이라면 그 해답을 반드시 찾기를 희망한다.

기존 제품이 어떤 식으로 변형되어 왔고, 또 어떤 제품이 최종적으로 사용자의 선택을 받았는지를 되짚어보고 거기에서 패턴을 발견하면 새로운 아이디어를 도출하는 데 충분한 힌트를 얻을 수 있다.

4
기존의 것에도 새로운 가치가 있다

리모델링 하는 리사이클링, 새로 만드는 업사이클링

새로운 제품과 서비스를 만든다고 하면, 보통 기존의 것을 무시하고 완전히 새로워야 한다고 생각하기 쉽다. 그래서 이런 이노베이션의 출발점은 기업이나 담당자가 이전에 경험해 보지 못했던 영역인 경우가 많다.

하지만 이노베이션이란 새로운 유형의 제품과 무형의 서비스를 기획하고 시장에 내놓는다는 의미를 넘어서 고객에게 새로운 가치를 제공하는 것이 더 큰 목표임을 잊어서는 안 된다. 따라서 이미 존재하는 제품과 서비스라고 하더라도 여기에 고객이 만족할 만한 가치를 부여하고 그것을 전달한다면 훌륭한 이노베이션이 될 수 있다. 마치 도시 재개발에는 기존 가옥을 철거하고 그 자리에 고층 아파트를 완전히 새로 짓는 방법도 있지만,

기존 가옥을 리모델링하는 방법도 있는 것과 같다.

이렇듯 기존 제품과 서비스를 이용하는 이노베이션은 두 가지 형태로 나눌 수 있는데, 하나는 리사이클링(recycling)이고 다른 하나는 업사이클링(upcycling)이다. 리사이클링 이노베이션의 핵심 질문은 '기존 제품과 서비스가 고객에게 전달하는 근본 가치를 어떻게 하면 잘 유지·발전시킬 수 있을까?'이다. 중고 제품을 잘 수리하고 새로운 기능을 보완해서 다시 사용하는 것과 같다. 중고 자동차 튜닝쇼인 '벙커(Bunker)'에서 하듯이 쓸 만한 중고차를 사다가 기존 기능을 수리하고 여기에 몇 가지 기능을 추가하거나 외장을 드레스업해서 떨어졌던 가치를 한껏 올리는 것이 바로 리사이클링의 사례다.

또는 서울 북촌 한옥마을의 경우처럼 기존 전통 가옥의 문제점(화장실, 주방, 냉난방)을 리모델링 함으로써 기존 가옥의 형태는 유지하면서도 생활의 편리함을 더하는 것도 같은 사례다. 리사이클링은 제품의 수명주기를 늘려주어 기업에는 지속적인 이윤 창출이 가능하게 하고 고객에게는 필요한 가치를 좀 더 익숙하고 나은 방법으로 제공하는 이노베이션이다.

기존의 제품과 서비스를 활용하는 또 다른 이노베이션 형태인 업사이클링은 원래의 제품과 서비스가 전달하는 사용자 가치를 분해하고 새롭게 조합하는 데서 시작된다. 스위스의 가방 제조업체인 프라이탁(Freitag)은 타폴린(방수 천), 자동차 안전벨트, 폐자전거의 고무 튜브 등 재활용 소재로 가방을 만들어 판매한다. 재활용품을 소재로 하다보니 재활용품에 찍힌 광고나 오염된 부분까지 그대로 제품 디자인에 표현된다. 재활용품을 소재로 하는 제품이지만 모두 상당히 비싼 가격(20만 원~70만 원)에 거래되고, 또한 트렌디한 사람들 사이에서 매우 인기가 높다.

이들은 사용가치가 떨어진 폐품을 단순히 재활용한 것이 아니다. 예를 들어 재활용 소재가 화물 트럭 포장재라면, 그 포장재의 원래 가치는 화물 트럭의 외부를 치장하거나, 광고판이 된다거나, 또는 트럭에 실은 화물을 안전하게 보관하는 것이었다. 프라이탁은 그런 원래의 가치를 분해하고 새롭게 해석해서 세계 어디에서도 찾아볼 수 없는 유니크함(트럭 한 대에서 나오는 포장재는 양이 정해져 있으므로)과, 환경 보전에 기여하는 친환경 제품이라는 자부심의 가치로 바꾸어 전혀 새로운 제품을 만들어냈다.

이렇게 전달되는 사용자 가치는 기존 제품이나 서비스가 전달하던 사용자 가치와는 전혀 다르게 새로 재정의된다. 고객은 원래의 포장재가 지닌 가치가 아닌 새롭게 재정의된 가치를 구매하는 것이다.

그래서 단순 리사이클링의 경우 원래의 제품과 서비스에 비해 가격 측면에서 저평가되는 경우가 많은 데 비해 업사이클링은 사용자 인식에 신제품의 범주에 들어갈 수 있으므로 가격이 상대적으로 높아질 수 있다.

업사이클링에 담겨야 할 두 가지 가치 – 독창성과 당위성

업사이클링을 할 때는 반드시 고객이 원하는 다음의 두 가지 가치를 발굴해서 담아내야 한다.

첫째, 재활용 소재가 갖는 독창성(uniqueness)이다. 이는 원재료의 화학적·기능적 독창성만을 의미하는 것이 아니라 원래 제품과 서비스가 사용되는 기간 중에 어떤 스토리를 담아냈는가도 포함될 수 있다. 예를 들어 유명 가수의 콘서트에서 사용된 현수막이라거나, 역사적인 행사나 장소에서 버려진 물건 등은 그 당시의 스토리를 담고 있는 원재료가 된다.

업사클링을 고려할 때 담아야 하는 또 다른 가치는 업사이클링 제품 사용에 대한 당위성이다. 업사이클링 제품이 특별한 이야기를 담고 있다고 하더라도 재활용 제품임을 이미 알고 있는 이상 사용자가 구매를 주저하는 것은 당연하다. 이를 극복하기 위해서는 누가 보기에도 업사이클링 제품을 구매하는 것이 괜찮다는 가치를 제품에 담아주어야 한다. 위의 프라이탁 사례에서는 '재활용을 통한 자연환경 보존'이라는 당위성을 제품에 담아냈다. 고객의 입장에서 독특한 나만의 제품을 구매할 수 있고 게다가 의미도 있다는 자기 합리화를 하도록 이끌어낸 것이다.

새로운 제품과 서비스를 기획하고 디자인을 하는 담당자는 기존의 제품과 서비스가 가지고 있는 가치를 다시 한 번 들여다보라. 그리고 이를 지속적으로 유지하는 방법을 고민해 보거나, 또는 다른 곳에서 다른 목적으로 사용될 수는 없는지, 새로운 가치로 치환할 수 없는지를 생각해 보아야 한다. 이런 고민 속에서 새로운 이노베이션의 아이디어를 떠올릴 수 있다.

이미 가지고 있는 것의 시너지를 고민하라

새로운 제품과 서비스를 디자인하고 기획하는 담당자가 들여다봐야 하는 또 다른 창의력의 원천은 바로 회사가 이미 가지고 있는 제품과 서비스의 라인업이다.

한 회사가 오로지 한 가지 제품이나 서비스만을 지속적으로 고객에게 제공하는 경우는 드물다. 대부분 한 가지 제품이나 서비스 성공을 기반으로 사업을 수직적, 또는 수평적으로 확장한다. 예를 들면 가전업체의 경우 TV에서 시작해서 오디오, PC 등으로 라인업을 수직적으로 늘려가기도 하고, 또는 세탁기, 냉장고, 에어컨, 휴대폰 등의 생활 가전·통신 제품으로 폭을 넓히기도 한다. 그리고 각각의 제품에는 전담 디자이너와 기획자가 있어서 제품군 안에서 신제품과 디자인 개발을 담당한다. 또한 각 디자이너와 기획자는 생산하는 제품에 따라 '휴대폰 디자이너, 냉장고 기획자, TV 상품 기획자' 등의 수식어가 붙어 있는 경우가 많다. 그만큼 해당 제품의 디자인과 기획에 전문성이 요구됨과 아울러 경험이 필요하다는 의미일 것이다. 나는 이런 생각에 동의한다.

하지만 자신이 휴대폰을 디자인하고 있다고 해서, 또는 냉장고를 기획하고 있다고 해서 '회사에서 생산하는 다른 제품에 대해서 무심해도 좋은가?'라는 질문을 던진다면 부정의 대답을 할 수밖에 없다. 왜냐하면 자신이 담당하는 제품과 다른 제품 라인업과의 융합에 대한 고민이 때로는 좋은 창의력의 원천이 될 수 있기 때문이다.

서로 다른 제품을 접목시키고 연결하라

제품 간의 융합은 다음 두 가지 방법이 있으며, 이를 통해 새로운 아이디어를 만들어내는 기회를 가질 수 있다.

첫째, 나의 제품에 다른 제품의 라인업을 접목하는 방법이다. 예를 들어

멀리 떨어진 상대방과의 대화가 주된 용도였던 휴대폰에 카메라 기능과 DMB 기술이 적용되어 언제 어디서나 휴대폰으로 TV를 시청할 수 있게 되었다거나, 여기에 PC의 기능까지 탑재되어 지금의 스마트폰으로 진화한 것은 기존 생산 제품과의 융합을 통해 새로운 이노베이션이 이루어진 것이다. 뿐만 아니라 냉장고에 스마트 패드가 장착되어 주방에서 인터넷을 이용할 수 있게 되었다거나, TV에 카메라와 통신 모듈이 내장되어 TV를 통해 화상 통화나 인터넷 검색이 가능하게 된 것도 이와 유사한 사례로 볼 수 있다.

이렇게 다른 제품에서 사용하고 있는 특화 기능이나 기술을 자신이 개발하는 제품과 서비스에 접목하는 방법을 생각해 보는 것도 신제품과 서비스의 아이디어를 만들어내는 데 도움이 될 수 있다. 소니의 스마트폰이 카메라와 오디오에서 특장점을 가진다거나, 과거 대우가 만들던 자동차의 에어컨 성능이 좋아서 특히 날씨가 더운 중동에서 인기가 높았다거나 하는 사례는 그 회사가 가진 다른 제품군의 성공 요인을 각각 잘 접목한 것이다.

둘째, 여러 제품을 서로 연결하는 방법이다. 최근 들어 사물 인터넷(IoT, Internet of Things)이 화두가 되고 이를 미래의 성장동력으로 보는 시각이 많이 있는데, 사실 사물과 사물을 독립적으로 연결하기 위한 고민은 꽤 오래전부터 시작되었다. 1990년대 후반 인터넷 인프라가 급속도로 발전하면서 자연스럽게 개별 가전제품에 통신 기능이 탑재되기 시작했고, 이때 나온 아이디어가 RFID, RSN, NFC등 비접촉식 통신 기능을 활용하여 제품 간의 인터렉션을 꾀하는 것이었다. 그래서 나온 개념이 패밀리 프로덕트(family product, 하나의 회사에서 만들어내는 모든 제품군)를 활용한 스마트홈, 스마트 오피스의 구현이었다.

물론 당시만 해도 통신 기술과 인프라가 현재의 수준과는 차이가 있었으므로 일반 고객을 대상으로 상용화하기보다는 선제적인 기술 확보와 건설회사와의 콜라보레이션을 통한 B2B 차원의 공급이 주된 관심사였다. 그래서 1990년대 이후에 건설된 아파트에는 빌트인 가전과 스마트홈 제어의 편의사양이 옵션으로 들어간 경우가 많다. 최근 통신 기술의 발달은 제품 사용의 물리적 경계를 더욱 낮추는 데 큰 역할을 하고 있다. 과거 패밀리 프로덕트 간의 단순 제어 형태의 융합을 넘어 개별 기능을 별도로 수행하는 데 다른 제품의 역량을 데이터의 형태로 수시로 빌려오는 것까지도 가능해진 것이다.

서로 다른 이종 제품 간의 시너지를 통한 융합은 서비스 영역으로까지 확장되어 최근에 다양한 콜라보레이션이 이루어지고 있다. 커피숍과 꽃가게가 한 매장에 함께 있는 경우도 있고, 이동통신 대리점에 커피숍이 들어가기도 한다. 첫 번째 융합의 방법은 제품 내에서의 개선과 신제품 발굴의 측면이 강한 반면, 두 번째 융합 방법은 서로간의 시너지를 극대화하는 성격이 강하다.

제품 간의 시너지를 극대화하는 융합을 위해서는 디자이너와 기획자가 속한 회사에서 만들어내는 다른 제품에 대해서도 잘 파악하고 있어야 한다. 그리고 '제품을 어떻게 접목할 수 있을까?', 또는 '어떻게 시너지를 이끌어낼 수 있을까?'를 고민하는 것에서 고객을 만족시키는 새로운 아이디어를 도출해낼 수 있다.

다만 이 두 가지 제품 간 융합 형태에서 가장 중요한 것은 기획자, 개발자, 디자이너가 쿨하다고 느끼는 콘셉트를 만드는 것이어서는 안 되고, '고객에게 그런 니즈가 과연 존재하는가?' '존재한다면 과연 충분히 고객이 적용할 시점이 되었는가?'를 고민하는 것이 우선되어야 한다. 그렇지 못하면 결국 혁신적인 제품과 서비스는 캐즘에 빠지게 되어 성공의 자리를 다른 경쟁자에게 넘겨주게 될 수도 있기 때문이다.

이노베이션 다시 보기

도서 리사이클링으로 나만의 책이라는 가치 부여

학창시절 교과서에 빽빽하게 밑줄 치고, 여백에 필기를 했던 기억이 누구나 있을 것이다. 아래 사진에 보이는 책은 유니클로 창업자에 관한 내용인데, 책의 내용보다는 독특한 본문 디자인이 눈길을 끈다. 본문 옆에 노트

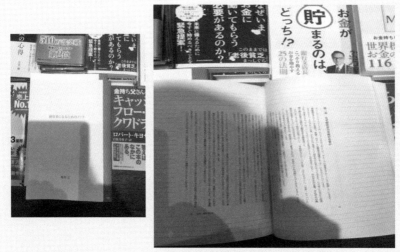

△ 본문 옆에 메모 공간을 마련해둔 일본 도서. 독자가 책을 읽다가 떠오른 생각을 적을 수 있다.

처럼 밑줄이 그어진 메모 공간이 있어서 독자가 책을 읽다가 떠오른 생각을 자유롭게 적을 수 있다. 책 한 권으로 독자의 니즈를 해결하고 싶었던 모양이다.

책을 읽으면서 메모를 적다보면 저자와 내가 콜라보레이션을 진행한 또 다른 작품 하나가 탄생하는 셈이 된다. '아무개 저자의 책'에서 '나의 책'으로 가치가 새로 부여되는 것이다. 사용자의 작은 행위와 불편함은 훌륭한 혁신의 씨앗이다.

5
고객에게 KISS 하라

사용자 가치를 간결하고 이해하기 쉽게 콘셉트에 담아라

새로운 제품과 서비스를 기획하고 디자인하는 사람은 업무 환경에서 수많은 첨단 기술과 수준 높은 디자인을 접하게 된다. 이런 과정이 반복되면서 자신도 모르게 새로운 제품과 서비스는 기존의 것보다 신기술이 더 많이 들어가고, 디자인도 수준 높아야 한다는 강박관념에 사로잡히기 일쑤다.

더욱이 이들은 종종 '고객도 자신의 수준은 되어야 한다'라거나, 또는 '사용자도 자신만큼의 지식은 가지고 있을 것'이라는 착각에 빠지기도 한다. 그래서 새로운 제품의 콘셉트에는 고객에게 생소한 기술이 강조되고, 고객이 한 번 쓸까 말까 한 디자인과 기능이 첨가된다. 더 흥미로운 것은 이 복잡하고 어려운 제품이나 서비스의 콘셉트가 회사 내부에서는 인정을 받고 시장에 나오게 된다는 점이다. IT회사일수록 이런 모습이 흔히 발견된다. 이들은 보통 이렇게 말한다.

"고객은 아무것도 몰라."

"우리가 고객을 이끌어야 해."

그러고는 점점 복잡하고 어려운 제품과 서비스를 기획하고 디자인해서 고객에게 자신이 얼마나 똑똑하고 대단한지 입증하려고 한다. 특히 이런 신념과 방식을 가진 사람이 제품 개발 책임을 진 임원 자리에 있는 경우 정도는 더 심해진다.

그러나 애석하게도 이들의 신념이 맞는 경우가 드물다는 것은 시장에서 고객에게 인정받고 있는 제품을 몇 가지만 떠올려봐도 쉽게 알 수 있다. 아무리 자기들끼리 인정하고 자기들이 생각하기에 훌륭한 제품과 서비스를 내놓는다고 하더라도 시장에서 고객의 인정, 즉 구매로 이어질 수 있는가에 대해서는 여전히 불확실하다.

이런 불확실성과 자기 인식의 오류에서 벗어나기 위해서 신제품이나 디자인을 개발할 때 지켜야 하는 'KISS'라는 가이드라인이 있다. KISS는 'Keep It Short and Simple'의 줄임말로, 제품과 서비스가 전달하려는 사용자 가치를 간결하고 이해하기 쉽게 콘셉트에 담아낸다는 의미다.

일부 구루나 얼리어답터 등의 고객을 제외한 일반 사용자는 자신이 구매하는 제품과 서비스에 얼마나 복잡하고 어려운 기술이 담겨 있는지, 그리고 얼마나 디자인의 완성도가 높은지 따위에 관해서는 관심이 없다. 그보다는 이 제품과 서비스를 구매했을 때 얼마나 쉽게 사용할 수 있고, 얼마나 자신의 문제를 해결하는 데 도움이 되는지에 관심을 기울일 뿐이다.

KISS는 상사가 아닌 고객과!

몇 가지 예를 들어보자. 몇 년 전 유튜브에 마이크로소프트사에서 만든 것으로 보이는 동영상 하나가 올라왔다. 이 동영상의 내용은 애플사의 대표적인 음악 재생기였던 아이팟 패키지를 마이크로소프트사의 관점에서 만들어본다면 어떤 모습일까를 상상한 것이었다. 당시 아이팟 패키지에는 음악을 듣고 좋아하는 사람이나 악기를 연주하며 즐거워하는 사람의 이미지 등이 정육면체 박스에 인쇄되어 있었고, 제품 사양이나 취급 시 유의사항 같은 내용은 거의 없었다. 그야말로 KISS의 원칙을 지켜서 디자인된 패키지였다. 고객에게 전달하는 내용은 듣고 싶은 음악을 마음껏, 그리고 기분 좋게 즐길 수 있다는 메시지뿐이었다. 간결하고 이해하기 쉬운 메시지였다.

유튜브에 올라온 동영상에는 이런 아이팟 패키지를 마이크로소프트에서 재디자인하는 모습이 나온다. 새 패키지에는 타 제품과의 비교 차트, 각종 사양표, 그리고 여러 기관에서 받은 인증마크 등이 곳곳에 추가되었다. 그리고 팝업(pop-up) 방식의 인증마크도 추가해서 얼마나 새로운 패키지 디자인을 만들었는가를 보여준다. 원래 패키지의 배경이 되었던 음악을 즐기는 사람의 이미지 등은 점점 묻혀서 눈에 잘 보이지도 않게 된다. 동영상 끝부분에는 새 패키지에 대해 스스로 평가를 하고 자화자찬을 한마디 추가한다.

"훌륭해(Outstanding)!"

이 동영상은 마이크로소프트에서 스스로를 반성하기 위해서 만든 것이라고 하는데, 내가 소비자라면 매장에서 선뜻 이런 포장에 담긴 아이팟을 집어들기 힘들었을 것이다.

기억을 되돌려보면, 처음 아이팟이 나왔을 당시 기존 가전업체에서 하드웨어 사양이 높지 않고, 기술 수준도 낮아서 소비자가 외면할 것이라고 호언장담했던 여러 언론 보도가 떠오른다. 아이팟이 대성공을 거둠에 따라 그런 호언장담은 머쓱하게 되었음은 물론이다.

스마트폰도 마찬가지다. 스마트폰의 시초가 되는 휴대폰 하면 떠오르는 제품은 아마도 애플의 아이폰일 것이다. 모든 사람이 그렇게 알고 있다. 하지만 시간을 거슬러 올라가보면 스마트폰의 시작은 PDA다. PDA에 휴대폰 기능이 추가되기 시작하면서 PDA 폰이 개발되었고, 그 이후에 여러 가전회사에서 생각해낸 콘셉트가 바로 스마트폰이었다. 하지만 당시 대부분의 휴대폰 메이커는 스마트폰의 콘셉트가 일반인이 사용하기에는 너무 어려울 것이라고 생각했다. 그리고 그들만의 경쟁에서 자신의 회사가 얼마나 대단한지를 보여주는 이른바 플래그십(flagship) 모델만 만들어서 시장에 내놓았다. 그러나 이런 그들만의 경쟁 공식은 애플사의 아이폰 등장으로 무너져버렸다.

아이폰은 기존 휴대폰 시장을 송두리째 바꿔버린 '게임 체인저(game changer)'의 역할을 했다. 애플은 아이폰을 통해 '기술은 어렵다'라는 개발자와 사용자의 인식을 '기술은 쉽고 편리하다'라는 인식으로 완전히 바꿔버렸다. 그래서 전문가나 지식을 가진 특정 소수가 아니라 누구나 스마트폰을 활용할 수 있다는 메시지를 사용자에게 전달했고(실제로 아이폰의 인터페이스는 어린아이부터 노인에 이르기까지 손쉽게 이용할 수 있다), 이는 애플의 대성공을 이끌어냈다. 현재 스마트폰 시장은 안드로이드와 아이폰 진영으로 양분되어 있지만 아이폰에 대한 고객의 충성도는 안드로이드가 넘을 수 없는 사차원의 벽이다. 이것은 결국 애플이 KISS의 원칙을 충실히 지켰기 때문이다.

KISS를 하기 위해서는 상대방과 눈높이를 맞추어야 한다. 디자이너와 기획자도 그들이 가지고 있는 전문지식과 경험에 몰입되어 자신의 입맛에 맞는, 그리고 상사가 좋아하는 콘셉트를 개발하지 말고, 눈높이를 사용자에게 맞추고 고객에게 KISS 해야 한다. 그럼 제안한 콘셉트가 고객의 사랑을 받게 될 것이다.

'Big Problem'을 'Small Solution'으로 해결한다

인간 중심의 혁신이란 거창한 해결책을 만드는 것이 아니라 가장 효과적·효율적인—경영학에서는 늘 이 두 가지를 강조한다—해결책을 사람에게서 찾는 데서 시작한다. 문제의 근본 원인과 불편 사항을 찾아 작은 변화로 큰 성과를 얻어내는 것이야말로 디자인 싱킹이 지향해야 하는 방향이다. 비용이 많이 들고 복잡하고 고급스러운 해결 방법을 제안하고 만드는 것은 다른 방법으로도 충분히 할 수 있다.

독특한 디자인으로 세계적으로 유명한 네덜란드의 자전거 브랜드 반무프(Van Moof)에는 심각한 고민거리가 있었다. 자전거 배송 과정에서 바닥에 떨어지거나 해서 훼손되었다는 이유로 반품되는 경우가 많은 것이었다. 전 세계로 제품을 배송해야 하는 회사로서 반드시 해결해야 하는 골칫거리였다.

반무프의 자전거 배송 포장 방식은 다른 자전거 회사의 포장 방법과 마찬가지로 자전거 그림이 그려진 단단한 카드보드 박스에 충전재와 함께 자전거를 넣는 것이었다. 물론 박스 겉면에는 취급주의 표시를 했다. 그래도 배송 중에 충격으로 인한 제품 훼손을 막을 수는 없었다. 훼손을 막기 위해 충전재를 더 많이 넣거나 배송업체에 특별 배송을 요청하면 운송 비용이 상승해서 고객 부담도 늘어나고 가격 경쟁력도 떨어질 것이 분명했기에 섣불리 그렇게 할 수도 없었다.

이러던 중 반무프는 기가 막힌 솔루션을 고안해 냈다. 포장 박스의 자전거 그림을 바꾼 것이다. 커다란 플랫TV 화면에 자전거를 작게 그려서 마치 플랫TV 포장처럼 보이게 한 것이다. 그저 박스 도안만 바꾸었는데 효과는 상상 이상이었다. 제품 훼손을 이유로 반품되는 비율이 전에 비해 무려 70~80퍼센트나 줄어든 것이다.

어떻게 이런 일이 일어났을까? 그것은 배송원에게 KISS를 했기 때문이었다. 즉 배송원들에게 조심히 다루어야 한다는 메시지를 복잡하지 않고 심플한 방법으로 한눈에 효과적으로 전달했기 때문이다. 그러자 모든 배송 과정상의 종사자가 반무프의 자전거를 플랫 TV로 알고 배송에 좀 더

△ 반무프사의 자전거 포장 박스(출처: https://www.linkedin.com/pulse/tesla-bikes-got-brilliant-idea-gijs-van-wulfen?trk=hp-feed-article-title). 마치 플랫TV처럼 보이게 하는 간단한 도안 변경으로 운송 과정상의 제품 훼손 비율을 70~80퍼센트나 줄였다.

주의를 기울인 것이다. 결국 문제는 제품 포장이 아니라 배송 과정에 있었고, 배송 과정에 참여하는 모든 사람에게 이것이 귀중품이라는 인식을 주는 도안으로 추가비용 없이 큰 효과를 얻게 된 것이다.

이노베이션 다시 보기

무엇을 없애는 것도 디자인이다

흔히 무언가를 디자인한다는 것은 세상에 없던 제품이나 서비스를 창조해 내는 일이라고 생각하기 쉽다. 그러나 이미 존재하는 제품이나 서비스의 과정을 없애는 것도 역시 디자인하는 것이다.

얼마 전 세계적인 유통 회사 아마존(Amazon)에서는 인공지능과 머신 딥러닝을 이용한 전혀 새로운 오프라인 쇼핑 방식을 제안했다. 이름하여 '아마존고(Amazon Go)'이다.

소비자는 상점에 들어갈 때 스마트폰을 터치하고 들어가서 사고 싶은 물건을 마치 자기 집 창고에서 물건 꺼내듯 가방에 담는다.

"계산도 안 하고 가방에 담는다고요?"

깜짝 놀라서 이렇게 반문하는 독자도 있을 것이다. 그렇다. 그것으로 쇼핑은 끝이다. 상점 안에 있는 수많은 센서와 카메라가 고객의 모든 행동을 읽어서 가방에 담는 것을 구매한 것으로 판단하고 결제는 고객의 신용카드나 계좌에서 자동으로 처리하는 것이다.

여러분의 마트 쇼핑 경험을 떠올려보라. 어떤 식으로 이루어지는가?

마트 입구에서 카트를 꺼낸 다음 마트 안에 들어가서 원하는 물건을 카트에 담고, 그런 다음에는 줄이 길지 않은 계산대를 찾느라 신경전을 벌이고, 카트에 담은 물건을 다시 꺼내어 계산대에 올린다. 그럼 계산원이 일일이 물건의 바코드를 스캔하여 계산하고, 다시 물건을 카트로 옮기고, 비닐봉투 비용을 아끼기 위해서 다시 박스 포장대에서 포장을 하거나 장바구니에 담고…. 여기까지만도 7개 단계를 거친다.

물론 각각의 단계를 좀 더 간편하게 하는 새로운 서비스를 만드는 것도 좋은 디자인의 방향이다. 상용화가 많이 이루어지지는 못했지만, 카트에 물건을 담는 것만으로 계산이 되는 스마트 카트가 대표적인 사례가 될 수 있다(수 년 전 홈플러스에서도 스마트폰으로 사고 싶은 제품의 사진만 찍는 방식으로 매장에 가지 않아도 주문이 가능한 서비스를 잠시 제공한 적이 있다).

아마존고가 관심을 가진 디자인 이노베이션 방향은 오히려 '고객의 쇼핑 행태에서 어떤 과정을 없앨 것인가?'였다. 새로운 제품을 만들고 단계를 추가, 또는 변경하여 고객을 계몽한 것이 아니라, 그냥 불필요하고 심리적 긴장이 존재하는 단계를 과감히 삭제한 것이다(들어간다, 담는다. 이렇게 2단계뿐이다!).

여러분이라면 어떤 쇼핑을 하겠는가?

지금부터 고객에게 무언가를 더 해줄까만 고민하지 말고, 무엇을 없애줄까도 디자인해 보자.

6
고객은 '감탄'만 해서는 사지 않는다

고객의 구매행위를 잘 관찰하기만 해도 새롭게 디자인, 또는 기획하려는 제품·서비스의 콘셉트 아이디어를 얻을 수 있다.

고객이 쇼핑하는 모습을 떠올려보자.

아무개 씨는 새 휴대폰을 사기 위해서 쇼핑몰 안에 있는 한 이동통신 대리점에 들러 진열대에 전시되어 있는 여러 휴대폰을 둘러보았다. 한참을 둘러본 끝에 아무개 씨는 마음에 드는 휴대폰을 골라 계약서를 작성하기 위해서 직원에게 갔다.

자, 여기서 왜 아무개 씨는 그 휴대폰을 골랐을까? 물론 가격상의 이유도 있고, 약정에 관한 이득도 생각했을 것이다. 이런 것은 모든 제품에 공통적인 사항이므로 제외하고, 디자인 측면과 제품 측면만 고려해 보자. 그 이유는 아마도 그가 선택한 제품이 진열대에 전시되어 있는 다른 제품과 비교했을 때, '와우(Wow)' 포인트, 즉 다른 제품과 구분되는 차별성이 있었기 때문일 것이다. 디자인이 매끈하다거나, 아니면 완전히 유니크하다거나, 재질이 독특하거나 하는 디자인 요인도 있을 것이고, 성능상으로 최신 CPU칩을 사용했다거나, 이제까지 들어보지 못한 기능이 탑재되었다거나 하는 요인도 있을 것이다.

결국 이렇게 판매 시점에서 구별되는 특징을 'USP(Unique Selling Point)'라고 부르는데, 사용자는 제품의 구매 시점에 다른 제품과 대비되는 요소에 의해 구매 여부를 판단하게 된다.

하지만 이런 '와우' 요소에 의해서만 소비자의 구매 의사결정이 이루어지는 것은 아니다. 와우 요소는 제품 주변의 다른 요인, 즉 제품의 가격, 브랜드의 품질, 범용성, 사용자와의 적합성 등의 영향을 받는다. 이런 변수의 가중치에 따라 '와우'와 직접 구매와의 상관관계가 달라지게 된다. 다시 말해 사용자가 감탄하는 것은 여전하지만 가격이나 기타 다른 요인 때문에 제품을 구매하지 않을 수도 있다.

그럼에도 '와우' 포인트를 만들어내는 것은 상당히 중요하다. 다른 모든 구매 결정 요인 가운데서 가장 강력하게 고객을 구매행위로 이끄는 요소이기 때문이다. 그래서 디자이너와 기획자는 고객이 어떤 요인에 감탄하는가를 알아낼 필요가 있다. 감탄의 요소는 시간이 지나고 익숙해질수록 효과가 떨어지는 특성이 있으므로 지속적으로 제품과 디자인을 개선하게 하는 원천이 되기도 한다.

'와우' 요소는 사용자의 트렌드를 잘 읽는 데서 나오게 되는 것이 일반적이다. 사용자가 어떤 라이프 스타일을 추구하고 따라 하는지 유심히 들여다보고 그 스타일이 반영되도록 경쟁사보다 한 걸음 빠르게 디자인하고 개발하면 고객의 '와우'를 이끌어낼 수 있다.

하지만 여기서 한 가지 짚고 넘어가야 할 것이 있다. '와우' 포인트는 어디까지나 눈에 보이는 물리적 제품의 경우에 한해서 적용해야 하는 것이 옳다. 몇몇 디자이너와 상품 기획자가 '와우' 요소를 서비스 제품의 영역에도 적용하는 경우를 흔히 보게 되는데 이는 옳지 않은 접근이다. 제품 디자인이 고객의 감탄(와우)을 디자인하는 것이라면 서비스 디자인은 사용자의 '감동(아하(Aha))'을 디자인하는 것이다. 이는 제품과 서비스의 수명주기가 다른 데서 기인하는데, 제품의 디자인과 콘셉트의 역할은 사용자의 구매 유발까지인 반면, 서비스는 사용자의 구매 이후부터 지속적으로 디자인의 역할과 효과가 증폭되어야 하기 때문이다. 다시 말해 고객을 그 서비스 제품 안에 가두어야(lock-in) 한다는 의미다. 사용자가 낡고 시설이 허술한 카페나 식당 등을 자주 방문한다든지, 일본의 료칸을 신식 호텔보다 선호한다든지 하는 사례가 대표적이다.

사용하면 사용할수록 더 이용하고 싶게 만드는 것이 서비스를 디자인하는 것이다. 하드웨어만을 바꾸어서는 사용자의 감동(아하!)을 이끌어낼 수 없다. 사용자가 서비스의 사용에서 어떤 부분에 감동하는지 제대로 파악해야 한다. 따라서 서비스 디자인은 제품 디자인에 비해 더욱 장기적이고 직접적인 사용자 조사를 필요로 한다. 서비스 디자인을 할 때는 사용자를 대상으로 현장방문 심층 면접, 동행 관찰 등의 에스노그라피 기법을 주로 활용하는데, 이런 방법이 사용자의 생활 패턴을 깊숙히 들여다보면서 그들의 생활 속에서 숨은 니즈를 찾고, 또한 감동 포인트를 발굴하는 데 효과적이기 때문이다.

사용자가 한번 '감동'한 서비스는 그 내용이 그리 많이 달라지지 않거나 전혀 변함이 없어도 다시 구매하고 이용하는 특징을 보인다. 반면 '감탄'에 집중한 디자인은 이를 뛰어넘는 감탄 요인을 만들어내지 못하면 사용자로부터 외면받게 된다. 감탄은 새로움에서 출발하고 그 지속 시간이 짧지만, 감동은 익숙함에서 시작하고 그 지속 시간도 상대적으로 긴 특징이 있다. 또한 감탄은 감동으로 이어지고 감동은 감탄에서 출발한다. 그러므로 사용자를 위한 감동과 감탄의 디자인·상품 기획은 새로운 창의를 위한 목표가 되고 방향점이 되어야 한다. 여러분도 잘 알고 있는 아이폰의 성공은 바로 제품 측면의 감탄 디자인과 콘텐츠 서비스 측면의 감동 서비스를 모두 제공한 대표적인 사례다.

감탄만 하게 하는 기술은 사람의 행동양식을 바꾸지 못한다

혁신적인 기술은 사람들을 감탄하게 만든다. 그러나 감탄만 하게 하는 기술은 사람들의 행동양식을 바꾸지 못한다.

정보통신의 발달과 더불어 다양한 방법으로 정보를 제공하는 기술이 등장했고, 이런 기술이 등장할 때마다 엔지니어와 기업은 사람들의 행태가 완전히 바뀔 것이라 장담하곤 했다. 그러나 현실은 어떠한가?

원격 화상회의 장비가 등장한 지 수십 년이 지났지만, 아직도 사람들은 직접 출장을 가는 것을 선호하고, 수년 전 떠들석하게 등장했던 구글글래스는 이제는 홈페이지에서조차 구할 수 없는 제품이 되어버렸다. 1970년대 스타워즈 영화에서 등장했던 홀로그램도 아직까지 상용화되고 있지 못하다. 사람들은 출장을 통해 회의에 참석하는 것뿐만이 아니라 스스로 컨텍스트에 동화되고 성장하려는 니즈가 있지 않을까? 또한 주도적이고 합리적 판단을 위해 능동적이고 선택적으로 정보를 수집하는 것을 더 선호하지는 않을까? 증강현실 기술은 어떨까? 하지만 사람들은 비주얼 정보를 넘어선 공감각적인 방법으로 정보를 수집하고 의사소통을 하고 싶어 하지는 않을까?

혁신 기술이 캐즘에 빠지는 이유를 환경적 인프라의 미비나 기술의 미완성, 그리고 사용자에게 선택받지 못했기 때문이라고 이야기하는 것은 너무나 당연하다. 나아가 이를 해결할 수 있는 솔루션의 방향을 제안하는 것도 필요해 보인다.

인프라와 기술은 시간과 자금을 들이면 얼마든지 단기간에 완성하는 것이 가능하지만 사용자를 설득하는 일은 상대적으로 어렵고 시간도 오래 걸린다. 왜냐하면 사람들은 신기술에 감탄하지만, 여기서 기존의 것보다 훨씬 나은 가치를 발견하지 못하면 절대 자신의 생활 안으로 받아들이지 않기 때문이다.

따라서 고객이 어떤 가치를 원하는가에 대한 깊은 고민과 발견이 선행되고 난 후에 이를 가이드라인으로 삼아 신기술을 개발하는 것이 옳은 순서다. 물론 산업적인 관점에서도 마찬가지다.

최근에 화두가 되고 있는 VR(Virtual Reality), AR(Augmented Reality)의 경우도 이런 프레임에서 바라보고 접근하는 것이 어떨까 싶다. 고객이 어떤 불편함과 니즈를 가지고 있는가를 먼저 고민하고─시간이 조금 걸리더라도─이에 따라 기술 개발의 방향을 정하고 추진하는 것이 어떨까? 사람들에게 신기함만을 제공하는 기술은 마치 마술사가 무대 위에서 쇼를 하는 것과 다를 바가 없지 않을까?

물론 새로운 기술이 등장하고 이것이 상용화되는 과정에서 돈을 버는 사람도 있기는 하다. 신기한 기술이 세상에 소개되면 밀물처럼 쏟아져 나오는 관련 도서의 저자, 출판사, 자칭 전문가, 그리고 각종 컨퍼런스를 주관하는 회사 정도일 뿐이지만.

"당신이라면 살래?"

아마존은 물건 배송에 드론을 이용하는 기술을 개발해서 특허를 받았다. 여러분은 이에 대해 어떻게 생각하는가? 드론을 이용한 배송이 기존의 배송 시스템을 혁명적으로 바꿀 것이라 생각하는가? 가능성은 반반이다. 가능성을 좀 더 높이려면 어떻게 해야 할까? 그리고 그 일은 누가 해야 할까?

디자인 이노베이션 일을 하는 사람에게는 이미 그 답이 너무 뻔하겠지만, 기술에 고객의 가치를 담아내면 된다. 그리고 그 일은 디자인 이노베이터가 주도적으로 진행해야 한다.

고객가치의 관점에서 아마존의 드론 배송을 들여다보자. 드론으로 물건을 배송 받는 기술은 여전히 감탄이 나온다. 그러나 이 기술은 고객의 삶을 낫게 만들어주는 가치와는 아직 거리가 있다. 왜일까?

고객이 배송에 대해 바라는 니즈를 생각해 보자. 어떤 것이 있을까? 잠깐 생각해 보아도 고객은 원하는 시간에 원하는 장소에서 주문한 물건을 받고 싶어 할 것이고, 배송을 받는 것뿐만 아니라 반송에도 신경을 쓰고 싶지 않을 것이고, 또 어쩌면 기다리던 물건을 받을 때 기쁜 마음을 나누고 싶은 사람이 필요할지도 모른다.

이런 관점에서 본다면 아마존의 드론 배달은 신기함을 넘어서는 유용함이 아직 느껴지지 않는다(사실 우리나라의 어느 소셜커머스 사업자가 하고 있는 로켓배송이 고객에게는 드론 배송보다 훨씬 가치 있다고 느껴질 것이다. 빠르고, 친절하고, 안전하기까지 하니).

지금까지의 혁신은 남이 하지 못하는 것을 '어떻게 만들까' 하는 'How to'에만 집중해 왔다. 일단 만들어놓고 나서 고객에게 가치 있는 물건과 서비스라고 계속해서 계몽해 왔다. 어느 영역이고 마찬가지다(기술, 사업, 디자인 등). 그럼에도 고객은 쉽게 수용하지 않았지만 말이다.

이제부터는 '어떻게 만들까'보다는 'Why & What to'에 집중하는 노력이 필요하다. 고객이 왜 그렇게 느끼는가를 알면, 무엇을 만들어야 할까에 대한 답은 자연스럽게 도출되고, 고객이 원하는 방향으로 혁신을 하면—물론 제대로—혁신 제품과 서비스를 거부할 까닭이 없지 않을까?

고객은 감탄(신기)만 해서는 상품이나 서비스를 구매하지 않는다. 상품과 서비스 안에 있는 가치가 자신의 생활에 어떤 도움을 주는가를 기준으로 구매한다.

고객이 그걸 어떻게 아냐고? 여러분은 그저 신기하다고 해서 드론 배송 서비스에 추가로 돈을 내겠는가?

디자인의 결과물이 나오면 항상 이렇게 반문해 보라.

"당신이라면 살래?"

디자인 이노베이터의 혁신 아이템에는 고객가치가 반드시 담겨 있어야 한다. 감탄할 만한 기술과 화려한 외관 디자인은 그 가치를 더욱 빛나게 하는 조연일 뿐이다.

서비스 디자인이란 무엇인가?

서비스 디자인의 기본은 고객에 대한 더 나은 이해

"서비스 디자인이라는 용어는 최초에 경영, 마케팅 영역에서 서비스를 계획, 설계하는 활동(activity of designing service)으로 정의되었으며, 서비스 청사진(Service Blueprint)과 동일한 개념으로 사용되어 왔다." - 쓸만한웹!

"서비스 디자인이란 고객 관점에서 기인하는 서비스의 기능과 형태에 대한 기술이다. 서비스 디자인은 고객에게 고객이 경험하는 서비스 인터페이스가 유용하고, 적절하고, 이용 욕구를 불러일으키도록 해야 하며, 서비스 공급자의 관점에서는 효과적·효율적이며, 기존과는 차별적으로 이루어져야 함을 목적으로 한다."

– 서비스 디자인 네트워크(Service Design Network)

"고객이 다양한 경험을 할 수 있도록 시간의 흐름에 따라 사람들이 다다르게 되는 다양한 터치포인트를 디자인하는 것." - 라이브워크(Livework)

"서비스 디자인이란 고객이 서비스를 통해 경험하게 되는 모든 유·무형의 요소(사람, 사물, 행동, 감성, 공간, 커뮤니케이션, 도식 등) 및 모든 경로(프로세스, 시스템, 인터렉션, 감성로드맵 등)에 대해 고객중심의 맥락적인 리서치 방법을 활용하여 이해관계자 간에 잠재된 요구를 포착하고 이것을 창의적이고 다학제적·협력적인 디자인 방법을 통해 실체화함으로써 고객 및 서비스 제공자에게 효과·효율적이며 매력적인 서비스 경험을 향상시키는 방법 및 분야를 의미한다." ㅡ 한국서비스디자인협의회

1991년 쾰른국제디자인학교(Koln International School of Design, KISD)의 미하엘 에알호프(Michael Erlhoff) 교수에 의해 디자인계에 서비스 디자인의 개념이 소개된 이래로 서비스 디자인에 대한 관심이 높아지면서 이처럼 다양한 정의와 접근이 이루어지고 있다. 이는 서비스 디자인이 도입기에 있으며 앞으로 다양한 논의를 통해 그 정의와 영역이 규정될 것임을 예측하게 하는 것이다. 이런 시점에서 나는 실제로 고객 연구를 통해 제품과 서비스, 그리고 신규 사업을 디자인하는 실무자로서 서비스 디자인의 정의를 다음과 같이 내려보고자 한다.

서비스 디자인이라는 말을 구분해서 보면 '서비스'와 '디자인'으로 구성되어 있는데, 이는 그 대상 영역인 '서비스'를 '디자인'한다는 개념으로 인식될 수 있다. 그러면 여기서 말하는 '서비스를 디자인한다'는 무슨 의미일까? 이를 정의 내리기 위해서는 먼저 이 두 단어가 포함하고 있는 영역에 대한 고찰이 필요하다.

"서비스는 고객이 특정한 목적의 가치를 달성하기 위해 그것을 제공하는 주체(개인, 기업, 공공기관)에 의해 경험하게 되는 모든 활동"이라고 정의될 수 있다. 즉 유형의 제품 획득 영역이라기보다는 무형의 경험에 관한 영역이다. 또한 "디자인은 고객이 원하는 가치를 달성하기 위하여 획득 및 경험하는 기존의 방법과 프로세스를 개선하는 모든 활동"이라고 정의될 수 있다.

이 두 정의에서 공통분모를 찾을 수 있을 텐데, 그것은 바로 서비스와 디자인 모두 수혜 주체가 '고객'이라는 점이다. 따라서 서비스 디자인의 정의와 분석이 다양하게 이루어진다 하더라도 기본은 고객에 대한 더 나은 이해라는 점이 강조되는 것이다.

서비스 디자인의 시작과 끝은 모두 고객

흔히 서비스 디자인을 제품 디자인과 혼용하거나, 디자인을 하는 대상의 구분이 모호한 경우가 많다. 그래서 서비스 디자인의 결과물이 새로운 서비스를 경험하게 하는 제품의 디자인 개선에 초점을 맞추는 것도 볼 수 있다. 그러나 이는 분명히 구분되어야 한다. 제품을 디자인할 때 고객에게 제공되어야 하는 것은 제품을 처음 접했을 때 가지는 매력 요소다. 다시 말하면 제품 디자인은 고객에게 '감탄'을 주어야 한다. 기업에서의 제품 디자인 목표도 바로 고객 감탄에 초점을 맞추고 있다.

고객이 새로운 제품을 처음 접했을 때 느끼게 되는 감탄은 그 속성상 더 새롭거나 매력적인 제품이 나오면 점점 수준이 낮아지는 특성을 보인다.

따라서 제품을 디자인하는 디자이너나 기획자는 기존보다 나은 매력 요인을 찾고 이를 형상화하기 위해서 노력한다.

반면 서비스를 디자인할 때 고려해야 하는 것은 고객이 서비스를 지속적으로 이용 가능하도록 만드는 요인, 즉 '감동'의 제공이다. 이런 감동 요인은 감탄 요인과는 달리 경험하면 할수록 신뢰가 쌓이고, 그 만족도 또한 점차 증가하게 만든다. 그 결과 고객은 제품과는 달리 서비스의 경우 쉽게 대체하거나 교환하지 않는다.

그리고 감동 요인은 고객 경험의 전체 과정에서 발생하고 사후에 평가된다. 따라서 서비스를 디자인하는 기획자나 디자이너는 경험의 전 과정을 그 연구 대상으로 삼고 고객이 체험하는 단위 프로세스 경험의 합을 극대화하기 위한 노력을 해야 한다.

종합해 보면, 내가 정의하는 서비스 디자인이란 '고객에 대한 심도 깊은 이해'와 '이를 바탕으로 고객에게 지속적인 감동을 주는 경험을 창출하는 제반 활동'이다. 그리고 이 정의를 통해 서비스 디자인의 시작과 끝이 모두 고객이라는 점을 강조한다. 즉 비즈니스나 기술의 주도로 탄생하는 서비스와는 달리, 서비스 디자인은 창출되는 서비스의 힌트를 제공하는 주체도 고객이고, 개발된 서비스를 경험하고 감동을 획득하는 주체도 고객이라는 것이다.

의사결정자에게도 '아하'를 전달하라

의사결정자도 공감하는 '아하'의 보고를 창작하라

고객의 숨은 니즈를 찾아서 고객에게 감동을 주는 서비스·사업을 제안해야 하는 디자이너와 기획자에게 프로젝트 내용을 의사결정자에게 전달하는 것은 또 하나의 도전이다. 왜냐하면 고객이 정말로 불편해하는 것, 또는 정말로 필요로 하는 것은 전통적인 보고 방법으로는 의사결정자에게 제대로 전달하기 어렵기 때문이다(일반적으로 보고라고 하면 회사마다 정해진 틀이 있고, 그 틀에 따라서 거듭되어 문화로 굳어져 바꾸기가 쉽지 않다). 사용자 리서치를 통해 발굴한 고객 '아하'의 순간을 콘셉트에 담아 의사결정자까지도 공감하는 '아하'가 되도록 하기 위해서는 더욱 창의적이고 새로운 전달 방법이 필요하다. 내가 시도했던 한 보고 사례를 통해 이에 관하여 좀 더 생각해 보기로 하자.

프로젝트 P의 팀원들은 기존의 보고 형식을 깨고 새로운 시도를 하기로 의기투합했다. 그것은 의사결정자에게 고객의 실제 생활이 느껴지도록 보고 방법을 바꿔보자는 것이었다. '어떻게 하면 담당 임원과 팀장들에게 고객의 생활을 경험하도록 할 수 있을까?'라는 주제를 가지고 팀원들은 각자의 생각을 자유롭게 쏟아내기 시작했다.

"동영상 무비를 만들어서 보여주면 어떨까요?"

"그거 정말 좋은 생각이네요. 그리고 거기에다 보고서의 내용을 보드에 크게 출력해서 스탠드로 세워두는 것도 좋을 것 같아요."

"회의실을 고객의 생활 공간으로 꾸며보는 건 어떨까요?"

여기에서도 부정적으로 이야기하는 'Yes But'이 아닌 긍정적이고 창의적인 'Yes And'의 아이디어 창출의 자세가 발휘되었다.

"그럼 회의실을 사용자의 생활공간으로 꾸미고, 거기서 동영상을 틀어주는 형식이 되겠군요. 그런데 여전히 고객이 느끼는 고통과 니즈를 공감하기엔 뭔가 좀 부족해 보이네요. 뭔가 조금 더 있었으면 좋겠는데…."

고민은 계속되었다. 고정된 자리에 앉은 보고 받는 분(담당 사업부 임원 및 팀장)은 의례히 수동적일 수밖에 없고, 영화 한 편 본 것 같은 느낌으로는 전달력에 한계가 있을 것이라고 생각했기 때문이다. 그렇게 고민하던 중에 한 팀원이 말했다.

"제 생각에는 기존 보고의 틀을 깨보면 어떨까 하는데요. 아이디어 발상법을 적용해 보는 거죠. 파괴적 혁신(disruptive innovation)! 회의실에서만 보고하라는 법은 없잖아요. 공간을 최대한 활용해서 고객이 실제 사용하는 여러 공간을 꾸며놓고, 사업본장부장님과 팀장님들에게 직접 사용자가 되는 경험을 하게 해드리는 겁니다."

"아, 그거 좋은 아이디어네. 그렇게 하면 사업본부장님과 팀장님들이 마치 우리 프로젝트 팀원이 된 것처럼 사용자의 경험을 엿볼 수 있겠군."

프로젝트 팀원들의 의견이 일치하는 순간이었다. 팀원들은 그들이 진행했던 리서치에서 느꼈던 감흥을 내부 고객에게 전달하고자 하는 마음이 강했다. 그러나 틀에 갇힌 보고서로는 하고 싶은 이야기를 전부 전달하기에는 한계가 있었는데, 이를 해결하는 시도를 한다는 사실에 다들 들뜨고 흥분되었다.

그러나 이런 팀원들의 의지는 전통적인 보고 문화라는 벽을 만나게 되었다. 새로운 형식의 보고에 대해서 실무 담당자인 사업팀 구성원이 걱정을 내비친 것이다.

"그런데 만일 보고 받는 분들이 싫어하시면 어떡하죠? 안 그래도 우리 상무님 굉장히 깐깐하신데…."

"너무 캐주얼 하잖아요. 그래도 임원 보고인데 격식은 갖춰야죠."

"안 돼요. 만일 잘못하기라도 하면 저희가 나중에 꾸중 들어요."

예상한 반응이었지만 나는 어떻게 해서든 담당자를 설득하고 싶었다.

"같이 고객 가정에 방문했을 때 기억하시죠? 그 고객의 생생한 목소리하며, 그 집안의 분위기며, 이런 것은 보고서에 담아내기 어렵다는 거 잘 아시잖아요. 저희 팀에서 결정한 대로 추진하시죠. 만일 사업본부장님이 언짢아하시거나 팀장님께서 꾸중하신다면, 그건 제가 다 책임지겠습니다."

"그래도 그건… 본부장님이 얼마나 바쁘신 줄 아시잖아요. 갑자기 형식을 바꾼다고 하면…."

"분명히 본부장님도 좋아하실 겁니다. 한번 믿고 해보자고요."

"그래도 그건…."

"네, 그럼 그렇게 진행하는 걸로 하는 겁니다."

내가 열심히 설득하자 담당자는 마지못한 듯 동의해 주었다.

"우리 사옥에서 모고라면 더 많은 고객 증거도 전달할 수 있어요"

프로젝트 보고의 시나리오는 먼저 고객의 일상생활을 시간과 공간으로 구분하는 것에서 출발했다. 일주일 동안 사용자가 아침에 눈을 떠서 잠자리에 들 때까지의 행동 가운데 고객의 경험을 가장 잘 느낄 수 있는 상황과 공간을 정하고, 여기에서 고객이 실제 어떤 경험을 하는지 알게 해주자는 것이었다. 그리고 여기에 제안하려는 신규 사업의 아이템을 적용해서 실제로 어떤 효용이 발생하는지 의사결정자도 체험할 수 있도록 하는 것이 보고의 시나리오였다.

먼저 해결해야 할 문제는 보고 장소였다.

'우리 본사 사옥은 사용자 공간으로 꾸미기엔 적당하지 않은데 말야. 이미 레이아웃이나 집기도 고정된 게 많아서….'

이런 고민을 하고 있을 즈음 프로젝트 팀원 하나가 이런 제의를 해왔다.

"원래 옛말에 똥개도 자기 집에서는 더 크게 짖는다고 했는데, 아예 사업 본부장님과 팀장님을 모두 우리 사무실로 초청해서 보고하는 것은 어떨까요? 저희 쪽 공간은 본사보다 훨씬 융통성 있잖아요."

정말 좋은 아이디어였다. 기존의 보고라면 언제나 보고를 받는 담당 임원의 회의실에서 진행되는 것이 일반적이었다. 하지만 우리 사무실로 초청해서 보고를 진행하면, 보고의 내용뿐만 아니라 실제로 우리가 일하는 모습도 그대로 보여주고, 또 그래서 말로 전달하는 것 외에도 다양한 고객 증거도 보여줄 것 같았다.

"맞아, 왜 그 생각을 못 했지? 우리가 고객을 심층적으로 알기 위해서 고객의 생활공간에서 인터뷰를 진행하고 많은 정보를 얻는 것과 같은 이치잖아. 사업본부장님이나 팀장님들도 우리 프로젝트룸이나 공간을 경험하시면 좋겠네."

팀 구성원들의 의기투합, 사업팀의 지원, 그리고 여러 가지 창의적인 아이디어가 모이자 일은 일사천리로 진행되었다.

먼저 몇 개의 회의실을 사용자를 대표하는 20대 여대생의 생활공간으로 꾸몄다. 두꺼운 보드를 깎아 화장대 틀도 만들고 온갖 장식을 그려넣어 실물과 비슷하게 꾸몄다. 방 안에는 배경 음악도 잔잔하게 깔고, 여대생의 느낌이 나는 옷가지들과 향수도 은은하게 뿌려놓았다. 그 방에서 나오면 복도를 지나게 되는데, 이곳은 마치 거리를 이동하는 느낌을 주기 위해서 거리 풍경을 모니터에 비추고 자동차 소리가 나도록 했다. 그 다음 방은 친구의 사무실이었다. 사무용 책상을 그대로 옮겨와서 마치 그곳에서 정말 일을 하고 있는 듯한 느낌이 나도록 구성했다. 마지막으로 남은 한 방은 놀이 동산으로 꾸몄다. 이를 위해서 실제 우리 프로젝트 팀원이 놀이 동산에 가서 놀이기구를 타면서 찍은 동영상을 활용하여 벽면에 프로젝터로 비추고 현장음도 재생했다.

"이런 프로젝트 할 때도 재밌었는데, 보고를 준비할 때도 신나고 재밌는 걸요?"

다들 만족하고 있을 때 한 팀원이 말했다.

"그런데 이 시나리오를 우리가 다 설명하는 것은 어렵지 않을까요? 그러면 여전히 수동적일 수밖에 없는데, 어떻게 하면 사업본부장님에게 리서처가 된 것 같은 느낌을 줄 수 있을까요?"

일리 있는 말이었다. 그러자 다른 팀원이 아이디어를 내놓았다.

"제게 좋은 생각이 있어요. 아예 등장인물을 나누어서 상황별로 목소리 연기를 하면 어떨까요? 그리고 녹음된 걸 들려주는 거죠. 다른 프로젝트를 하고 있는 사람들에게 방해가 된다면 이렇게 해봐요. 미술관에 가면 도슨트(docent)라고 해서 해설자 투어가 있잖아요. 근데 요즘은 조그만 라디오를 나누어주고 그걸 귀에 꽂은 채로 작품 앞에 서면 자동으로 해설이 나오더라고요. 그것처럼 보고회에 참석하는 분들에게 녹음된 파일을 휴대폰으로 나누어주고 이어폰으로 듣게 하면…."

"좋은 생각이네. 그렇게 해보자고!"

프로젝트 P의 팀원은 전천후였다. 프로젝트를 진행할 때는 집요한 리서처가 되고 분석할 때는 날카로운 분석자가 되었다가 보고를 준비할 때는 목수도 되고 아트 디렉터도 되었다. 그리고 이번에는 목소리 연기를 하는 성우의 역할도 하게 되었다. 녹음은 녹음실을 이용하기에는 시간이 촉박해서 모두가 퇴근한 이후에 사무실에서 진행되었다. 다소간의 잡음은 프로젝트 팀에서 컴퓨터를 잘 다루는 팀원이 프로그램으로 제거하기로 했다.

처음엔 약간 어색했지만, 구성원들은 이내 자신이 경험했던 고객의 고통과 니즈를 떠올리며, 또 프로젝트의 성공적인 보고를 생각하며 진지하게 녹음 작업에 동참했다.

리허설이자 첫 고객이어 소통과 정중해진 진실성 담아내는 배려다

프로젝트의 최종 보고 하루 전, 실제 보고와 같은 느낌을 가지기 위해서 사업팀 실무 담당자와 그 팀의 파트장을 초대했다. 파트장은 프로젝트의 내용에 대해 지식이 없는 구성원이었다. 이들을 사업본부장님과 팀장님이라고 생각하고 팀원들은 모두 자리에 배치되어 연습한 대로 리허설을 진행했다.

"이거 정말 재밌는데요? 마치 제가 여러분과 같이 리서치를 하고 있는 것 같아요."

"말씀하신 보고가 이런 거였군요. 이제 무슨 말씀인지 알겠어요."

드디어 사업팀 구성원의 불신도 사그러지는 것이 느껴졌다. 프로젝트 P 팀원들의 어깨는 자신감과 흥분으로 들썩였다.

보고 당일 아침, 티셔츠와 청바지 차림의 몇몇 프로젝트 구성원들이 밝

고 상기된 표정으로 서서 각자가 맡은 역할을 복도에서 준비하고 있었다. 경쾌하고 잔잔한 음악이 흐르면서 이윽고 프로젝트의 최종 보고가 시작되었다. 보고를 받는 분들이 입장을 했다. 사업팀 팀원이 그분들을 첫 번째 방으로 안내했다. 방을 지키고 있던 우리 팀의 담당 팀원이 그분들에게 이어폰을 나누어주었다. 이어폰을 귀에 꽂으면 그 방의 콘셉트에 대한 설명이 흘러나왔다. 설명을 듣는 일부는 고개를 끄덕이기도 하고 무언가를 준비한 노트에 받아 적기도 했다. 그러고는 다시 안내에 따라 다음 방으로 이동해 갔다.

드디어 준비했던 보고회가 끝이 났다. 결과는 대성공! 사업본부장님의 안면에 미소가 번졌다.

"정말 수고 많았어요. 내겐 일상적이고 지루했던 보고가 이렇게 재미있을 줄은 몰랐어요. 업무가 바빠서 고객의 진짜 니즈를 알 수가 없었는데, 이런 좋은 기회를 제공해 줘서 고마워요. 사업팀장, 프로젝트팀에서 제안하는 콘셉트를 어떻게 하면 구체화할 수 있는지 고민해 봐요."

이 글을 읽고 있는 독자 가운데, '설마, 정말로 저렇게 보고해?'라고 하는 분도 있을 것이고, '저게 무슨 보고야? 저렇게 해서 무엇을 전달하지?'라고 궁금해하는 분도 있을 것이다. 이 이야기의 포인트는 고객의 진정한 니즈를 파악해서 의사결정자에게 전달하는 방법에서도 지식만 전달할 것이 아니라 같이 체험하고 공감을 이끌어내는 것이 효과적이라는 점이다. 이를 통해 의사결정자는 보고회의 수동적인 청중에서 적극적인 참여자로 바뀔 수 있다. 또한 보고서에 담긴 내용과 더불어 사용자와의 공감이라는 중요한 의사결정의 촉매까지도 얻을 수 있다.

물론 여기서 제시한 방법만이 최선은 아닐 것이다. 이노베이션의 역할을 수행하는 디자이너와 기획자는 어떻게 하면 고객의 니즈와 제안 콘셉트의 효용을 가장 잘 전달할 수 있을까를 고민하고 시도해야 한다. 다시 한 번 강조하지만, 중요한 것은 리서치 과정에서 깨달았던 '아하'의 순간, 고객이 느끼는 감정을 보고에 담아야 한다는 것이다.

CHAPTER

창의의 젖소 목장 운영법

비옥한 밭에 씨를 뿌려라

고객에게 더 나은 가치를 제공하는 신제품과 서비스, 그리고 사업을 만들기 위한 이노베이션에서 그 담당자가 근무하는 환경은 대단히 중요하다. 그것은 마치 농부가 품질 좋은 농산물을 수확하기 위해서는 비옥한 밭에 씨를 뿌려야 하는 것과 같은 이치다. 아이디어를 내는 데 비옥한 환경이란, 구성원이 아이디어를 풍부하게 만들어내고 이를 구현해볼 수 있는 환경을 의미한다. 그리고 이런 환경은 물리적인 면은 물론 심리적인 면도 고려해야 한다.

해외의 성공적인 이노베이션 기업의 업무 환경을 떠올려보자. 직접 가보지는 못했다고 하더라도 많은 언론 매체나, 또는 직간접적인 경험에 의해서 공통적인 환경을 생각해낼 수 있다. 도심에서 조금 떨어진 외곽에 공장 같은 커다란 건물, 자전거를 타고 출근하는 임직원들, 그리고 천장에 매달린 자전거, 구성원의 취향에 따라 다양하게 장식되어 있는 갖가지 책상, 커다란 소파와 게임기, 찬장에 가득 찬 언제든지 먹을 수 있는 다양한 간식거리, 한켠에 마련되어 있는 각종 운동기구, 그리고 공작실처럼 꾸며져 있는 공간… 어떤가? 여러분이 작업하는 환경과 비교해서 비슷한 것이 얼마나 되는가?

우리는 종종 이런 말을 들어왔다.

'일이 놀이처럼 즐거우면 능률이 배가된다.'

'즐기면서 일하라.'

'회사를 매일 오고 싶은 재미난 공간으로 만들어라.'

이런 환경은 우리가 들어온 '이상적인' 업무 환경을 그대로 실천한 모습인 것처럼 보인다. 이노베이션을 하는 데 물리적 환경은 구성원의 상상력과 창의력을 무럭무럭 자라게 하는 온실과도 같다. 다양하고 자유로운 환경에서 기발한 상상력이 발휘되고 긍정적으로 문제를 해결하려는 능력이 커지게 된다.

내가 생각하는 이노베이션을 위한 물리적 환경이 갖추어야 할 기본적인 요소는 다음과 같다.

첫째, 위치다. 창의력을 북돋울 수 있는 공간의 위치는 반드시 고객의 삶과 밀접한 곳에 있어야 한다. 가장 빠르게 고객의 행동을 관찰하고 자극받으며, 언제든지 고객의 이야기를 듣고, 그들로부터 자극받을 수 있는 위치여야 한다. 그래서 주로 도시의 중심부나, 또는 번화가에 위치하는 것이 좋다.

둘째, 공간의 크기와 구성원 자리 배치다. 앞에서 이야기한 젖소 기르기 사례처럼 구성원이 자유롭게 사용할 수 있는 여유로운 공간이 제공되어야 한다. 우리가 흔히 떠올리는 사무 공간의 모습은 대개 임원실이 건물의 모퉁이에 위치하고 있고(왜냐하면 좋은 전망을 양보해야 하니까), 팀마다 창문부터 출입구까지 책상들이 일렬로 배열되어 있다. 물론 이때도 팀장의 자리가 창가 쪽인 것은 당연하다. 이런 배열은 자유로운 아이디어 발상 업무보다는 상명하복의 수직적 업무에 적합하다. 그리고 구성원들은 아이디어를 발상하는 중에도 내 뒤에 있는 상사의 눈치를 자연스럽게 살피게 된다. 창의력이 발산되려다가 유리벽에 막히게 되는 것이다.

이를 방지하기 위해서 창의적 업무를 담당하는 팀이라면 구성원 개인이 차지할 수 있는 공간을 좀 더 여유 있게 제공하고(물론 책상의 크기도 마찬가지다. 노트북만을 올려놓기 위한 공간이 아니지 않은가?), 자리 배치도 상하관계를 보여주기 위한 일렬 배치와는 달리 혁신적인 모습이 되어야 한다.

나는 새로운 프로젝트가 시작될 때마다 제공되는 프로젝트룸에서 가장 먼저 하는 일이 자리 배치다. 공간을 크게 개인 업무 공간과 공동 업무 공간으로 나누고, 개인 업무 공간의 자리 배치는 최대한 프라이버시를 보호하도록 한다. 그리고 공동 업무 공간에는 가운데 책상조차 두지 않고 스툴

만을 둔다. 이렇게 함으로써 구성원은 개인의 공간에서 최대한 스스로 업무 효율을 거둘 수 있고, 공동 업무 공간에서는 주위의 방해 없이 최대한 공동 업무에 몰입할 수 있다(회의시간에 노트북을 가져오면 십중팔구는 딴짓 하지 않는가?).

셋째, 다양한 자극물과 이를 사용할 수 있는 시간을 제공하는 것이다. 어린아이들이 가지고 노는 나무 조각 퍼즐과 장난감부터 대중 잡지, 다양한 분야의 도서, 최신 IT 기기까지 아이디어를 샘솟게 하고 영감을 줄 수 있는 것은 되도록이면 다양하고 주기적으로 제공해 주는 것이 좋다. 그리고 이를 이용할 수 있는 시간도 주어야 한다. 아이디어는 자판기처럼 동전을 넣고 원하는 품목의 버튼을 누르면 뚝딱 나오는 것이 아니다. 즉석밥이나 컵라면처럼 간편하게 물만 붓고 3분만 기다리면 완성되는 것도 아니다. 적절한 시간이 주어져야 가능한 일이다.

다양한 자극물을 준비했다면 이를 장식으로 두지 말고 구성원이 자유롭게 이용할 수 있도록 해서 그들이 내적으로 아이디어를 만들어내는 일을 도와야 한다. 구성원이 자기 자리에 오래 앉아 있는 것이 그들의 역할을 충실히 잘해낸다는 의미가 아님을 명심하라. 이렇게 보면 모든 스타트업 기업의 성지가 집안 주차장이 된 것은 충분히 이해가 가지 않는가? 창의적 아이디어 발상을 위한 물리적 공간으로서 이만한 곳도 드무니 말이다.

물리적 환경과 더불어 심리적 환경도 대단히 중요하다. 심리적 환경을 갖추는 것은 이노베이션 조직의 문화를 형성하는 것과 관련이 있다. 내가 방문해본 여러 기업에서는 물리적 환경은 잘 갖춰놓았으나 심리적 환경은 그렇지 못한 경우가 있었다. 다시 말해서 회사에서는 공간 배치도 여유롭게 하고 여러 가지 자극물과 이를 활용할 시간을 제공하기는 하지만, 당사자들은 창의적이지 않은 회사 문화로 인해 심리적 스트레스를 받으며 업무를 하고 있었다.

어느 사무실에 가보니 사람들이 똑같이 생긴 커다란 나뭇잎 모양의 파티션을 자기 책상에 듬성듬성 꽂아놓은 것이 보였다. '왜 다른 모양의 나뭇잎은 없을까?' 그들의 대답은 간단했다. 회사에서 주는 것만 이용해야 하기 때문이란다. 이 공간과 책상은 회사가 정한 기준에 부합해야 하고, 개인에게 주어진 자극물도 개개인의 개성이 반영된 것이 아니라 일률적인 것이었다.

창의적 문화를 강화하려면?

그렇다면 창의적 문화를 형성하기 위해서는 어떤 것을 해야 할까?

첫째, 좋은 팀워크의 형성이다. 레오나르도 다빈치, 아인슈타인과 같은 창의력의 천재는 한 세기에 한 명이 나올까 말까 하다. 하지만 세기의 천재는 없더라도 여러 명의 기발한 사람이 모여서 천재적인 일은 할 수 있다. 따라서 서로가 서로에게 긍정적인 영향을 미칠 수 있도록 좋은 팀워크가 형성되는 환경을 조성해야 한다. 이를 위해서는 우리가 알고 있는 서로 칭찬하기, 팀워크 강화 활동 장려 등과 같은 다양한 팀워크 형성을 위한 제도를 활용하면 좋을 것이다.

둘째, 수평적 문화 조성이다. 회사의 조직을 운영하기 위한 행정 절차상의 업무에서는 수직적인 것이 더 효과적일 수 있다. 하지만 이노베이션 업무에서 수직적 문화는 회사의 입장에서 막대한 손실의 여지가 있다. 창의적이고 훌륭한 아이디어가 부하직원에게 있을 때 수직적인 조직 문화에서는 발휘되지 못할 가능성이 크기 때문이다. 이를 해결하기 위해서는 새로운 아이디어의 제안 업무에 최상위 의사결정자가 직접 관여하고 의견 수렴 통로를 항상 열어두어야 한다. 그리고 중간관리자의 개입을 감시하는 것이 좋다. 대개의 경우 중간관리자에 의해서 꽤 훌륭한 아이디어가 그저 그런 아이디어로 변하는 경우가 빈번하기 때문이다.

직장인이라면 바로 위 상사로부터, "이건 본부장님이 좋아하시지 않을 거야", "실장님은 이런 걸 더 선호하시지", "내 생각에는 이게 맞아. 그러니 고쳐와" 등의 이야기를 한 번쯤은 들은 경험이 있을 것이다. 때로는 마음에 들지 않고, 때로는 의사결정자인 당사자와 생각과 다른 의견이 나오더라도 그 아이디어가 사용자에 대한 이해에 기반을 두고 있다는 것을 명심하고 이를 받아들이는 지혜가 필요하다. 창의적 업무에 종사하는 구성원이 의사결정자도 생각할 수 있는, 그리고 크게 감동받지 못하는 아이디어를 가져온다면 그것이야말로 생각하기도 싫지 않겠는가?

마지막으로 이노베이션 업무에 종사하는 구성원을 인정하는 분위기를 형성해야 한다. 기획자나 디자이너는 다른 기능 부서의 구성원보다 훨씬 업무량이 많다. 심지어 퇴근 후에도 새로운 아이디어를 발굴하려고 생각을 한다. 왜냐하면 주위를 둘러싼 모든 환경이 그들의 창의성을 자극하는 것이기 때문이다. 이들이 조직 내에서 이렇게 스스로 열심히 하는 이유는 스스로의 자부심에서 기인하는 경우가 많다. 따라서 회사에서는 이런 자부심을 존중하고 인정해 주어야 한다.

이는 회사에서 일반 구성원을 인정하는 것과는 다소 차이가 있다. 이노베이션 조직에서의 인정은 개개의 구성원이 가지고 있는 능력에 대한 인정이다. 그들을 지금 당장 눈에 보이는 성과로 평가하지 말고 그들이 하는 미래의 새로운 이야기로 평가하고 인정해 주어야 한다. 그렇게 하면 회사의 지식 창고에는 미래의 먹거리로 가득 차게 될 것이다. 진정으로 고객에게 새로운 가치를 제공해 주어 경쟁에서 승리하고 싶다면, 지금 당장 환경과 문화를 손질하라.

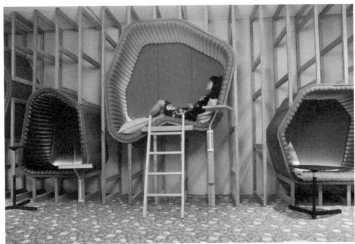

△ 세계적인 디자인 이노베이션 컨설팅 회사인 IDEO의 사무실 환경(출처: 구글 이미지). 다양하고 자유로운 환경에서 기발한 상상력이 발휘되고 긍정적으로 문제를 해결하려는 능력이 커지게 된다.

고객이 이끄는 혁신 vs. 기업이 이끄는 혁신

2

공급자가 주도하는 이노베이션 시대의 종말

보통 회사에서 신제품이나 서비스를 개발할 때 주도권을 가진 부서는 어디일까? 아마도 대부분의 경우 신제품의 기획과 연구는 크게 다음의 두 부서를 위주로 전개될 것이다.

하나는 기술·개발 부서다. 조금 큰 규모의 회사에서는 CTO(Chief Technology Officer) 주도로 새로운 기술을 개발하고 이렇게 개발된 기술을 기반으로 하여 신기술이 적용된 제품을 개발하는 경우가 많다. 또한 우리나라의 대부분 스타트업도 보유한 기술을 기반으로 사업을 시작한다.

다른 하나는 신제품 개발 주도 부서로서, 사업부서의 상품기획이나 상품전략팀이다. 이들을 CPO(Chief Product Officer)라는 상위 단위 부서로 묶어서 신제품을 개발하는 곳도 있는데, 이 역시도 비슷한 역할을 한다.

이 두 부서는 주로 사업 관점에서 어떤 제품과 서비스를 내놓을까에 대한 고민부터 시작해서 신제품과 서비스를 기획하고 생산한다. 즉 산업과 시장 내의 경쟁이나 동향, 수익률 등이 신제품을 기획하는 데 중요한 요인으로 작용한다. 그리고 두 부서에 의해서 신제품이나 서비스가 개발되면 출시 이후에는 마케팅과 영업 조직이 시장에서 판매를 이끌어가게 된다.

이렇게 공급자, 또는 생산자 관점에서 시장에 신제품을 출시하고 반응을 살피는 전통적인 이노베이션 방법을 나는 '공급자 주도 이노베이션(Seed Oriented Innovation)'으로 정의한다. 과거 공급이 소비를 앞지르던 시기의 모든 혁신은 이처럼 공급자 주도의 이노베이션이 대부분이었다. 다시 말해 공급자가 신제품을 시장에 내놓으면 다른 대안이 별로 없는 소비자가 이를 구매하고 수용하는 것이 일반적이었다.

이런 방식은 기술을 상당한 수준으로 끌어올리는 데 큰 기여를 했고, 사업 전략이나 상품 기획 관점에서도 다양한 전략과 방법을 만들어내게 했다. 하지만 지속적인 기술 개발과 사업 모델 연구는 이미 일반인이 상상을 뛰어넘는 수준으로 발전했어도, 현대의 산업 영역을 가리지 않는 기업 간의 치열한 경쟁은 결국 기존의 공급자 주도 이노베이션의 한계를 노출시키고 있다. 막대한 자금을 투자하여 신기술을 개발하고 이를 적용한 제품을 출시한다든가, 또 아무리 훌륭한 비즈니스 모델을 개발하여 이를 상품에 적용하고 시장에 내놓는다 해도 여기에 들어간 투자금이 회수되기도 전에 제품의 수명이 끝나버리는 현상이 발생하는 것이다.

이는 기업 간의 치열한 경쟁 때문에 기술 수준이나 상품 전략이 평준화되면서 소비자가 자연스럽게 더 많은 영향력을 행사하게 되었기 때문이다(소비자는 수많은 비슷한 경쟁 옵션 가운데 좀 더 자신에게 유리한 선택을 한다). 그리고 경쟁 회사 간의 기술 수준 격차가 점점 줄어들고 있는 것도 공급자 주도 이노베이션을 어렵게 만들고 있다.

공급자 주도 이노베이션의 한계를 극복하기 위해서는 어떻게 해야 할까? 기술개발 부서와 상품기획 전략 부서는 신제품을 만드는 방법, 즉 '어떻게(How)'에는 강점을 가지고 있는 반면, '무엇(What)'을 만들어야 적은 비용으로 고객을 매료시킬 수 있을까에 대해서는 잘 알지 못하는 약점이 있다. 그래서 '고객 주도 이노베이션(Need Oriented Innovation)'을 활용해서 공급자 주도 이노베이션에 의한 신제품과 서비스 개발을 보완해야 한다.

기업에서는 고객 주도·공급자 주도 이노베이션이 조화 이뤄야

고객 주도의 이노베이션은 2부에서 다룬 '고객의 행동에서 혁신의 단서 모으기'와 맥을 같이한다. 즉 고객에게 '무엇'을 필요로 하는지에 대한 답을 얻고 이를 기반으로 기업이 가진 기술력과 사업 기술로 신제품이나 서비스를 생산·공급해야 한다는 의미다. 기술개발 부서와 상품기획 부서가 자신의 아이디어나 콘셉트에 대한 반응을 고객에게 확인·검증하거나, 그들이 가진 가설을 고객에게 확인하는 것과는 차이가 크다. 그런 방법은 기존 마케팅 부서에서 맡는 전형적인 공급자 주도 이노베이션의 한 과정에 불과하다. 고객 주도 이노베이션은 신제품과 서비스 개발 과정에서 고객을 가설 없이 들여다보고 그들로부터 힌트를 얻는 데서부터 시작된다.

공급자 주도 이노베이션은 '우리가 가진 신기술을 적용한 신제품 콘셉트를 고객이 수용할 것'이라는 가설을 뒷받침하기 위한 고객 증거를 모으는 귀납적 방식으로 신제품 개발 과정이 전개된다. 반면에 고객 주도 이노베이션은 연역적 접근으로, 고객의 생활을 먼저 들여다보고 무엇을 필요로 하는지를 판단한다. 그리고 이에 근거해서 고객의 니즈를 해결해 주는 아이디어를 모으고, 그 아이디어 가운데서 회사의 역량으로 생산 가능한 신제품이나 서비스를 개발하는 과정을 거친다.

이 두 가지 접근이 어떻게 보면 반대 성향을 가지고 있다고 생각할지도 모르나 이것은 어떤 방법이 옳고 그르냐의 문제가 아니라 어디에서부터 이노베이션을 시작할 것인가에 관한 출발점의 이슈다.

두 가지 접근법 모두 단점은 있다. 공급자 주도 이노베이션은 비용이 많이 드는 기술 투자에서 시작하기 때문에 소비자의 선택을 받지 못할 경우 치러야 하는 실패 비용이 상대적으로 크다. 아울러 고객에게 새로운 제품과 서비스가 얼마나 큰 가치를 주는가를 알려야 하기 때문에 마케팅과 영업에도 많은 비용을 투자해야 한다.

반면에 고객 주도 이노베이션은 이를 기업 내에 내부화하기까지 시간이 오래 걸리고, 고객의 숨은 니즈를 발굴하는 분석이 상당이 까다로우며, 고객의 니즈가 기업이 가지고 있는 자원과 역량을 초월할 경우 개발이 어려울 수도 있다는 단점이 있다. 그리고 눈치 챘겠지만 각 접근법의 장점이 서로의 단점을 보완해줄 수 있다.

따라서 기업에서는 가능한 두 가지 접근을 모두 적용하기를 권장한다. 전통적으로 기술개발, 상품기획, 디자인, 마케팅 등의 부서가 있고 이들이 일정한 순서에 의해 유기적으로 협력하며 신제품과 서비스 개발을 해왔다고 한다면, 한 가지 접근을 추가해서 고객을 먼저 연구한 다음에 이 결과를 신제품 개발의 협력 프로세스에 적용해서 운영해 보는 것이 좋다.

그리고 필요하다면 고객 기반의 혁신 부서를 만들고 이를 담당하는 C-레벨 급의 임원 조직도 만드는 것이 좋다. 해외 선진 기업의 사례를 살펴보면 고객 주도의 이노베이션을 담당하는 임원을 쉽게 찾아볼 수 있다. 고객 주도의 이노베이션 프로세스와 공급자 주도의 이노베이션 프로세스를 균형 있게 신제품과 서비스 개발에 적용한다면 신제품·서비스로 인한 기업 매출의 증대뿐만 아니라 기존 방식 대비 영업비용 감소로 인한 이익 증가라는 보너스도 얻게 될 것이다.

절대 컨설팅 받지 말라

일반적으로 기업에서 컨설팅을 받는 이유는 새로운 사업 분야의 인사이트가 필요한 경우, 전문인력의 참여가 필요한 경우, 다양한 산업에서의 경험을 빌려와야 하는 경우, 기업 내 문제해결에 외부의 시각과 지식이 요청되는 경우 등이다. 이런 문제를 해결하기 위해 기업은 전통적으로 외부의 컨설팅 전문 회사를 이용해 왔다.

외부 컨설팅을 이용하면 장점도 여러 가지가 있지만, 컨설팅을 통한 전문성이 회사 내부에 쌓이지 않는 점, 컨설팅의 결과가 실행으로 잘 이어지지 못하는 점, 거액의 비용이 발생하는 점 등 단점도 많다. 이 때문에 최근 기업에서는 컨설팅 발주 의사결정에 점점 신중을 기하고 있는 상황이다.

그럼에도 급변하는 사업 환경에서 선제적이고 능동적으로 대응하기 위한 신제품과 서비스 개발 이노베이션 분야는 전문적인 동시에 실무적인 견해가 더욱 필요해지고 있다. 그래서 기업은 외부의 이노베이션 컨설팅을 받는 대신 회사 내부에 이노베이션 컨설팅 역할을 하는 부서를 두기 시작했다.

그럼 내부 컨설팅 부서는 어떤 이점을 가지고 있고, 또 장점을 극대화하기 위해서는 어떤 지원이 필요할까? 기업의 내부에 컨설팅 부서를 두면 다음과 같은 장점이 있다.

첫째, 회사의 전략과 운영에 대한 전반적인 지식을 공유하고 있기 때문에 내부의 사정을 잘 알고 프로젝트를 수행한다. 따라서 프로젝트 결과물의 적용 가능성이 비교적 높다. 외부에 컨설팅을 의뢰하게 되면 보통 컨설턴트는 회사를 이해하기 위해 일정 기간 동안 회사 자료를 검토하고 분석한다. 그러나 내부 정보에 대한 접근이 제한되어 있고, 문서상으로 정리되어 있는 방대한 양의 정보를 짧은 시간 안에 소화해야 하기 때문에 프로젝트가 끝난 이후의 적용에 대한 부분까지 고려하기는 어려운 실정이다. 반면 내부의 컨설팅 부서는 제안한 결과의 실제 적용까지를 지속적으로 팔로우업(follow up) 할 수 있기 때문에 적용의 실효성을 높일 수 있다.

둘째, 프로젝트의 결과물로 리포트만 전달하는 외부의 컨설팅과는 달리, 프로젝트를 수행하면 할수록 기업 내부에 경험과 지혜가 내재화되어 쌓이고, 결과적으로 회사의 자산이 된다. 이렇게 구성원에 의해 데이터베이스가 아닌 사람으로 축적된 자산은 향후 다양한 분야에서 활용이 가능하다. 실제로 여러 회사의 사내 컨설팅팀 구성원은 사내 전문가로 활동하며 강의와 프로젝트 수행 업무를 겸하기도 한다.

셋째, 비용이 절감된다. 외부 컨설팅은 단기간에 수억 원의 비용을 지불해야 하고, 인건비 이외에도 시설 이용에 대한 고정비가 발생한다. 그러나 내부 컨설팅 조직은 내부 구성원이 컨설팅 업무를 수행하기 때문에 추가 비용 발생 부분에서 상대적으로 유리하다.

마지막으로, 사후적으로 사업 진행 시, 또는 유사 사업 구상 시에 상시적 도움을 제공할 수 있다. 외부 컨설팅의 경우, 프로젝트 기간의 종료와 함께 기업과의 관계도 종료된다. 따라서 추가적으로 발생하는 의문이나 요청 사항에 대해서는 재계약을 통해 수행되는 것이 일반적이다. 그러나 내부 컨설팅팀에서 프로젝트를 수행하는 경우는 프로젝트가 끝나더라도 사후 적으로 주제 관련 애프터서비스, 또는 사업/서비스 실행에서의 지원도 가능하다.

내부 컨설팅 조직이 성과를 내기 위해 갖추어야 할 5가지 조건

이처럼 다양한 장점을 가지고 있는 내부 컨설팅 조직의 운영이 원래의 목적을 달성하고 지속적 성과를 내기 위해서는 다음과 같은 사항을 유념해야 한다.

먼저 최고경영층의 의지와 지원이다. 내부 컨설팅 조직의 운영은 대부분 최고경영층의 의사결정에 의해 생겨나고 사라진다. 업무의 결과가 가시적인 성과로 드러나는 일반 기능 조직과는 달리, 내부 컨설팅 조직의 결과물은 정량적으로 평가하기가 어렵다. 왜냐하면 컨설팅의 결과물이 경영층의 의사결정에 도움이 되는 자료로서의 성격이 짙기 때문이다. 즉 당해년도 매출과 내부 컨설팅팀 성과와의 연관성을 직접적으로 설명하는 것이 어렵다는 의미다. 따라서 최고경영자를 포함한 경영층이 내부 컨설팅 역할에 대한 중요성을 인식하고 사업부서에서 적극적으로 협조할 수 있도록 지원해 주어야 한다.

둘째, 사업부서의 영향을 받지 않고 독립적으로 이노베이션 컨설팅 조직이 운영될 수 있는 제도와 환경이 뒷받침되어야 한다. 컨설팅을 의뢰하는 목적 중의 하나는 외부의 객관적인 시각으로 사업부서가 가지고 있는 문제를 들여다봄으로써 합리적이고 효과적인 문제해결을 하기 위함이다. 이런 목적은 내부 컨설팅 부서가 업무를 수행할 때에도 마찬가지로 적용된다. 이를 위해서 물리적 환경의 독립은 물론이고 업무 수행이나 프로세스에서도 독립성을 가지고 운영될 수 있도록 제도와 환경적인 지원이 필요하다.

셋째, 구성원의 전문성을 유지할 수 있도록 지속적으로 구성원의 육성·개발에 투자해야 한다. 컨설팅 업무의 특성상 구성원은 누구보다 전문지식을 가지고 있어야 하며, 동시에 전문성을 유지해야 한다. 전문성 유지는 지속적으로 변화하고 새롭게 세상에 나오는 지식과 트렌드를 학습하고 경험함으로써 달성된다. 외부 컨설팅 회사의 경우 전문성 유지를 위해 타 분야에서 전문성을 가지고 있는 인재를 교체 충원하는 방식을 일반적으로 사용하지만, 내부 컨설팅 조직의 경우 담당 구성원이 지속적으로 업무를 수행해야 하기 때문에 프로젝트 수행 못지않게 구성원의 전문성 유지가 대단히 중요한 부분이다.

넷째, 내부 컨설팅 조직을 흔히 기업의 스태프(staff) 기능으로 분류하는 경우가 종종 있는데, 이는 옳지 않다. 사업 부서의 의뢰를 받아 프로젝트를 수행하는 경우에는 전체 사업 진행에서 기능적인 역할을 수행하는 것이 맞다. 하지만 기업의 미래를 전망하고, 새로운 사업 모델을 제안하는 영역에서는 기업 내부뿐만 아니라, 외부의 경쟁 환경까지 고려하여 선제적으로 해당 분야를 연구하고, 고객의 미래 생활과 잠재 니즈에 맞는 콘셉트를 제안하는 역할을 수행한다. 따라서 내부 이노베이션 컨설팅 조직은 기업의 R&D 영역으로 분류되는 것이 맞으며, 경영층에서는 여기에 지속적으로 투자해야 한다.

마지막으로, 구성원에게 차별적인 동기부여 방식을 제공하여야 한다. 여기에서 말하는 동기부여 방식이란 보상이나 혜택의 측면만을 이야기하는 것이 아니라 그들의 자부심(pride)을 관리해 주어야 한다는 의미다. 외부 이노베이션 컨설팅 업계의 구성원은 높은 임금 수준과 더불어 전문성에 대해 대내외적으로 다양한 인정을 받게 된다. 이런 인정은 컨설팅 프로젝트의 높은 업무 강도에도 생산성을 높이는 결과로 이어지게 하는 핵심요인으로 작용한다. 실질적으로 기업 내부의 컨설팅 조직에게 타 부서의 구성원 대비 높은 임금 수준을 제공할 수는 없지만, 구성원의 자부심을 고취하고 유지하는 활동 등을 통해 그들에게 감성적 요인의 보상을 제공하는 것은 내부 컨설팅 조직의 운영에서 매우 중요한 부분이다.

국내의 유명 가전 A사는 과거 세계적으로 유명한 컨설팅사로부터 사업 구조조정에 관한 컨설팅을 받은 일이 있었다. 가전제품, TV, 휴대폰 등을 생산하여 세계적인 판매망을 가진 A사에게 어느 하나 중요하지 않은 사업이 없었다. 그럼에도 선택과 집중을 통한 사업 경쟁력 강화는 치열해지고 있는 세계적인 경쟁 속에서 지속적인 기업 활동을 하기 위해 필요한 과정으로 판단했고, 정확한 판단을 위해 컨설팅사에 해결책을 의뢰한 것이다.

오랜 시간을 거쳐 마침내 컨설팅사가 내놓은 구조조정안은 뜻밖이었다. 백색가전 부문을 무서운 속도로 성장하고 있는 중국 업체에 매각하고 그 대금으로 디지털 가전(TV, 휴대 전화 등)에 집중적으로 투자하라는 것이었다. 지속적으로 수익을 내고 있던 냉장고, 세탁기 등 백색가전 부문에는 날벼락 같은 말이었고, 당연히 강력히 반발했다. 결국 A사의 백색가전 부문 매각은 보류되었다.

이후 백색가전 부문은 지속적인 내부 혁신을 통해 판매량과 수익을 늘려가더니 결국 세계 주요 시장에서 우위를 점하는 강자가 되었다. 게다가 현재는 A사의 다른 사업 부문의 부진을 백색가전 부문의 흑자로 메우고 있다.

만일 컨설팅사의 제안대로 백색가전 사업 부문을 매각했다면 결과는 어떻게 되었을까? 아마도 A사로서는 상상하기도 싫은 파국을 맞았을지도 모른다.

　원산지 효과(country of origin)는 기업이 컨설팅을 받을 때도 어느 정도 적용되는 듯하다. 예를 들면, 특히 대기업에서 컨설팅을 받아야 할 경우, 국내의 컨설팅사보다는 해외 컨설팅사를 선호하는 경향이 있다. 물론 그들이 가지고 있는 역량이 뛰어나고, 경험도 풍부한 이유도 있을 것이다. 하지만 실제 컨설팅 내용은 기대에 못 미치는 경우도 많다. 특히 지역(local) 시장을 연구하고 새로운 시장 기회를 발굴하는 경우에는 외국계 컨설팅사에 의뢰하는 일에 신중해야 한다.

　예를 들어, 국내의 B사는 우리나라 시장에서 새로운 컨슈머 IoT 시장 사업 아이템을 발굴하는 업무를 수행하면서 해외의 유명 컨설팅사와 계약을 맺고 그들(외국인)과 함께 프로젝트를 진행했다. 전문가로 구성된 컨설팅팀이 와서 가장 먼저 한 일은 회사가 그동안 쌓아온 내부 정보를 습득하는 일이었고, 그 작업이 끝나자 우리나라 시장 현황과 소비자에 대한 리서치를 진행했다.

　이 과정에서 이들을 지원하기 위해 국내의 구성원들이 함께했는데, 주로 한글로 되어 있는 우리나라 데이터의 이해와 고객 리서치를 할 때 통역 등을 도왔다. 모든 자료가 다 수집되고 난 이후의 작업, 주로 분석과 리포트 작성과 제안은 컨설팅팀의 업무였는데, 자료를 분석하던 외국인 컨설턴트들은 국내 국성원들과 함께 작업할 것을 제안했다.

　자료 분석을 함께 하면서 알게 된 사실은 그들이 국내 시장 환경과 고객의 문화적 특성 이해를 어려워한다는 점과, 그들이 내놓은 솔루션 또한 이미 회사에서 검토한 적이 있는 것이라는 점이었다. 결국 국내 구성원이 적극적으로 나서서 사업을 발굴하기 위한 국내 시장의 진화 상황을 반영한 프레임을 제안하고 이에 맞는 솔루션의 방향도 만들어냈다. 이를 바탕으로 새로운 IoT 시장 기회 발굴 과제는 성공적으로 마무리되었다. 회사의 의사결정자들을 초대해서 진행한 프리젠테이션 자리에서 외국인 컨설턴트들은 흡족스러운 결과물을 내놓은 데 대해서 큰 박수를 받았다. 그 자리에서는 별 말이 없던 외국인 컨설턴트들은 프로젝트가 끝나고 가진 술자리에서 속내를 털어놨다.

"당신들이 돕지 않았으면, 좋은 결과를 내지 못했을 거예요. 우리가 여러분께 많이 배웠습니다. 왜 당신 회사가 우리를 고용했는지 모르겠어요. 당신네가 팀을 만들어서 훌륭한 결과물을 만들 수도 있을 텐데 말이죠."

4
당신이 하려는 이노베이션에는 빠진 것이 있다

이노베이션은 '왜 하려는가?' 라는 본질적 질문에서 출발해야

새로운 제품과 서비스, 사업을 발굴하는 이노베이션은 줄곧 모든 기업의 관심사였다. 새로운 이노베이션만이 치열한 국제 경쟁에서 살아남아 지속적인 기업활동을 영위할 수 있는 열쇠임을 절감하고 있기 때문이다. 그래서 어느 산업 분야를 막론하고 모든 기업에서는 자체적으로 이노베이션에 역량을 부단히 쏟아붓고 있다.

현업에서는 이런 역할을 수행하는 담당자들이 어떻게 하면 더 나은 신제품과 서비스를 만들어낼 수 있을지 끊임없이 고민한다. 모두가 긍정적이고 올바른 방향이라는 데 나도 동의한다.

그러나 내가 경험하고, 주변에서 지켜본 그들의 노력에는 무언가가 빠

져 있었다. 그것은 그들이 하려는 이노베이션, 즉 고객을 연구해서 고객의 진짜 니즈를 발굴하고, 이를 힌트로 하여 새로운 제품과 서비스, 사업을 만드는 일의 본질에 대한 진지한 고민이다. 모든 일이 마찬가지겠지만, 이노베이션에도 철학이 필요하다. 거창하지 않아도 좋다. 그리고 그 철학의 시발점은 '왜 이노베이션을 하려 하는가?'라는 본질적인 질문이 되는 것이 옳다고 본다.

지금 현재 승승장구 하고 있는 대부분의 글로벌 기업은 이노베이션에서 철학이 명확하다. 예를 들어 애플은 '누구나 기술을 즐기도록 한다'라는 철학이 있고, 구글은 '세상의 모든 정보를 통해 인간 삶의 질을 향상시킨다'라는 비전이 있다. 두 회사의 공통점은 이노베이션 철학의 중심에 고객이 있다는 점이다. 하지만 대부분의 국내 회사는 이노베이션 철학이 빈약하다. 다시 말해서 스스로가 '왜 이노베이션을 해야 하는가?'에 대한 명확한 답을 가지지 못한 채 이노베이션에 매달리고 있는 것이다. 설사 철학이 있다고 하더라도 구호에만 그치고, 회사 게시판에나 존재하는 잊힌 문장인 경우가 많다. 즉 구성원에게 철학적 가치가 공유되지 못한다는 말이다.

나는 직간접적으로 이노베이션 업무를 수행하는 많은 사람에게 비슷한 질문을 듣는다.

"어떻게 하면 이노베이션을 잘할 수 있나요?"

"이노베이션의 프로세스는 어떻게 되나요?"

"서비스 디자인 방법론은 어떤 건가요?"

이런 질문에 대답을 해주는 일은 어렵지 않다. 하지만 대답하기에 앞서 내가 항상 물어보는 질문은, "왜 혁신하려고 하죠? 무엇을 이노베이션 하고 싶죠? 고객에게 무엇을 전달하고 싶은가요?"이다. 그러나 이런 질문에 명확히 대답하는 사람을 많이 보지는 못했다. 심지어는 본인이 하는 업의 본질조차도 잘 모르는 경우도 있었다.

'왜'로 시작해서 '무엇을', '어떻게'가 이노베이션의 기본 방법론

이노베이션은 수학 공식이 아니다. 공식만 알면 신제품과 서비스가 뚝딱뚝딱 나오는 도깨비 방망이는 더욱더 아니다. 그리고 공식을 따라 업무를 수행하는 것이 혁신이라는 생각은 이노베이션의 개념과도 절대 어울리지 않는다. 그럼에도 많은 사람이 '어떻게(How)?'에 집중한다. 이노베이션의 프로세스와 방법론만을 궁금해하고 이를 배우고 도입하고자 노력한다. 이를 위해 외국의 유명 이노베이션 컨설팅사를 고용하기도 하고 그들이 가진 소위 노하우를 벤치마킹 하기 위해 거금을 투자한다. 또한 정부나 학교에서도 이런 분위기에 동참해서 방법론 교육과 전파에 노력을 기울인다. 참 아이러니하지 않을 수 없다.

유명하다는 이노베이션 컨설팅사, 또는 디자인 컨설팅사라는 곳을 살펴보면 그들의 실적이 흥미롭기는 하지만, 그들이 가진 프로세스가 성공적인 결과를 이끌어냈다는 말은 어디에도 없다. 일부 디자인 컨설팅사에서 제안하는 방법론이라는 것은 기존의 문제를 진단하는 데는 효과적일지 모르나 이것이 성공적인 콘셉트를 만들어낸다고 보장할 수는 없는 것이 대부분이었다. 심지어 내 시각으로는 대학 시절 과학적 연구 방법에서 배우

크리에이티브 R

는 기본적인 문제에 대한 접근 태도와 논리적인 해결 단계를 잘 정리해 놓은 것에 불과하다는 느낌이 들 때도 있었다.

　장담하건대 프로세스에 의해 개발된 콘셉트가 제품화되어 고객에게 가치를 전달한 것보다는 고객이 '왜(Why) 니즈가 발생하고', '무엇(What)을 해결해 주기'를 원하는가를 파악해서 이에 부응하여 나온 제품이 더욱 큰 성공을 거두었다. 신제품과 서비스를 개발하기 위한 방법론은 이에 따라 얼마든지 바뀔 수 있는 것이다.

　예를 들어보자. LG전자의 히트 상품이었던 초콜릿폰은 고객의 컴팩트 휴대폰 선호 가치를 실현시켜주기 위해서 생산 공정의 프로세스까지도 완전히 바꾸어서 성공한 사례다. 물론 기업의 이노베이션 담당자가 프로세스나 정형화된 방법론을 궁금해하고 집중하는 이유도 이해는 간다. 그해 그해 실적에 따라 평가받는 회사 조직의 특성이 이노베이션 조직만 비켜가는 경우는 드물다. 따라서 작은 성공 가능성에 매달리기보다는 더욱 안전한 방법을 찾고자 하는 관리자의 심리 상태가 반영된 결과이기도 하고, 또 어떤 히트 상품을 만든 기업이나 컨설팅사가 가지고 있는 노하우가 마치 성공을 담보하는 보험 같은 역할을 하는 것으로 여겨지기 때문이기도 하다.

　하지만 시간이 걸리고 다소 실적에 따른 부담이 따른다고 하더라도 이노베이션의 숙명을 가진 기업의 구성원이라면 먼저 '왜' 이노베이션을 해야 하는지에 대한 성찰을 꼭 해보기 바란다. 그러고 나서 고객이 '무엇을 이야기하는지?', '왜 그렇게 생각하는지?', '왜 그런 니즈가 생겨나는지?'의

순으로 고객 입장에서 가장 먼저 고민하고 답을 구하기 바란다. 그러면 자연스럽게 '어떻게(How) 이런 질문에 대한 답을 얻을까?'에 대한 답은 구해질 것이다. 이것이 바로 많은 기업에서 알고 싶어 하는 이노베이션의 방법론이다.

다시 한 번 정리하면, '왜'에서 시작해서 업의 본질을 이해하고, '무엇을'에서 고객의 근본적 니즈를 파악하며, 그리고 이를 해결해 주기 위한 '어떻게'를 기업이 가진 자원과 역량에 맞게 적용하여 개발하는 것이 이노베이션의 가장 기본적인 방법론이다.

이노베이션 다시 보기

누구를 위한 디자인 이노베이션인가?

자살을 부추기는 자살 방지 다리

국내 모 생명보험회사에서 투신 자살이 많이 일어나는 한강 다리에 '생명의 다리' 캠페인을 벌였다. 사람들의 반응은 "와 정말 괜찮네"가 대부분이었다.

그러나 이렇게 반응한 대부분의 사람들은 이 디자인 이노베이션의 수혜자가 아니다(간접 수혜자는 될 수 있지만). 오히려 자살을 생각하고 있는 사람은 마음 속으로 '바로 저기야'라고 생각했을지도 모른다. 실제로 생명의 다리 설치 이후 자살율이 오히려 증가했다.

왜 자살율이 증가했을까? 자살을 생각하는 사람의 심리에는 조용히 세상을 떠나겠다는 생각보다는 자신의 죽음을 다른 사람에게 알리고 싶은 니즈가 강하다고 한다. 그래서 대부분 투신 자살은 신발을 벗고, 그 옆에 유서와 유품도 남긴다고 한다. 생명의 다리가 인기가 높아지고 구경하러 오는 사람이 많으니 오히려 극단적인 생각을 하는 사람에게는 최적의 장소로 각인되었을 것이다. 샌프란시스코의 금문교도 그래서 자살 다리로

△ 사진(왼쪽부터): 마포대교에 설치된 생명의 다리, 염리동 소금길 계단(출처: 구글 이미지).
진짜로 고객을 위하는 마음이 있다면 그들이 진짜로 원하는 게 무엇인지, 그리고 어떻게 해주어야 하는지를 고민하고 이를 디자인에 담아내야 한다.

유명하다.

그렇다면 누구를 위한 생명의 다리인가?

정작 실제 주민은 불편할 뿐인 디자인

염리동 소금길. 범죄 예방 디자인의 대표 사례로 유명한 곳이다. 하지만 이곳 주민들은 불편함을 호소한다. 이곳에 그림을 그리고 색을 입혀 범죄 예방으로 유명한 곳으로 만들었는데, 방문객이 늘어나면서 그 불편은 고스란히 주민들의 몫이 되었기 때문이다. .

"소금길 바로 옆에 주택들이 늘어서 있는데 주말이면 외부인들이 떠드는 소리가 여간 신경 쓰이는 게 아니에요."

"계단턱이 높아 다니기 불편한데 이런 건 정비하지 않고 뭔지도 모를 그림을 그려놓는 게 무슨 소용이에요? 겉만 번지르르한 벽화마을 조성은 예산 낭비죠."

그렇다면 범죄 예방 디자인은 누구를 위한 것이었을까? 결국 방문객이 늘어나 홍보 효과까지 얻게 된 지방자치단체가 아닐까?

진짜로 고객을 위하는 마음이 있다면 이노베이션의 수혜자를 잘 구분·정의하고, 그들이 진짜로 원하는 게 무엇인지, 그리고 어떻게 해주어야 하는지를 고민하고 이를 디자인에 담아내야 한다. 그렇게 해야 짧은 시간에 화젯거리만 되는 차원을 넘어 좀 더 긴 생명력을 가진, 사람들이 아끼는 이노베이션의 결과물이 될 것이다.

아이디어의 새싹을 그린하우징 하라

아이디어가 새싹을 놓치지 말라

고객조사를 통해서 얻은 아이디어는 이제 막 얼어붙은 땅위로 솟아난 새싹과 같다. 새싹에 적당량의 물을 주고 볕을 쬐이고 거름을 주며 관리하면 풍성한 열매를 맺는 작물로 자라게 된다. 아이디어도 이렇게 다루어야 한다. 하지만 애석하게도 현업에서 아이디어를 도출하고 관리하는 모습은 이와는 거리가 있다.

여러분의 제품이나 서비스 아이디어 회의를 떠올려보자. 대개의 경우 회의실에 모여서 주로 팀장의 주도 하에 아이디어 회의가 시작된다. 그리고 여러분에게는 자유롭게 아이디어를 이야기해 보라는 주문이 떨어진다. 그러면 눈치 없는 신참이 본인의 아이디어를 이야기하기 시작하고 옆에서 이를 듣고 있던 고참은 슬슬 팀장의 눈치를 살핀다. 그리고 팀장의 눈살이 찌푸려지면 바로 신참에게도 눈치를 준다.

"그건 우리가 이미 여러 번 검토한 아이디어야."

"그건 우리 회사가 할 수 있는 게 아니라고."

"그거 말고 상무님이 좋아하는 아이디어를 고민해봐."

여러 번의 아이디어 회의를 거치고 나면 주눅이 든 신참은 더는 아이디어를 내지 않는다. 물론 이런 과정은 고참도 이미 겪었던 일이다. 그리고 팀장은 답답하다며 본인의 아이디어를 마구 늘어놓는다. 그러면 팀원들은 팀장의 아이디어에 적극 동의를 표한다.

어떤가? 여러분이 경험하는 아이디어 회의가 이런 모습이라면 아이디어라는 새싹을 발로 짓밟는 것이나 다름이 없다.

또 다른 상황은, 아이디어를 내는 것은 우리가 잘하는 일이 아니라고 처음부터 생각하고 다른 회사나 학교에 외주를 맡기는 경우다. 그렇게 해서 아이디어를 받으면 이에 대해 철석같이 신뢰하거나(용역비가 많이 들어간 경우), 아니면 "저거 우리도 생각해본 건데…"라며 뒤에서 중얼거린다.

나는 해당 제품과 서비스의 아이디어를 내는 일은 그 일에 종사하는 담당자가 가장 잘할 수 있다고 생각한다. 고객이 가지고 있는 니즈는 고객에게서 파악해야 하고, 이를 해결해 주는 방법은 회사의 자원과 역량을 가장 잘 아는 담당자가 찾는 것이 옳다고 생각하기 때문이다. 농부가 최고 품질의 농작물을 재배하기 위해서는 밭에 씨앗을 단 하나만 심는 것이 아니라 될 수 있는 한 많이 심어서 그중에 우수한 것을 취한다. 마찬가지로 아이디어의 새싹은 많으면 많을수록 좋다.

그럼 아이디어의 새싹을 기르는 바람직한 아이디어 회의 모습은 어떤 것일까?

팀장의 주도가 아닌 담당자의 주도로 아이디어 회의를 시작한다. 아이디어 회의를 하는 장소는 회사의 사무실이 아니라 번화가의 모임 전문 공간, 또는 방이 있는 카페다. 아이디어 회의에서는 몇 가지 룰을 정한다. 즉 비판 금지, 질보다 양, 현실성은 생각하지 않기, 계급장 떼기 등이다.

아이디어 회의를 시작하면 일정 시간 동안 모두가 마음껏 아이디어를 내고 이것을 포스트잇에 적는다. 그것이 몇 개라도 상관없다. 그리고 서로 돌아가면서 본인의 아이디어를 공유한다. 다른 사람의 아이디어를 들을 때는 경청하고, 듣고 나서는 마음에 안 들거나 이미 전에 생각해 보았던 아이디어라도 칭찬해 준다. 그 이후에 마음에 들지 않는 아이디어를 개선할 방법을 고민해 보고 아이디어에 살을 붙인다.

이런 식으로 아이디어 회의를 마치고 나면, 아이디어의 품질을 떠나서 상당한 양의 아이디어 리스트가 만들어진다(실제로 내가 위의 방법으로 진행하는 아이디어 회의에서는 최소 50~200가지 아이디어가 반나절 안에 나온다).

이제 좋은 품질의 과실을 얻을 수 있는 많은 새싹이 확보되었다. 다음에 할 일은 적당량의 물을 주고 볕을 쬐이고 거름을 주는 일이다. 이것이 아이디어의 그린하우징(greenhousing, 온실에서 기르기)이다.

아이디어 그린하우징의 첫 번째 단계는 개별 아이디어를 이해하는 것이다. 각각의 아이디어를 정확하게 이해하고 어떻게 발전시킬 수 있을까를 고민해야 한다.

두 번째 단계는 유사한 아이디어끼리 묶어보는 것이다. 묶음의 기준은 같은 문제를 해결하는 데 도움을 주는 것이어도 좋고, 같은 방식이어도 좋다. 또는 같은 속성을 가지고 있다고 판단되는 아이디어끼리 묶는 것도 가능하다. 단 중요한 것은 가장 괜찮은 아이디어의 묶음이 나올 때까지 유사 아이디어를 묶는 작업을 두 번이고 세 번이고 계속해야 한다는 것이다. 이렇게 묶음이 만들어지는 과정에서 자연스럽게 개별 아이디어가 콘셉트화되는 모습을 발견할 수 있다.

세 번째 단계는 이 초기 콘셉트를 구현하는 데 발생 가능한 문제점을 고민해 보고 이를 어떻게 해결할 수 있을지, 무엇이 더 필요한지 등을 고민하는 것이다. 이 단계에서는 기존 아이디어를 대하는 태도와는 달리 객관적이고 비평적이 되어야 한다. 다음의 질문을 던져보고, 그에 따라 콘셉트를 보강해 보자.

"과연, 저 콘셉트로 고객의 문제를 해결해줄 수 있을까?"

"고객이 저 콘셉트를 좋아하고 만족할까?"

"현실적으로 구현 가능한 콘셉트인가?"

"저 콘셉트에 저런 건 불필요한데…."

"저 콘셉트에는 이런 게 더 필요한데…."

마지막 네 번째 단계는 콘셉트 구현 역할을 수행하는 개발자나 마케터를 초청해서 콘셉트에 대한 의견과 구현 방법을 청취하고 이를 반영하는 것이다.

첫 번째와 두 번째 단계는 아이디어의 새싹에 볕을 쬐이는 것이고, 세 번째 단계는 적당량의 물을 주는 것이며, 네 번째 단계는 콘셉트로 자란 아이디어에 거름을 주는 것이다. 4단계를 모두 거치면 아이디어 새싹은 뿌리도 내리고 키도 자라며 잎도 어느 정도 달린다. 이제 사업팀과 개발부서에 의해 최적의 콘셉트가 선택되고 구현되기만 하면 된다.

이와 같이 아이디어 그린하우징은 고객의 진짜 니즈를 해결해 주는 제품과 서비스 콘셉트 발굴에서 매우 효과적이며 필요한 과정이다.

이노베이션 조직은 어떻게 생겨나고 소멸할까

기업 내에서 창의적이고 혁신적인 조직이 생겨나고 유지되는 과정은 대개 유사한 모습을 보인다. 먼저 기업에서 주력으로 생산·판매하는 제품이나 서비스가 성숙기에 접어들어 업계의 경쟁이 치열하게 펼쳐진다. 이런 상황에서 기업의 경영진은 경쟁에서 살아남기 위한 다양한 시도를 시작하는데, 가장 먼저 비용 구조 개선을 통한 수익성 증대 측면의 혁신이다.

예를 들어 2000년대까지 인기 있었던 '6시그마 운동'은 불량률을 줄여 비용을 개선하기 위한 혁신활동의 일환이다. 이와 더불어 경영진은 선진기업의 혁신 사례를 벤치마킹하기도 하고, 또는 혁신기업의 기업운영 노하우를 도입하는 시도를 한다.

이런 혁신은 새로운 조직을 만들고 이에 걸맞은 문화를 만들기 위해서는 어느 정도 권한이 있어야 하기 때문에 기업의 말단에서 일어나기는 매우 어렵다. 따라서 대부분 최고경영층의 의지에 의해 생겨난다. 특히 우리나라 기업에서는 기업 구조의 특성상 전문 경영자보다는 오너 경영진의 의지에 의해 창의적·혁신적인 조직의 설립과 운영이 가능한 경우가 많다.

한편 이 과정에서 기존의 전략 컨설팅 회사, 또는 이노베이션(디자인) 컨설팅 회사가 중간 교량 역할을 맡기도 한다. 주로 이 시기에는 다양한 방법론을 컨설팅 회사의 도움이나 자체적인 선진 기업 벤치마킹을 통해 학습하고 이를 현업에서 점차 적용해 가며 자신의 기업에 맞는 프로세스와 고객접근 방법론을 개발하고 이를 활용하기 시작한다.

프로세스와 고객접근 방법론은 정형화하기보다는 그때그때 기존의 프로세스와 방법론을 창의적으로 변형해서 사용하는 것이 좋다. 그럼에도 프로세스를 따라 하는 업무에 익숙해 있는 구성원과 경영진은 기존 프로세스를 지킬 것을 요구하고, 심지어 프로세스 준수 여부를 평가 수단으로 삼기도 한다.

다시 말하지만, 혁신 조직의 업무가 정형화되면 더는 혁신 조직이 아니다. 경영진의 전폭적인 지지와 강한 의지에 의해 창의적 조직이 생겨나면, 기존 조직이 새로 생겨난 창의적 조직에 대해 의구심을 가지고 경계하는 단계에 이른다. 대부분의 기업은 성과 평가에서 개발, 마케팅, 상품기획, 생산 등 전통적인 기능 부서에 더 많은 보상을 하는 편이다. 왜냐하면 그들의 업무 자체가 당해년도의 눈에 보이는 성과와 관련이 깊고, 또한 정량적인 평가가 용이하기 때문이다.

반면에 혁신 조직의 결과물은 당해년도보다는 미래에 초점이 맞추어져 있기 때문에 제품 생산과 판매 결과에 따른 정량적인 평가가 어렵다. 최고경영층의 전폭적인 지원을 받는 설립 초기에는 상대적으로 좋은 평가를 받지만, 동시에 다른 사업부서로부터 최고경영층의 지원에 대한 질투와 결과물의 미래 적중률에 대해 받게 되는 의구심도 높아진다.

이노베이션 조직의 황금기와 쇠퇴기

하지만 시간이 흘러 창의적 조직의 성과가 나타나기 시작하면 기업 안의 다른 구성원도 이들의 역할에 대해 이해하고, 또 기대하기 시작한다. 이 시기가 창의적인 조직에서는 황금기나 마찬가지다. 회사의 모든 구성원은 기술과 비즈니스 중심의 이노베이션만이 아닌 고객중심의 이노베이션에도 눈을 뜨고 공감하며 많은 기대와 성원을 보낸다. 그리고 이에 화답이라도 하듯 새로운 고객 니즈 발굴을 바탕으로 한 신제품과 서비스는 시장에서 성공적인 반응을 얻어 기세가 오르기 시작한다.

창의적 조직의 황금기는 적극적으로 지지를 표하던 최고경영층이 바뀌면서 점점 색이 바래기 시작한다. 한동안 공감과 찬사를 보내던 사업팀은 창의적 조직의 프로세와 방법론에 익숙해지기 때문에 고객중심의 혁신에 대해 섣불리 '다 아는 것', '쉬운 것', '나도 할 수 있는 것'이라는 인식을 하게 되고, 경영진도 마찬가지 생각을 가지게 된다. 다시 말해, '좀 더 새로운 것은 없을까?'라는 생각을 하기 시작하는 것이다.

여기서 이들이 원하는 새로움이란 아이디어나 콘셉트의 새로움을 의미하는 것이 아니다. 새로운 방법론에 대한 니즈가 생겨나기 시작하는 것이다. 그러나 고객 리서치 프로세스와 관련 지식을 아는 것과, 이를 적용해서 고객과 소통하고 여기에서 도출된 고객 니즈를 바탕으로 새로운 제품과 서비스를 기획하고 디자인하는 것은 매우 다르다.

　거듭 강조하지만, 제품과 서비스를 이노베이션 하는 일은 상당한 숙련을 요구하는 전문직이다. 이 전문성은 결코 무시할 수도 없고, 무시되어서도 안 된다. 똑같은 국밥이라도 허름한 원조집이 일반 체인점보다 맛있는 이유는 오랜 세월 익혀온 그만의 비법이 있기 때문이다. 비법이 있다는 것은 그만큼 전문가라는 의미다. 그럼에도 일부 기업에서 이런 조직을 고객 리서치 운영 조직쯤으로 여겨서 전문 직종이 아닌 스태프 조직으로 그 의미를 퇴색시키는 경우가 많다.

　이 시기가 되면 혁신 조직은 생존을 위해 새로운 방법론 찾기에 혈안이 된다. 처음에 조직이 만들어질 때 그랬던 것처럼, 외부로 시선을 돌려 그럴듯해 보이는 방법을 도입하기 위해서 많은 투자를 한다. 애석하게도 혁신 조직의 이름에 걸맞지 않게 내부적으로 방법론과 프로세스를 이노베이션 하기보다는 외부의 것을 도입하는 방법을 선택하는 것이다. 이렇게 기업의 다른 구성원과 경영진에게 새로워 보일 수 있는 고객접근 방법을 발굴해서 업무를 수행하면 다시 혁신 조직은 주목받기 시작하는데, 솔직히 말해서 기존의 고객접근 방법을 이용해도 결과는 그리 다르지 않다.

　이쯤 되면 회사의 경영층과 구성원은 창의적 조직의 존재 이유에 대해서는 공감하고 지지를 표하지만, 그 어떤 상위 조직에서도 창의적 조직을 자신의 조직 편제에 포함시키는 것을 불편해한다. 왜냐하면 기업 내 조직의 평가는 매년 경영 성과에 대한 기여도에 의해서 가중치가 매겨지게 되는데, 혁신 조직이 담당하는 업무는 주로 현재보다는 미래의 먹거리에 관한 경우가 많으며, 이는 곧 평가와 보상의 이슈에서 부담이 될 수 있기 때문이다.

이 시기가 지나면, 전문 역량의 회사 내 전파라는 명분 하에 숙련된 내부 구성원의 재배치나 조직의 역할 변경이 일어나기 시작한다. 그러나 이렇게 재배치가 일어나면, 앞서 말했듯이 오랜 경험과 고도의 숙련을 요구하는 업무의 특성이 고려되지 않은 채로 숙련도 높은 구성원의 직무순환이 일어나게 되어 결국 그동안 쌓아왔던 기업의 혁신 역량은 줄어들게 된다. 그리고 혁신의 DNA를 전파하기 위해 다른 팀으로 옮긴 구성원은 원래 명분과는 달리 해당 사업팀의 현실에 따른 업무를 수행하게 되기 일쑤다.

이노베이션 조직의 소멸기와 기업 현실

이 단계 이후 혁신 조직은 쇠락의 길을 걷게 된다. 이름은 유지되지만 역할은 이미 달라져 있고, 단기 성과에 집중하는 임원은 서로 부담스러운 혁신 조직을 맡지 않으려고 한다. 그래서 해마다 직속 임원이 바뀌는 해프닝이 일어나기도 한다. 혁신 업무는 아무래도 오너 경영인이 아닌 다음에야 부담스러운 일이기 때문이다.

실례로 국내 대기업의 경우 혁신이나 창의적인 역량이 빛을 발하는 곳은 대부분 오너 경영인이 직접 창의적인 조직에 힘을 실어주거나(현대카드), 또는 사업의 개별 성과보다는 전체 사업을 챙기는 전문 경영인 CEO가 혁신 조직을 직접 관리하는 경우가 대부분이다. 이때부터 이노베이션 조직의 리더는 일반 기능 부서의 리더와 비슷한 성향을 가지고 전통적인 업무 방식에 익숙한 사람이 맡게 된다. 이에 따라 창의적 이노베이션 조직도 회사 내에서 이노베이션을 주창하기보다는 사업팀, 개발팀, 그리고 상사의 요구사항에 순응하고, 수동적으로 업무를 수행하는 성향을 보이기 시작한다.

따라서 창의적 조직에서 만들어내는 신제품이나 서비스 콘셉트가 점차 이노베이션과는 거리가 멀어지게 되고, 초기의 산출물과는 달리 다음의 신제품이나 서비스 콘셉트로 채택되지 못하게 되거나, 설혹 적용되어 제품이 출시된다고 하더라도 고객으로부터 좋은 반응을 얻지 못하는 결과를 보이게 된다.

이 시기가 도래하면 창의적 조직의 구성원은 자의반 타의반으로 조직을 떠나게 되며, 새로운 구성원 유입이 어려워지게 되어 점차 조직의 규모나 역할이 줄어들게 된다. 그 결과 창의적 콘셉트 제안의 본원적 업무는 하지 못하고, 다른 사업팀의 아이디어 검증과 같은 리서치 조직으로 전락하게 되거나, 아예 사라지는 운명을 맞이하게 된다. 아이러니한 것은 얼마 지나지 않아 또다시 기업이 새로운 이노베이션 조직을 만드는 고민을 시작한다는 점이다. 기업의 이런 모습은 이노베이션의 과실은 매우 얻고 싶어 하지만, 가죽을 벗기는 고통을 감수할 참을성은 부족하다는 현실을 단편적으로 보여준다고 할 수 있다.

이 책에서 지속적으로 이야기해온 바와 같이 이노베이션의 시작과 끝은 고객이다. 기업에서 이 점을 잘 주지하고 앞다투어 '고객중심'을 내세운 이노베이션 조직을 설치·운영하고 있으나 이런 노력을 성과로 연결시키기 위해서는 반드시 고려해야 할 점이 있다. 기업 내에 창의적 이노베이션 조직을 구성하고 이를 통해 고객중심의 경쟁우위를 지속적으로 유지하기 위해서는 구체적으로 무엇을 해야 할까?

다음 장에서 지속적인 이노베이션 조직 운영의 '머스트 두(must do)'에 대해 이야기해 보자.

이노베이션 조직 운영의 Must Do 리스트

기업 내에 고객중심의 창의적 이노베이션 조직을 만들고, 이 조직의 황금기를 지속적으로 유지하기 위해서 구체적으로 무엇을 해야 할까?

고객중심 이노베이션의 개념과 철학을 최고경영층에서 가지는 것이야말로 기업 내에 창의적 조직을 만들기에 앞서서 가장 먼저 해야 할 일이다. 나아가 최고경영층에서 직접 고객의 생활을 들여다보고 호흡하며, 여기서 느낀 것을 지속적으로 회사 내에서 강조해야 한다. 대부분의 최고경영층은 바쁜 업무로 인해 고객을 직접 만나 그들의 이야기를 듣거나, 신제품을 직접 사용해 본다거나 하기가 어려운 것이 사실이다. 그래도 시간을 억지로 내서라도 고객에 대해 관심을 가지고 그들의 니즈를 직접 확인해야 한다. 최고경영층의 고객 생활과 니즈에 대한 지속적인 관심과 참여는 회사 내에 고객중심 이노베이션 문화를 형성하는 원동력이 될 수 있다.

고객중심의 이노베이션을 명확히 정의하라

기업에서 이노베이션 업무는 전혀 새로운 일이 아니다. 혁신을 통한 성장은 기업 생존의 가장 확실한 방법이며 동시에 역량이었기 때문이다. 그렇기 때문에 고객중심 이노베이션을 기업 내에서 이야기하면 아이러니하게도 전혀 새롭지 않게 들리는 것이 현실이다.

그러나 기업 구성원에게 익숙한 기존의 이노베이션은 기술이나 사업에서 출발한 혁신이다. 고객을 중심으로, 고객에서 출발하는 이노베이션에 대한 정의와 방법은 그들에게 전혀 생소한 것이다. 기업 내에 창의적인 조직을 형성하는 단계에서는 반드시 이노베이션의 성격을 반영한 새로운 정의가 필요하다. 그리고 고객중심의 이노베이션이 모든 구성원에게 전파되고, 공감될 수 있도록 해야 한다. 이렇게 함으로써 혁신의 새로운 시각에 대해 모든 구성원이 인식하고 이노베이션을 위한 역량을 한데 모을 수 있다.

고객중심 이노베이션 조직을 CEO와 가장 가까운 곳에 두라

창의적인 조직은 반드시 CEO의 직속 조직에 편제해야 한다. 기업의 일반 구성원이 CEO의 의사결정과 지시에 따라 일을 하듯이 CEO는 그의 상관인 고객의 이야기에 늘 귀를 기울이고 고객의 지시에 따라 회사를 운영해야 한다. 그러기 위해서는 반드시 고객으로부터 인사이트를 전달하는 조직을 가까이 두고 여기에서 얻은 인사이트를 조직 운영에 반영해야 한다. 앞에서 이야기했듯이 고객중심 이노베이션 조직 성과의 현실화 시점이 미래에 있는 관계로 그 중요성에 대해서는 공감한다고 하더라도 자신의 밑에 두려는 임원은 많지 않다. 나 역시 고객중심 이노베이션의 업무에 종사하는 동안 직속 임원이 매년 바뀌었다.

고객중심 이노베이션 조직이 CEO 직속 부서에 속하지 않을 때 나타나는 문제는 고과권을 가진 조직장의 입맛에 맞게 고객의 이야기가 왜곡될 가능성이 있다는 점이다. 고객이 제품·서비스와 관련해서 처한 문제 상황이 왜곡되어 전달되기도 하고, 심한 경우에는 조작되기도 한다. 이런 왜곡과 조작은 기업의 발전을 저해하고 고객으로부터 외면받게 만드는 원인이 된다. 따라서 CEO는 이런 왜곡의 오류를 피하고 회사의 사업에 대한 고객의 냉정한 잣대를 가지기 위해서 고객중심 이노베이션 조직을 직접 관리해야 한다.

이노베이션의 리더는 고객임을 명심하라

기업은 시스템적인 운영에 의해서 비효율을 제거하고 효과를 극대화할 수 있다. 이로 인해 대부분의 회사가 수직적인 조직 구조를 가지게 되는 것이 일반적이다. 수직적 조직에서는 각 조직을 맡은 임원의 말이 절대적이며, 그들의 판단과 리더십에 의해 조직이 운영된다.

그러나 수직적 조직 운영은 고객중심의 이노베이션 조직에는 다소 어울리지 않는다. 왜냐하면 고객중심 이노베이션은 그 출발도 고객의 생활과 니즈이고, 결과도 고객에 의해 평가되기 때문이다. 다시 말해 기업의 이노베이션 업무에서는 고객이 최고 리더가 된다는 말이다. 그래서 기업의 의사결정자는 본인의 의사결정에 고객의 명령을 반드시 반영해야 한다.

경영층에서 새로운 사업을 하고자 할 때 유의해야 하는 것은 스스로가 그 사업의 주요한 고객이라고 믿는 것이다. 이 경우 근시안이 되기 쉽고, 결국 넘어지게 된다. 전략은 나만 보는 것이 아니라 상대와 환경을 보고 만드는 것이다. 고객에 대한 겸손함과 멀리 내다볼 줄 아는 지혜, 그리고 다양한 의견을 아우를 줄 아는 현명함이 필요하다.

남에게 시키지 말고 스스로 혁신하기

많은 기업이 이노베이션을 위해 여러 가지 시도를 하고 있지만 말처럼 쉽게 달성되지 않는다. 이노베이션이 기업 내 한 조직의 역할만으로는 부족하기 때문이다. 이노베이션 조직을 기업 내에 설치하고 창의적 문화를 조성하는 데 가장 중요한 역할을 해야 하는 사람은 최고 의사결정자이다. 최고 의사결정자는 혁신에 대한 의지를 반드시 구성원에게 보여주어야 한다. 스스로 열정적인 혁신의 전도사가 되어 고객의 이야기에 관심을 기울이고, 창의적이고 혁신적인 제도를 만들고 이것이 잘 전파되고 문화가 될 수 있도록 운영해야 한다.

고객중심 이노베이션의 목표는 고객 삶의 질을 높이는 것이다

고객중심 이노베이션의 궁극적인 목표는 단기적인 기업 이윤의 증대가 아니라 새로운 제품과 서비스로 고객 삶의 질을 지속적으로 높이는 데 두어야 한다. 고객이 지갑을 여는 순간은 제품과 서비스를 통해 자신의 생활이 조금이라도 업그레이드 될 수 있다고 생각이 들 때다. 그들의 삶을 개선해 주면 기업의 이윤은 자연스럽게 따라 올 것이다.

이노베이션을 위한 인재를 어떻게 구성할 것인가

이노베이션을 위한 조직은 어떤 인재로 구성되어야 할까? 이노베이션 조직에 속하는 구성원의 전문성과 성향은 창의적 조직의 성과에 중대한 역할을 미친다. 따라서 어떤 인재로 조직이 구성되는가 하는 것은 매우 중요한 고려사항이다.

먼저 이노베이션 조직의 구성을 위해서는 기존의 내부 구성원보다는 외부 전문가를 영입하고 그들만으로 할 것을 권장한다. 왜냐하면 내부의 다른 조직에 있다가 이노베이션 조직으로 이동하는 경우, 상대적으로 별다른 선입견이 없는 외부 전문가에 비해 회사에 꼭 필요한 이야기를 하지 못하는 경우가 발생할 가능성이 높기 때문이다. 외부 전문가를 영입해서 조직을 구성하면 혁신 문화의 조직 전파라는 이슈는 어떻게 할 것이냐는 의문이 들 수도 있지만, 기업 내의 다른 기능 부서를 상대로 한 교육과 협업을 통해 자연스럽게 해결할 수 있다고 본다. 그렇게 조직이 만들어지고 나면 그 이후의 신규 인력 또한 같은 방법으로 외부의 전문가를 영입하는 것이 효과적이다.

고객에게서 니즈를 발견하고 이를 바탕으로 신제품과 서비스의 콘셉트를 개발하는 일은 고도의 숙련도가 필요하다. 그렇기 때문에 일반 다른 기능 부서처럼 공채 신입사원을 받아서 그들을 배치하고 교육하는 일은 시간도 오래 걸릴 뿐더러 비효율적이다. 예를 들어 영국의 '왓이프 이노베이션(Whatif Innovation)'이라는 컨설팅 회사는 신입사원 선발 기준이 다른 업계에서 5년 이상 근무한 사람이다. 그만큼 전문성과 효율성을 중요시한다는 뜻이다.

창의적 조직의 인력 구성과 운영에서 무엇보다도 중요한 것은 인재 구성의 다양성이다. 다른 전문 기능 부서와 달리 고객을 직접 만나고 그들로부터 아이디어의 단서를 찾는 이노베이션 부서는 다양한 시각으로 고객을 이해하는 것이 필수적이다. 다시 말해 고객의 말과 행동에 대해 구성원 각자가 갖는 전문적인 시각에서의 분석과 서로 다른 시각의 합의를 통한 이해가 이루어지는 것이 중요하다. 이를 통해 고객 니즈에 대한 깊은 이해가 가능해진다.

다양한 인재 구성이 갖는 또 하나의 장점은 새로운 아이디어 발굴이다. 즉 고객 니즈와 문제점을 해결하기 위해 다양한 전문 분야의 솔루션을 모으고, 또는 이를 조합해서 최적의 솔루션을 만들 수 있다. 창의적인 솔루션으로 고객의 다양한 문제를 해결해 주는 세계적인 이노베이션 컨설팅 회사, 예를 들어 아이데오(IDEO), 프로그 디자인(Frog Design), 엔진 디자인(Engine Design), 왓이프 이노베이션, 어댑티브 패스(Adaptive Path), 점프 어소시에이션(Jump Association) 등도 인력 구성이 매우 다양하다.

내가 근무했던 조직에서도 인재 구성이 다양했는데, 동료 가운데는 마케팅, 소비자학, 디자인, 전자공학, 기계공학은 물론 사회학, 인류학, 심리학, 이론물리학, 물리치료학, 통계학, 문헌정보학, 불문학, 교육학 등을 전공한 석사 이상의 학력과 현장 경험을 가진 사람이 대부분이었다. 이런 다양한 분야의 전문가가 모여서 만들어내는 다이내믹스는 '구성원이 가진 전문성과 색깔이 달라서 업무가 효율적으로 될 수 있을까?' 하는 주변의 우려와는 달리 서로의 시너지를 극대화시켜 성공적인 업무 수행을 가능하게 했다.

이노베이션 조직을 다른 조직과 철저하게 분리하라

고객중심 이노베이션 조직은 반드시, 철저하게, 다른 조직과 분리되어 운영되어야 한다. 훌륭한 인재로 고객중심 이노베이션 조직을 세팅하고 이를 위한 환경적 뒷받침이 잘되어 있다고 하더라도, 일반 사업단위 부서의 하위 조직에 편제한다거나, 또는 다른 기능 부서의 업무 스타일을 따르게 하면 혁신 조직의 성과는 기대하기 어려워진다.

공을 들여 만든 조직인 만큼 그 색깔의 유지에도 신경을 써야 한다. 혁신 조직인 만큼 조직의 운영과 관리도 다른 부서와는 다른 방법을 택하라. 만일 사업부서 단위에서도 고객중심 혁신이 일어나길 바란다면 구성원 몇몇을 사업부의 일반 조직으로 이동 배치해 보아야 별 효과가 없다. 사업부서에 유사한 조직을 만들어 운영하거나, 창의적 조직에서 숙련된 구성원에게 기능 조직의 리더 역할을 부여하라. 한강에 에비앙 생수를 10트럭 갖다 부어도 여전히 한강물일 뿐이다. 새 술은 새 부대에 따라 담아서 관리하라.

고객중심 이노베이션 조직이 성공적인 역할을 수행하기 위해서는 회사 전체의 개발·생산 프로세스가 갖추어져 있어야 한다. 대부분 국내 기업의 신제품과 서비스 개발·생산 과정을 보면 그 출발점에 사업부서의 상품기획팀이 있다. 이들의 주도로 신제품과 서비스의 콘셉트가 정해지고, 이에 따라서 기술, 개발, 디자인, 마케팅, 판매 등의 기능 부서가 협업을 통해 새로운 제품과 서비스를 양산하는 과정을 거친다. 물론 다른 부서에서 신제품이나 서비스 콘셉트를 제안하는 경우도 간혹 있긴 하지만, 이 경우에도 제품이나 서비스 개발과 시장 출시는 상품기획팀의 선택에 달려 있다. 이는 상당히 효율적인 제품 개발 프로세스다. 단위 조직이 유기적으로 역할을 수행하도록 상품기획팀에서 전체적인 흐름을 조절하고 책임지기 때문이다.

하지만 이런 프로세스에 의해 제품과 서비스가 개발되었다고 하더라도 곧바로 성공적인 고객 반응으로 이어지는 데는 한계가 있다. 따라서 고객중심 이노베이션 조직의 참여와 협력이 필요하게 되는데, 전체 프로세스 과정에서 본다면 신제품과 서비스의 구상 단계가 가장 적합한 프로세스 단계. 상품기획자의 감각과 경험에 의한 차기 모델의 구상에 고객으로부터 나온 인사이트와 해결을 위한 아이디어가 더해질 수 있기 때문에 더욱 큰 고객의 호응을 담보할 수 있는 신제품과 서비스 개발이 가능해진다. 이렇게 신제품 개발 프로세스의 앞단에 고객중심 이노베이션 조직이 기여하도록 하기 위해서는 경영층의 의지와 지원이 필수적이다.

고객중심 이노베이션 조직의 성과는 어떻게 측정하고 평가·보상해야 할까? 앞에서 이야기한 것처럼. 당해년도의 매출과 이를 통한 이윤의 크기가 기업의 성과를 측정하는 지표로 사용되는 상황에서 고객중심 이노베이션 조직이 발굴해 내는 고객 인사이트와 이를 기반으로 한 새로운 제품과 서비스의 콘셉트는 제대로 평가받기가 어렵다.

창의적 조직의 구성원이 자주 하는 대화 중의 하나는 경쟁사나 관련 산업에서 새로 나온 제품과 서비스에 대한 것인데, 그들이 과거에 이미 회사에 제안했던 콘셉트와 유사하다는 것이다. 회사에서 선택받지 못했던 제품이나 서비스의 유사 콘셉트가 경쟁사에서 선택받고 시장에 출시되어 고객으로부터 좋은 반응을 얻는 모습을 지켜보기란 그다지 유쾌하지는 않을 것이다. 그리고 이런 경험은 당해년도 실적 위주의 평가 제도와 맞물려 구성원의 업무 의욕을 떨어뜨린다.

신제품을 개발하기 위한 많은 아이디어와 콘셉트를 발굴하고 보유하는 일은 기업에서 제품 생산에 필요한 원자재나 반가공 자재를 확보하는 일과도 같다. 따라서 고객중심 이노베이션 조직의 성과 측정은 광산에서 광부의 작업량을 평가하듯이 이루어져야 한다. 고객 인사이트와 신제품의 아이디어를 많이 도출했다면 이에 맞게 평가하고 보상해 주어야 한다. 치열한 기업 경쟁에서 승리할 수 있는 킬러 제품과 서비스 개발은 바로 이렇게 준비된 고객 기반 아이디어에서 시작된다.

우리 속담에 '모난 돌이 정 맞는다'라는 말이 있다. 이는 조직이나 단체에서 튀는 행동을 스스로 금하는 자기 통제의 당위성을 강요하는 말이다. 물론 조직의 질서에 반하는 행동을 하거나 피해를 입히는 것은 회사에 도움이 되지 않기 때문에 조심해야 하는 것이 맞다. 그런데 그것이 옳거나 필요하다면 주저없이 이야기할 수 있어야 한다. 고객으로부터의 인사이트가 상사의 생각이나 의지와 다르다고 해서 가만히 있으면 오히려 회사의 미래 이익에 큰 손해를 입힐 수 있는 일임을 인지해야 한다.

그러나 권한과 책임의 조직 논리 하에서 혁신 조직의 리더가 상사의 입장에 반하는 주장을 한다는 것은 아무리 고객의 진심이라고 하더라도 어려운 일임에는 틀림없다. 그래서 혁신 조직의 리더는 강한 정신력으로 조직 내에서 고객의 입장을 제대로 전달할 수 있는 사람이어야 하고, 회사 내에서 '악마의 변호인(devil's advocate, 일부러 반대 의견을 말하는 사람)' 역할을 할 수 있는 전문성과 자신감이 있는 사람이 맡아야 한다. 그리고 최고경영자는 그런 말—때로는 아플 수도 있는—에 귀를 기울여야 한다. 모난 돌이 정 맞는 회사 분위기라면, 모난 돌이 칭찬받고 인정받는 회사 분위기로 바꾸어야 한다.

또한 이노베이션 리더는 조직을 늘 재미있게 운영해야 한다. 새로운 제품과 서비스를 만들어내는 이노베이션은 상당한 에너지를 필요로 하는 일이다. 업무 과정에서 기존에 겪어보지 못했던 경험을 하기도 하고, 없었던 프로세스를 새로 만들어야 하기도 한다. 게다가 경쟁이 치열한 관계로 상당히 짧은 기간 안에 최고의 역량을 발휘해야 하는 상황이 주어지기도 한다. 그래서 이노베이션 업무를 담당하는 구성원은 스스로 에너지 관리에 많은 노력을 기울인다. 그러기 위해서 자신이 재미있어 하는 일에 몰두하는 성향을 보이므로, 자신의 재미 활동을 인정하고 지원해 주는 회사에서 일하기를 희망한다. 실제 업무를 수행할 때도 성공적인 프로젝트의 리더는 구성원 한명 한명의 에너지 상태를 점검하고 높은 수준으로 유지하는 것에 신경을 쓴다.

나와 함께 일을 했던 외국의 이노베이션 기업의 사례를 보자. 아침에 출근해서 업무를 시작하기 전에 가장 먼저 확인하는 것은 각 개인 구성원의 에너지 레벨이다. 간단한 게임을 통해 확인하기도 하고, 직접 묻기도 한다. 그리고 에너지가 떨어진 구성원이 있다면 — 원인이야 다양하겠지만 — 이를 높이기 위한 활동을 한다. 그것이 정신적인 에너지 상태라고 하면 다 함께 명상을 하거나, 가벼운 게임을 하거나, 신나는 음악을 듣거나 해서 흥이 나도록 만들고, 육체적인 에너지 상태가 낮아졌다고 하면 스트레칭을 하거나 당분이 많은 간식으로 에너지를 끌어올린다(사무실에 간식을 많이 두는 것에 인색하지 않고 또 언제든 먹는 것에 대해서도 눈치 주지 않는다). 아울러 근무 환경은 구성원이 가장 신이 날 수 있도록 조성하고, 근무 복장도 가장 재미있게 놀 때의 옷차림을 허용한다. 가장 흥이 났을 때 최고의 성과를 발휘할 수 있다고 믿는 것이다. 굳이 이야기하지 않아도 잘 알려져 있듯이 구글, 페이스북, 픽사(Pixar), SAP, 아이데오와 같은 기업의 업무 환경은 그야말로 파격적이다.

창의력은 자율적이고 창의적인 업무 환경에서 가장 잘 발현된다. 좋은 품질의 우유를 생산하는 젖소를 기르듯이 창의적이고 자율적인 업무가 가능한 환경을 세팅하고, 또 지속적으로 업그레이드하라. 다른 기능 부서의 업무 환경과 비교는 금물이다. 젖소와 일소는 일하는 방식도 다르고 생산하는 것도 다르다.

아울러 집중력을 높여주는 몰입의 근무 환경도 매우 중요하다. 창의력을 제대로 발휘하기 위해서는 단기간에 고도의 집중력이 요구된다. 따라서 창의적 조직의 구성원은 이노베이션 프로젝트를 수행하는 동안 고객의 생활 속에 철저하게 빠져 있어야 하며, 고객 니즈를 충족시켜주기 위한 아이디어를 발굴하고 콘셉트를 발전시킬 때도 마찬가지로 본연의 업무에 최대한 몰입해야 한다. 그래야 창의의 모멘텀이 유지되고 최상의 신제품·서비스 콘셉트 발굴이 가능하게 된다.

그럼에도 현실은 그렇지 못한 경우가 많다. 이노베이션 조직의 구성원에게 창의적 업무와 더불어 관리적·행정적 업무가 더해지기 때문이다. 이노베이션 조직을 R&D 조직으로 편제하고 이들을 위한 지원 부서를 설치·운영하는 것이 필요하다. 선진 이노베이션 컨설팅 회사의 조직 구조 역시 대부분 프로젝트에만 몰입하는 연구부서와 이들을 지원하기 위한 지원부서로 구성되어 있다(심지어 이들은 보고서 장표 작업을 전담으로 지원하는 팀도 따로 두고 있다). 창의적 이노베이션 조직의 구성원이 최대한 본연의 업무에 충실할 수 있도록 관리·행정 업무를 최소화해줄 수 있는 몰입의 환경을 조성해 주어야 한다.

한 기업의 전략을 짜기 위해서 흔히 하는 작업은 주요 부문에 대한 로드맵을 그려보는 것이다. 기술 진화의 로드맵을 그려서 앞으로의 기술 발전이 어떻게 진행될 것인지를 예측하고 이에 대응한다. 또 서비스나 제품의 출시 로드맵을 통해서 자사의 대응 전략을 구상한다. 그러나 기술, 서비스, 제품에 대한 로드맵에서는 과연 고객이 이에 따라 행동해줄 것인가에 대한 설득력은 떨어진다. 어떻게 대응할 것인지에 대한 답은 예측할 수 있어도 무엇을 만들어서 고객에게 제공할 것인가에 대한 답은 예측할 수 없다. 따라서 여기에 대한 해답을 가진 고객에게 물어보아야 한다. 고객의 현재 생활과 잠재 니즈를 통해 고객 라이프스타일의 미래 로드맵을 작성하라. 그리고 이를 기준으로 서비스, 기술, 제품의 로드맵을 겹쳐보라. 그럼 무엇을 만들 것인가에 대한 답이 보일 것이다.

어느 회사나 보고 문화라는 것이 존재한다. 그리고 대부분의 보고는 문서를 매개로 이루어진다. 어떤 보고 문화는 짧고 간단한 보고서를 선호하는 반면, 또 어떤 보고 문화는 장황한 보고서를 좋아한다. 나는 임원 보고임에도 200여 쪽이 넘는 보고서가 작성되는 경우도 보았다. 보고 문화가 어떤 스타일이든, 창의적 조직의 보고는 서류에 의존하는 형태를 지양하기를 권장한다. 창의적인 조직에서 의사결정자에게 실감 나게 전달해야 하는 것은 먼저 고객이 가진 문제점, 불편사항이다. 고객이 체험하는 불편사항을 의사결정자가 체감해서 올바른 의사결정을 하도록 도움을 주어야 한다. 그러고 나서 고객의 문제를 해결하는 솔루션을 의사결정자도 공감할 수 있도록 입체적으로 전달해야 한다. 보고의 목적은 의사결정자를 이해시키기 위한 것이 아니라 그들도 고객의 문제에 공감하고 이를 해결하기 위해 움직이도록 만들기 위한 것이다.

한편 이노베이션 업무는 흐름(momentum)이 중요하다. 고객의 이야기에 공감하고 이해하는 순간 바로 이의 해결을 위한 솔루션이 도출되는 프로세스가 중요하다. 그럼에도 현실은 중간보고라는 절차에 의해 흐름이 끊어지는 경우가 많다. 그리고 여기에 보고 문화가 영향을 끼치면 고객 분석과 이를 기반으로 한 신제품 아이디어 도출 작업은 중단되고, 중간보고의 형식과 보고서의 완성도를 높이는 데 역량을 쏟게 된다. 의사결정자는 고객중심 이노베이션의 업무에서 이런 흐름이 끊기지 않도록 중간보고를 과감하게 생략할 것을 지시하길 바란다. 그 대신 자주 방문해서 그들의 업무를 관찰하라. 그럼 중간보고를 받지 않아도 궁금한 것은 다 알 수 있다.

문제아에게 좀 더 귀를 기울여라

이노베이션의 중요한 단서는 말도 안 되는 엉뚱한 상상과 이를 실현하려는 무모한 용기에서 찾을 수 있다. 말 잘 듣고 충직한 구성원 못지않게 도전적이고, 무모하며, 때로는 비판적인 구성원의 이야기에 귀를 기울여야 한다. 고객의 경우도 충성고객 못지않게 안티고객의 이야기도 귀기울여 들기 바란다. 그들이 당신의 회사 제품이나 서비스에 대해 가진 불만은 곧 고객 전체의 불만이 될 수도 있음을 명심하라.

고객중심 이노베이션의 DNA를 모든 구성원에게 이식하라

창의적 조직을 구성하고 여기서 나온 결과물이 실제 기업의 성과에 도움이 되려면 회사의 모든 구성원이 고객중심 이노베이션에 대해 이해하고 공감해야 한다. 기업의 경영진이 의지를 가지고 고객중심 이노베이션의 바람을 일으키려고 해도 구성원이 이노베이션의 이유를 이해하지 못하고 필요성을 공감하지 못하면 찻잔 속의 태풍이 될 수밖에 없다. 고객중심 이노베이션이 실패하는 가장 큰 이유 중의 하나가 바로 이노베이션 조직과 의사결정자를 제외한 일반 구성원의 공감을 얻지 못하는 것이다. 공감하지 못한 구성원은 고객중심 이노베이션이 구호에 불과하다고 생각한다. 임원이나 관리자조차도 그렇게 생각하는 경우를 많이 보아왔다.

"고객은 아무것도 몰라."

"우리 제품이 얼마나 좋은지 알려줘야 해."

"회사에서는 고객중심 혁신을 강조하지만, 두고 봐. CEO가 바뀌면 곧 다시 예전처럼 돌아갈 거야."

이는 기업이 생존을 포기하는 것과 같다고 생각한다. 변화를 통해 성장하지 않으면 고객은 등을 돌리고 자연스럽게 기업은 도태되고 만다. 이런 현실이 구성원에게 깊이 인식되어야 한다. 그러기 위해서는 단순히 구성

원을 대상으로 한 전형적인 전파 교육을 넘어서는 새로운 공감의 방법이 필요하다. 신입사원에서 CEO에 이르기까지 고객의 생활을 직접 접해 보아야 한다. 그리고 고객과 공감하고 고객의 문제를 해결해 주는 경험을 직간접적으로 해보는 것이 중요하다(애석하게도 회사의 높은 위치에 있는 분들은 고객과 만나지 않는 경우가 많다. 고객의 문제에 대해 공감하지 못하는 것이 당연하다). 한두 번 해보는 것으로는 부족하다. 고객중심 혁신을 통한 성과를 평가에 반영하는 등의 제도도 활용해서 회사의 구성원 모두가 고객중심 이노베이션의 DNA가 생기게 하라. 이렇게 하면 고객과의 신뢰가 형성되고 이는 곧 기업의 성과로 나타날 것이다.

지속적으로 혁신하라

혁신은 한 번 하면 끝나는 일회성의 캠페인이 아니다. 지속적으로 이루어져야 한다. 여러분의 회사가 혁신을 게을리하는 순간, 이미 고객은 경쟁사의 제품과 서비스를 사용하고 있을 것이다. 지속적인 혁신을 통해 고객으로 하여금 다음의 혁신 제품과 서비스를 기대하게 만들어라. 이렇게 되면 회사는 이미 스타 회사가 된 것이다.

경쟁사의 제품·서비스도 경험하라

흔히 기업에서는 조직 구성원이 직접 자사 제품과 서비스를 실제 생활에서 사용하는가 여부로 조직에 대한 구성원의 충성도를 확인하고자 한다. 하지만 구성원이 너무 자사 제품과 서비스만 이용하면 고객을 이해하고 공감하는 능력이 낮아진다. 고객이 왜 경쟁사의 제품과 서비스를 선택하는지 이유를 파악하기 어렵기 때문이다. 아울러 경쟁사의 제품과 서비스의 장점을 벤치마킹할 수 있는 기회도 잃게 된다. '지피지기 백전불태(知彼知己百戰不殆)'라고 하지 않았는가? 적어도 창의적 조직의 구성원은 자사는 물론 경쟁사의 제품과 서비스를 직접 경험해서 고객과 같은 수준에 있어야 한다. 그리고 의사결정자도 반드시 얼리어답터가 되어 고객이 좋아하는 모든 제품과 서비스를 직접 경험해야 한다.

다른 업계도 기웃거려라

요즘 같은 융합의 시대에서는 회사가 속한 업종 내에서 안주하면 안 된다. 이종 제품, 이종 서비스, 이종 산업 간의 융합은 이미 시작되었고 앞으로도 계속될 것이다. 회사에서는 보통 업계의 동향을 파악하고 자사의 제품과 서비스를 홍보하기 위해 관련 전시회에 참석하거나 참관한다. 여기에만 머무르지 말고 다른 업종의 흐름에도 항상 눈과 귀를 열어두어라. 혁신적인 아이디어의 단서를 그곳에서 찾을 수도 있다. 이종 업계에서 고객의 문제를 해결하고 고객 삶의 질을 향상시키는 법을 배워서 혁신적인 솔루션으로 활용할 수도 있다.

CHAPTER

창의의 젖소 탄생

인문학에서 배워라

    새로운 디자인과 제품의 콘셉트를 만드는 혁신 과정에서 인문학적인 접근은 매우 중요한 역할을 한다. 최근 들어 기술이나 디자인에도 인문학을 융합하려는 시도가 많은데, 상당히 바람직한 모습으로 보인다. 그러나 현업에서 디자이너와 기획자가 인문학을 이용하여 새로운 제품과 디자인을 만드는 것은 여전히 쉽지 않다. 디자이너나 기획자를 위한 인문학 클래스에서는 주로 문학이나 역사에서 재미있는 사실이나 해석 방법을 알려줄 뿐 어떻게 그러한 인문학적 지식을 현업에 연결시킬 수 있는가에 대해선 말해 주지 못하는 듯하다.

    그럼 디자이너와 기획자의 신제품·서비스 개발 업무에 어떻게 인문학을 이용할 수 있을까? 실제 현업의 담당자는 모를 가능성이 높지만 인문학을 디자인이나 기획에 접목하는 데 가장 널리 알려지고 애용되는 방법은 사용자 시나리오를 구성하는 것이다. 디자이너와 기획자는 새로운 디자인·제품 콘셉트를 만든 다음, 이 콘셉트가 어떻게 사용자의 실생활에 적용이 되는지 보여주기 위해 사용자 시나리오를 만든다(이런 사용자 시나리오는 대개 의사결정자를 위한 프리젠테이션용으로 제작이 되고, 보고용으로만 활용되는 경우가 많다).

이것은 인문학에서 인간의 삶을 다루는 것과 유사하다. 조금 다른 측면이 있다면, 기존의 사용자 시나리오는 제품이나 디자인이 주연이고 사용자는 조연으로 등장해서 마치 사용설명서의 동영상 버전 같은 모습이라는 점이다. 이런 사용자 시나리오는, 미안하지만, 대부분의 의사결정자가 보지 않는다. 본다고 하더라도 이에 대해서 별 코멘트를 하지 못한다. 왜냐하면 그 시나리오가 자신에게 와닿지 않기 때문이다. 제품이나 디자인이 주연이 아니라 사용자가 주연이 되도록 스토리를 구성하고, 새로운 제품·디자인이 사용자에게 주는 가치가 시나리오의 소비자, 즉 의사결정자에게 공감을 불러일으키도록 만들어야 한다. 제대로 된 사용자 시나리오는 이를 감상한 사람에게 영감을 줄 수 있어야 한다. 마치 좋은 문학 작품을 읽은 사람이 그러하듯이 말이다.

새로운 디자인·제품 콘셉트를 개발하는 이노베이션에서 인문학의 적용이란 인문학적 이해와 통찰을 통해서 사용자의 근본적인 니즈를 이해하는 것이다. 인문학은 사람과 관련된 세상만사를 이해하는 모든 학문적 활동을 포함한다. 사상, 철학, 문학, 종교, 역사 등은 모두 그 중심에 인간이 있으며, 인간의 다양한 욕구와 니즈가 상상력으로 발현되어 다양한 인문학의 형태로 표출된다. 세상에 전혀 없던 새로운 개념이 만들어지기도 하고, 실현 불가능한(현재로는) 일이 문학 작품 속에서는 마치 현실처럼 구현되기도 한다. 그리고 이런 상상력의 근원에는 인간이 가진 현실의 문제를 해결하고 싶은 니즈와 욕구가 반영되어 있다.

따라서 인문학에 표현되어 있는 다양한 인간 상상력의 결과물을 탐색하고 이것이 어떠한 니즈에서 출발했는가를 역으로 추적해 나감으로써 사용자의 근본적인 니즈를 이해할 수 있다. 그리고 이렇게 파악된 니즈는 새로운 제품과 디자인 개발에서 매우 중요한 콘셉트의 방향으로 활용될 수 있다.

인문학적으로 재해석한 로봇에서 영감 얻어

예를 들어보자. 나는 로봇산업을 대상으로 '로봇에 관한 사업을 한다면 어떻게 진행해야 할까?'라는 리서치 프로젝트를 수행한 적이 있다. 회사에서는 로봇 자체가 매우 복잡하고 기술적인 속성이 많이 담겨 있는 개념으로 받아들이는 상황이었고, 전체 로봇 프로젝트의 최종 결과물 또한 기술적 속성이 많이 담길 것을 기대하는 듯했다. 하지만 로봇 기술의 발전과는 별개로, 그렇다면 과연 사람들은 어떤 로봇을 바라는가를 밝히는 것이 프로젝트팀의 역할이고 목표였다.

그 해답을 얻기 위해서 다양한 리서치를 진행했다. 가정용 청소 로봇과 교육용 로봇을 만드는 업체의 대표와 개발자를 만나서 인터뷰도 진행하고, 로봇 제작과 로봇 축구 대회에 참가하는 학생들을 만나기도 했으며, 심지어 로봇 청소기를 사용하는 사용자도 만나서 어떤 로봇을 원하는지 파악했다. 이를 통해서 로봇 산업이 주로 정부의 지원에 의해 이루어지고 있다는 것과, 로봇이 또 하나의 스포츠 장르로서의 가능성이 있다는 점, 그리고 사용자는 로봇과의 인터렉션을 원한다는 점(로봇 청소기 사용자의 경우, 로봇 청소기에 이름을 붙이고 말을 걸기도 했다. 최근에 배우 류승용 씨 목소리가 나오는 로봇 청소기가 이런 사용자의 니즈를 어느 정도 해결해 주고 있는 듯하다) 등을 확인할 수 있었다.

그런데 사용자를 직접 조사해서 얻은 결과는 흥미롭기는 했으나 사용자가 어떤 로봇을 원하는가에 관한 답은 여전히 얻기 어려웠다. 그러던 중에 서울에 로봇박물관이 있다는 것을 확인하고 찾아갔다. 로봇박물관이라고 해서 다양한 최첨단 로봇이 전시되어 있을 것으로 기대했는데, 위치가 무슨 과학단지도 아니고 서울 대학로 뒷골목의 어느 건물 2·3층이라는 것이 다소 의아했다. 그곳에서 인상적이었던 것은 그동안 기술적인 것으로만 인식하고 있던 로봇의 개념을 인문학적으로 재해석해 놓았다는 점이었다. 사람들이 언제부터 로봇의 개념을 생각하기 시작했는지, 로봇이 문학 작품에 최초로 등장한 것은 언제였는지('로봇'이라는 단어는 1921년 체코의 소설가 카렐 차페크(Karel Capek)가 희곡에서 사용한 것이 시초였지만, 그 이전인 18~19세기 문학작품에서도 피노키오나 프랑켄슈타인 등과 같이 로봇을 상징하는 등장인물이 있었다), 사람들의 로봇에 대한 기대와 니즈가 어떻게 문학 작품에 반영되어 있는지에 관해서 살펴볼 수 있는 내용이 다양하게 전시되어 있었다. 아이들이 가지고 노는 장난감에서부터 즐겨 보는 만화영화, 공상 과학 영화, 소설에 이르기까지 로봇을 다루고 있는 인문학의 영역이 다양하다는 사실도 확인하게 되었다.

내가 흥미롭게 발견한 사실은, 이런 다양한 장르에서 로봇을 묘사하고 있는 속성이었는데, 대부분의 로봇이 인간과 신체 구조가 유사하고, 지능이 있으며, 인간보다 훨씬 힘이 세고, 인간과 소통한다는 점이었다. 다시 말하면, 사람이 원하는 로봇의 이미지는 위의 속성이 포함되어야 한다는 의미로 해석되었다. 이는 내가 프로젝트를 수행하는 데 중요한 영감이 되었다. 이 덕분에 나는 세계 각국에 나와 있는 현재 로봇의 형태와 속성을 파악하고 세계인의 로봇 개념도 비교했다.

인문학의 힘 ─ 현실로 걸어가는 감성적 로봇을 향한 소망

이를 통해 얻는 결과는 매우 흥미로웠다. 아시아·유럽·미국인이 로봇에 대해 인식하고 기대하는 바가 각각 달랐다. 유럽인의 로봇 개념은 주로 산업 현장에서 인간의 노동력을 대신하는 기계였고, 미국인의 개념은 의료나 전쟁과 같은 영역에서 인간의 능력을 향상시키는 존재였다. 우리나라와 일본의 개념은 인간과 소통하고 이를 통해 관계를 형성하는 측면에 집중했다.

따라서 유럽은 산업용 로봇, 미국은 의료나 군사용 로봇, 그리고 우리나라와 일본은 휴머노이드 로봇을 개발할 것으로 사용자가 기대한다고 정의할 수 있었다. 일본에서 로봇 장남감, 로봇 애완동물, 아시모와 같은 휴머노이드가 나오는 것도 이와 같은 맥락에서 보면 이해할 수 있다.

여러분도 한번 생각해 보길 바란다. 로봇을 떠올리면서 어떤 것을 기대하는가? 그들과 소통하기를 바라지는 않는가? 마치 어린 시절 본 '아톰'이나 '은하철도999'의 주인공을 떠올리지는 않는가?

인문학에 반영되어 있는 허구(fiction)는 현실을 살아가는 인간의 니즈가 반영되어 표출되는 것이다. 그래서 이를 역으로 분석하면 사람들의 근본적인 니즈를 파악할 수 있고, 이는 새로운 제품과 디자인을 개발하는 역할을 담당한 사람에게 좋은 영감을 제시할 수 있다. 인문학을 접할 때도 재미와 더불어 '왜?'를 한 번쯤 고민해 보자. 중요한 창의력의 원천임을 확인할 수 있다.

2
필요하다면 훔쳐라

나는 가끔 이런 질문을 받곤 한다.

"어떻게 하면 기발한 아이디어가 잘 떠오를까요?"

"어떻게 하면 창의적이 될 수 있을까요?"

"무엇을 하면 창의적이 될 수 있나요?"

흔히 '창의적이다'라는 표현은 독창적이고 기존에는 전혀 존재하지 않았던 완전 새로운 것으로 인식되는 경우가 많다. 그러나 조금만 생각해 보면, 과연 하늘 아래 완전히 새로운 것이 과연 존재할까 싶다. 무(無)에서 유(有)를 창조하는 일이 가능할까? 세상의 모든 창작은 기존의 발명과 지식에 기반해서 생겨나는 것이 대부분이고, 다른 사람이 이미 오래전부터 생각해 오던 콘셉트가 실제로 구현되면서 새롭게 느껴지는 것이 많다. 다시 말해서 이미 존재하는 아이디어를 실제로 구현하고 기존의 것을 벤치마킹하는 데서 창작이 시작되므로 창의적이 된다는 것도 결국 '베끼기'에서 출발한다는 의미다.

예를 들어보자. 일반적으로 개발도상국이 선진국으로 진입하는 패턴을 보면, 먼저 값싼 노동력을 바탕으로 한 선진국의 생필품 제조국 역할로 시작해서 시간이 지날수록 품질이 좋은 제품 생산력이 높아지게 된다. 그 다음은 개발도상국 자체 브랜드의 제품이 나오기 시작하는데, 여전히 가격 경쟁력이 중요한 경쟁 요소다. 마지막으로 개발도상국에서 기존 선진국의 제품이나 서비스를 뛰어넘는 새로운 제품이 출시된다.

가까운 일본의 발전 과정이 그 좋은 사례다. 일본은 2차 세계대전 패망 후 미국이나 유럽산 제품의 복제품 생산국이었다. 그러다가 특유의 정밀함으로 품질 좋은 제품을 생산하기 시작했고, 이후 자신만의 독창적인 제품과 서비스로 선진국 반열에 진입하게 되었다. 일본의 자동차, 전자제품 등의 성공 사례가 대표적이다.

일본뿐 아니라 최근 스마트폰 시장에서 위협적인 존재로 등장하는 중국 업체에서도 이런 발전 과정을 찾아볼 수 있다. 샤오미의 경우는 스마트폰 기획, 디자인, 마케팅에 이르기까지 이미 성공한 기업의 제품을 대부분 모방하는 데서 시작해서 성공한 사례다. 단순히 베끼기만 하다가 이제는 그들의 능력으로 독창적인 제품까지 생산해 내기 시작했다.

우리나라 대기업도 비슷한 사례다. 산업화 초기에는 선진국의 제품을 똑같이 따라 만들다가 점차 발전해서 지금의 세계적인 면모를 갖춘 경우가 많다.

아마도 여러분은 이런 사례가 회사나 국가 차원이라면 몰라도 개인 차원에서는 찾아보기 어렵다고 생각할지 모른다. 그렇다면 창의적인 개인이라고 인식되는 예술가라면 과연 어떨까? 사람들은 보통 그들이 상당히 독창적이고 기발하다고 생각한다. 그리고 그들의 크리에이티브를 닮고 싶어 한다. 그런데 몇몇 유명 예술가가 스스로 직접 밝힌 창의의 과정을 직접 들어보면 다음과 같다.

> "세상에 새로운 것은 없어요. 나에게 영감을 주거나 상상력을 북돋을 수 있는 모든 것을 베끼는 것에서 창작은 시작됩니다. 옛날 영화, 신작 영화, 음악, 책, 회화, 사진, 시, 꿈, 잡담, 건축물, 다리, 거리의 간판들, 나무, 구름, 흐르는 물, 빛, 그리고 그림자… 등등에서 나에게 영감을 줄 수 있는 그들의 속성을 훔치는 겁니다. 이렇게 함으로써 나의 작품은 독창적이라고 사람들이 이야기하지만, 독창성이라는 것은 존재하지 않아요."
>
> — 짐 자무쉬(Jim Jarmusch, 영화감독)

> "그냥 다양한 것을 콜라주(사진 찢어 붙이기) 하세요."
>
> — 밥 딜런(Bob Dylan, 음악가)

> "만일 한 작가의 것을 베끼면 그건 표절이죠. 하지만 여러 작가들에게서 베끼

는 것은 연구이고 창작이 됩니다."   - 윌슨 미즈너(Wilson Mizner, 작가)

"당신이 한 사람의 예술가를 따라 한다면 사람들은 당신에게 아류라고 할 거예요. 그러나 여러 명의 예술가를 따라 한다면 사람들은 당신을 독창적이라고 할 겁니다."   -게리 펜터(Gary Panter, 일러스트레이터)

"내 중요한 취미 중의 하나는 스카치테이프를 이용하는 거예요. 책을 보다가 다르고 재밌는 것을 오려서 스카치테이프로 붙이기를 하죠. 그리고 이것을 나만의 이야기로 만듭니다."   - 루이 암스트롱(Louis Armstrong, 음악가)

"예술은 도둑질이다."   - 파블로 피카소(화가)

놀랍게도 이들은 베끼기가 창의의 출발임을 강조한다. 그리고 눈치 챘겠지만, 이들이 강조하는 베끼기는 단순히 잘 베끼는 것이 아니라 이를 통해서 재해석하고 재배열하여 자신만의 이야기로 만들어내는 것이다. 이런 관점에서 보면 사실 우리는 창의적이 되는 방법을 이미 알고 있는지도 모른다. 우리가 무엇을 배운다는 것은 결국 조상이나 다른 사람이 만들어놓은 것을 따라 하고 베끼는 것과 같은 과정이라고 할 수 있다. 화가가 되기 위해서는 기존의 유명 화가가 그린 작품을 많이 감상하고 따라 그린다. 작가나 영화감독이 되기 위해서도 마찬가지다. 기존 작가의 작품을 베끼는 것이 어느 정도 수준에 다다르면 그제서야 자신만의 작품을 만들 능력이 생겨나고, 나아가 그보다 나은 작품도 만들 수 있다.

이노베이션 업무에 종사하는 사람도 마찬가지다. 조금 다른 것이 있다면, 베끼는 대상이 굳이 성공한 아이디어가 아니어도 되고, 성공한 회사의 사례가 아니어도 된다는 점이다. 고객의 불완전한 아이디어를 베끼고, 성공한 회사의 제품을 모방해 보자. 거기서 영감을 얻을 수 있다. 그러기 위해서는 많은 회사의 제품과 서비스를 써봐야 하고, 많은 사용자의 아이디어를 들어야 한다(회사의 어떤 사람들은 다른 회사의 제품과 서비스를 쓰는 것에 대해 부정적인 시선으로 바라보기도 하는데, 상당히 안타까운 일이다. 오히려 다른 회사의 제품과 서비스를 사용해 보는 것은 투자에 가깝다).

아울러 이렇게 얻는 아이디어를 늘 기억하라. 만일 기억력에 자신 없다면 노트를 들고 다녀라. 베끼는 것은 나쁜 일이 아니다. 창의적으로 승화될 수 있다면 말이다.

누구나 창의의 젖소가 될 수 있다
– 창의적 인재 To-do 리스트

"창의성(creativity)을 발휘하라", "창의의 젖소가 되라"는 말을 듣는 대다수의 일반인은 '창의적'이라는 말에 거부감을 느낄 수 있다. 창의성이란 디자이너나 예술가만의 전문 영역이라고 치부하고 자신과는 거리가 멀다고 생각하기 일쑤이기 때문이다.

하지만 디자이너나 예술가도 처음부터 창의적이었던 것은 아니다. 물론 천재적인 재능을 타고난 인물도 있지만, 대다수의 창의적인 사람은 꾸준한 노력으로 창의성을 가지게 된 경우가 많다. 그럼에도 사람들은 예술가나 디자이너의 창의력이 타고난 것이라고까지 생각하기도 한다.

같은 맥락에서 고객으로부터 인사이트를 도출하는 일도 마찬가지다. 대다수의 사람은 그 업무가 전문지식을 갖추고 고도의 훈련을 받은 사람만이 할 수 있는, 쉽게 따라 할 수 없는 영역이라고 생각한다. 맞는 말이다. 하지만 이 역시도 꾸준한 노력에 의해 전문 역량을 길러 나가면 가능하다. 그러면 고객중심 이노베이션 전문가, 즉 창의의 젖소가 되는 구체적인 방법은 무엇일까? 다음의 연습을 해보도록 권한다.

회사가 요구하는 창의성은 거창한 것이 아니다

여러분이 몸담고 있는 조직에서 원하는 창의성이란 예술가의 창의성이 아니다. 세상에 하나밖에 없는 거창한 독창성을 요구하지도 않고, 고난도의 기술과 재주가 필요한 예술성을 원하지도 않는다. 기업에서 요구하는 크리에이티브란 최소한의 변화로 최대의 성과를 낼 수 있는 방법이고, 결과적으로 많은 사람이 좋아할 수 있는 신제품과 서비스 생산을 통해 이윤을 올리는 데 기여하는 창의성을 의미한다. 그러므로 자신의 영역에서 크리에이티브를 정의하는 것이야말로 이노베이터가 되는 출발점이다.

아이디어 발상은 고객 행동 관찰에서 시작하라

대다수의 일반인이 창의성을 발휘하는 일을 어려워하는 이유는 아이디어를 내는 것이 어렵다고 느끼기 때문이다. 앞서 이야기한 것처럼, 아이디어를 내는 일은 창의적인 재능을 타고난 사람만이 할 수 있는 것도 아니고, 아이디어를 내는 방법론을 많이 알고 있다고 해서 가능한 것도 아니다. 실제로 창의적 아이디어를 내는 방법은 수백여 가지가 넘는다.

창의적 아이디어를 내는 방법론을 가장 잘, 그리고 많이 아는 곳은 학교일 것이다. 학교는 방법론 지식의 전문가가 되기에 좋은 곳이 될 수는 있다. 하지만 성공적인 아이디어는 방법론을 많이 안다고 해서 발상해낼 수 있는 것은 아니다.

그렇다면 아이디어 발상은 어디에서 시작해야 할까? 바로 대상이 되는 고객의 행동과 생활을 깊이 관찰하는 것에서 시작해야 한다. 학생 시절, 시험 문제를 풀기 위해서 온갖 방법을 떠올렸던 것처럼, 고객의 행동과 생활 속에서 문제를 발견하고 이를 푸는 과정에서 자연스럽게 여러 아이디어가 떠오르기 시작할 것이다. 따라서 고객의 행동과 생활을 늘 관찰하고 거기에서 발견되는 문제를 찾는 연습을 계속하라.

고객 행동의 이유를 파악하는 방법을 익혀라

고객이 어떤 행동을 하든지 모두 이유가 있다. 그 이유에 대해 관심을 가지고 '왜?'를 거듭 물어보는 습관을 가져라. 고객 문제의 본질을 이해하면 아이디어 발상의 방향이 정해진다.

아이디어를 내기 위한 방법론을 공부하라

아이디어를 도출하는 창의적인 방법을 학습하고 반드시 현실에서 적용해 보자. 방법론이 내 것이 되면 아이디어 내는 일이 수월해진다.

거듭 강조하지만, 이노베이션 과정은 많은 에너지를 필요로 한다. 건강한 식습관을 유지하고 틈틈이 운동해서 정신적·육체적으로도 최상의 상태가 되도록 노력하라.

고객조사를 통해 고객의 문제를 이해했다고 하더라도 고객이 느끼는 것처럼 공감하지 못하면 고객이 만족할 만한 아이디어를 도출하는 데는 한계가 있다. 누구든 내 문제라고 생각해야 최상의 솔루션을 도출할 수 있다. 연기력이 출중한 배우가 자신의 역할에 대해 가지는 공감력을 배우자. 좋은 배우는 자신이 맡은 배역의 인물을 자신과 동일시함으로써 관객에게 감동을 주는 연기를 해낸다고 한다. 소설이나 영화를 감상하고 주인공의 감정을 이해하는 연습을 해보자.

현업에서는 고객을 연구할 시간을 많이 배려하지 않는다. 대개의 경우, 한 명의 고객과 조사를 위한 만남은 한 번에 그친다. 그래서 한 번의 현장 방문에서 고객의 생활과 문제를 파악하는 직관의 힘을 가진다면 창의력 함양에 매우 유리하다.

직관뿐만 아니라 세밀한 관찰 능력도 중요하다. 명탐정 셜록 홈즈의 추리 방법을 아는가? 셜록 홈즈가 등장하는 추리소설이나 영화, 또는 TV 시리즈를 통해 확인해 보자. 그는 추리 대상에 대한 기본 정보와 사건 현장의 관찰을 통해 사건 해결의 실마리를 찾는다. 오감을 활용한 관찰력을 길러서 고객이 말하지 않지만 은연중에 드러내는 것을 찾아내라. 번잡한 거리에서 오가는 행인을 관찰하는 것도 좋은 연습이다.

스토리 구성 능력을 길러라

고객 연구도, 새로운 제품과 서비스의 콘셉트를 만드는 일에도 스토리를 구성하는 능력이 필요하다. 고객이 특정 행위를 했을 때의 상황을 스토리로 전달하면 의사결정자에게 고객을 이해시키는 데 매우 효과적이다. 마찬가지로 신제품이나 서비스 콘셉트를 고객의 생활 속에 녹아든 모습으로 의사결정자와 고객에게 설명하면 전달력이 크게 높아진다. 스토리 구성 능력을 배양하기 위해서는 소설, 드라마, 영화 등을 자주 감상하는 것도 좋고, 자신이 경험한 일을 상세하게 이야기식으로 적는 연습을 하는 것도 도움이 된다.

아이돌이 되라(팀워크를 길러라)

여러분은 자신이 레오나르도 다빈치, 고흐, 아인슈타인, 에디슨 같은 천재라고 생각하는가? 그렇지 않다면 동료들과 함께 작업하는 데 능해져야 한다. 각자가 가진 능력을 최대한 발휘해서 최선의 성과를 내는 연습을 해야 한다. 팀워크를 발휘한다는 것은 쉬운 일이 아니다. 반드시 오랜 시간의 연습이 필요하다. 신뢰를 기반으로, 자신을 내세우기보다는 다른 팀원의 능력을 인정하고 존중해 주어야 한다. 그리고 성과는 개개인의 기여도가 다르다고 하더라도 팀 전체의 성과로 돌려야 한다. 마치 아이돌 그룹이 각자의 역할에 충실함은 물론 전체와의 하모니를 통해 완벽한 퍼포먼스를 보여주는 것과 같은 팀워크를 만들어야 한다. 이를 기르기 위해서는 팀원과 함께하는 시간을 늘이고 사적인 대화를 많이 나누어라. 친해지면 팀워크는 자연히 길러진다.

고객에겐 모범생이 되고 기업에선 우등생이 되라

학창 시절 주변 사람들이 칭찬하는 말에는 두 가지가 있다. 하나는 '모범생'이고, 다른 하나는 '우등생'이다. 모범생은 행동거지가 발라서 남의 모범이 되는 학생을 의미하고, 우등생은 남보다 뛰어난 능력을 가진 학생을 의미한다. 모범생은 선생님이나 윗사람 말을 잘 듣고 거스르지 않는다. 하지만 우등생은 모범생이 아니어도 될 수 있다. 다시 말해 때로는 선생님이나 윗사람의 말에 다른 의견을 내거나 심지어 거부를 해도 우등생은 될 수 있다는 말이다.

고객에게는 모범생이 되기 위해 노력하라. 고객이 여러분 회사의 제품과 서비스에 대해 하는 이야기, 그리고 잠재적 니즈에 대한 이야기를 잘 듣고 그들이 원하는 신제품과 서비스를 개발하라.

그리고 회사 내에서는 고객 인사이트와 신제품 콘셉트 발굴의 우등생이 되려고 노력하라. 기업 간의 경쟁이 치열한 상황에서 기업이 추구하는 이노베이션에 모범생은 없다. 단지 우등생만이 존재할 뿐이다. 상사에게 모범적인 회사 생활로 인정받기보다는 획기적인 제품과 서비스의 개발로 인정받으려고 노력하라. 이를 위해서는 멈추지 않는 패기, 혹시나 회사에 찍히지 않을까 하는 두려움과 맞서는 용기가 필요하다. 여러분이 생각하는 것과 달리 회사는 용기 있는 구성원을 선호한다. 의사결정자에게 자신이 생각하는 고객 인사이트와 아이디어를 용기 있게 제안하는 연습을 하라.

자주 그림을 그리는 연습을 하라

이미지를 그리는 것은 아이디어를 구체화하는 데 도움이 될 뿐만 아니라, 아이디어를 다른 사람한테 전달하는 데도 효과적이다.

다양한 사람과 어울려라

그들이 가지고 있는 다양한 경험과 지식은 중요한 아이디어의 소스가 된다. 그리고 그들이 경험한 생생한 이야기를 들을 수 있다. 인터넷이나 신문을 뒤져서 죽은 이야기를 더는 찾지 말라.

트렌드를 따라 가라

어색하고 이상하다고 트렌드에서 멀어지는 순간 구닥다리가 된다.

어떤 전시회든 가리지 말고 가라

다른 사람의 창작에서 많은 것을 훔칠 수 있는 중요한 순간이다. 필요하다면 노트 하라. 하지만 절대로 리포트는 금물. 이것은 기자의 몫으로 남겨

두자.

포스트잇을 담아, 자주 활용하라

떠오른 아이디어를 포스트잇에 기록하면 나중에 이들을 재료로 콘셉트를 위한 여러 가지 다양한 조합과 배열이 가능해진다. 게다가 모든 아이디어를 한눈에 볼 수 있다. 단 주의할 것은 포스트잇 한 장에는 하나의 아이디어만 기록하는 것이다.

창의적인 사람과 어울려라

어느 순간 당신도 창의적인 사람이 되어갈 것이다.

가끔은 평소와 다르게 행동하라

평소와는 다른 교통수단을 이용해 보기도 하고, 늘 가던 길도 다르게 가보자. 그동안 보지 못했던 많은 것을 볼 수 있다.

다른 사람과 함께 작업하라

동료는 당신에게 가장 생산적인 자극제가 될 것이다.

한 번도 가보지 못한 곳으로 여행을 떠나라

현지인의 생활방식에서 고민하는 문제의 답을 찾을 수 있다.

새로운 취미를 가져라

취미는 친구를 사귈 수도 있지만 아이디어를 얻는 데도 효과적이다. 영화감독들은 시나리오를 쓰기 위해 다양한 취미를 가진다.

스스로의 목표를 설정하고 도전하라

목표를 달성하기 위한 방법을 고민하는 순간 이미 창의적이 된다.

충분히 쉬어라

아르키메데스는 욕조 안에서 왕관의 무게를 재는 법을 떠올렸다. "유레카!"

가끔 산책이나 명상을 하며 혼자만의 시간을 가져라

생각을 정리하는 동안 아이디어는 완성되어 갈 것이다.

동료들에게 피드백을 받아보라

동료는 당신을 비난하기보다는 더 나은 아이디어를 제공할 것이다.

음악을 들어라

당신이 가장 편하고 즐거운 상태에서 아이디어는 잘 나온다.

영화적 상상력은 당신을 긍정적으로 바꾸어줄 수 있다. 영화 속에서 불가능한 것은 없다.

책상 위에 아이디어를 자극하는 자극물로 가득 채워라. 어느 정도 아이디어 내는 데 도움이 될 것이다. 하지만 역시 밖으로 나가는 것이 낫다.

사랑은 가장 중요한 창의력의 자극제다.

스트레스는 아이디어의 적이다. 한숨 자고 나면 문제를 해결할 방법이 떠오를 것이다.

공상이 시간이 흐른 뒤에는 현실이 되는 경험을 할 수 있다. 그러니 가끔 멍때려라.

평생 먹는 한식에 집착은 금물. 당신은 가축이 아니다.

매일 매일 먹는 재료로 요리 솜씨를 길러라

요리야말로 가장 창의적인 영역이다. 있는 재료로만 훌륭한 맛을 내는 음식을 만들어보라. 잘되면 나중에 식당도 오픈할 수 있다.

행복한 바보만이 질문하지 않는다. 질문을 하는 것은 배우는 것이다.

아이디어는 다른 생각에 의해 쉽게 방해 받는다. 아이디어가 완성될 때까지는 인터넷도, 전화도, 스마트폰도 금지!

가장 절실한 순간에서 창의력은 배가된다.

이미지는 가장 풍부한 아이디어 발상의 자극제가 된다

상대를 이기려면 창의적인 아이디어가 아니면 불가능하다.

최고의 제품과 서비스를 사용해 보라

적어도 경쟁사가 가지고 있는 장점과 아이디어는 뛰어넘어야 하지 않겠는가?

당신이 임원이라면 구성원이 마음놓고 위의 활동을 하도록 적극 지원하라

불량률을 줄이거나 비용을 절감하는 것보다는 훨씬 큰 이익을 안겨줄 수 있다. 한번 믿어보라.

이노베이션 다르게 보기

진심으로 디자인 이노베이터가 되고 싶다면…

"저도 창의적인 사람이 되고 싶은데요. 어느 학교에 가서 무엇을 공부하면 될까요?"

"고객을 더욱 잘 이해하려면 어떤 방법론을 배워야 하죠?"

"서비스 디자인을 잘하기 위한 도구나 수단은 없나요?"

"저도 디자인 이노베이션 분야의 일을 하고 싶은데 어디서부터 해야 할지 모르겠어요."

디자인 싱킹과 디자인 이노베이션, 그리고 서비스 디자인이라는 키워드가 인기를 끌면서 여기에 관심을 가지게 된 사람들에게서 이런 질문을 많이 받는다.

이런 질문에 어떻게 답해야 할까?

"이 학교에 가서 이걸 전공하면 돼요."

"이 방법론을 잘 배우고 연습하면 고객 전문가가 됩니다."

"서비스 디자인을 위한 툴킷이 있어요 이걸 사서 배우면 됩니다."

"일단은 이 회사에 입사하세요."

이렇게 답변할 수 있을까? 물론 초심자에게는 학교나 도구의 도움이 필요할 수도 있다. 그러나 진심으로 디자인 이노베이터가 되고 싶다면 학습 방법을 바꿔보라고 이야기하고 싶다.

과거에는 수학 문제를 풀기 위해서는 공식을 잘 외우면 된다고 했다. 그리고 영어를 잘하기 위해서는 문법을 잘 암기하면 된다고도 했다. 그런데 이런 접근은 수학을 공부하는 근본적인 이유나, 외국어를 배우는 원래 목적을 설명하는 데는 도움이 되지 않는 방법이다. 수학을 배우는 이유는 자연현상을 더욱 잘 이해하기 위함이고, 외국어를 배우는 이유는 외국인과 의사소통을 잘하기 위함이다. 시험문제의 답을 잘 맞히기 위해서가 아니다.

같은 맥락에서, 디자인 이노베이션에 관심 있는 사람들의 질문들에 답하기 앞서 묻고 싶은 질문이 있다.

"왜 디자인 이노베이터가 되고 싶죠?"

그럼 이렇게 대답하곤 한다.

"고객의 숨은 니즈를 잘 찾고 이해해서, 그들이 진정으로 원하는 것을 만들어 제공하고 싶기 때문입니다."

이런 답변을 하면 나는 이렇게 말해 주고 싶다.

지금까지 학습 방법의 비중을 조금 줄이고, 고객에게 좀 더 가까이 다가가서 그들의 눈높이에서 바라보고 이해하려고 노력해 보세요. 그러면 방법론을 몰라도, 툴킷이 없어도 그들의 숨은 니즈가 무엇인지 알 수 있을 겁니다. 어린아이들은 문법을 배우지 않아도 말을 배워 의사소통을 하고, 우리 조상은 천문학을 몰라도 24절기를 구분했습니다. 알고 있는 방법으로 문제를 해결하는 것은 그 방법을 아는 사람은 누구나 비슷한 결과를 만들어낼 수 있죠. 이건 창의적이지 않아요. 어떻게 하면 고객을 잘 이해할 수 있을지 깊게 고민해 보고 연구하고자 하는 대상에게 최적의 방법을 고안해서 접근한다면 남과는 다른 창의적인 해결책을 만들어낼 수 있습니다.

어린 시절 좋아하던 미국 영화 '인디아나 존스' 시리즈 중에 이런 장면이 나온다. 학교에서 악당들의 추적을 피해 도서관을 가로질러 도망가는 인디아나 존스에게 한 학생이 묻는다.

"교수님처럼 훌륭한 고고학자가 되려면 어떻게 해야 하죠?"

그러자 인디아나 존스는 이렇게 말한다.

"당장 도서관에서 나가. 그리고, 이집트로 떠나게."

당장 편안한 책상머리에서 벗어나 고객의 현장으로 뛰어들어 보자.

진정으로 유능한 디자인 이노베이터가 되기 위해서는 남들에게 보여지는 폼나는 일만 해서는 안 된다.

당신이 진정한 디자인 이노베이터가 되는 시점은 관련 학위를 받거나 회사 안에서 인정받는 순간이 아니라, 당신이 만들어낸 혁신의 산물을 고객이 받아들이고 이를 통해 그들의 삶이 나아지는 것을 확인하는 순간이다.

고객중심 디자인 이노베이터의 사고 전환을 위한 제안

고객중심의 이노베이션이 가장 활발하게 이루어지고 있는 분야가 디자인 이노베이션이다. 사업이나 기술의 영역에서 시작하는 이노베이션과는 달리 고객과 가장 밀착해서 고객의 숨은 니즈를 찾아내고 이를 기반으로 새로운 제품과 서비스의 단서를 발굴하기에 가장 적합한 영역이기 때문인 것으로 보인다.

이 중에서도 최근에 가장 활발한 움직임을 보이고 있는 분야는 태동기에 있는 서비스 디자인이다. 우리나라에서 이루어지는 디자인 이노베이션에 대한 저자와 외국 디자인 이노베이션 전문가의 고찰, 서비스 디자인의 정의를 통해 고객중심 이노베이션에 대해 다시 한 번 생각해 보는 기회를 가지길 바란다.

고객중심의 디자인 이노베이터가 되기 위해서 기존의 구성원은 어떻게 해야 할까? 다음 두 가지 기존 사고의 전환을 제안한다.

디자이너로서의 자부심을 버려라

사실 국내에서 디자인과 디자이너에 대한 인식이 나아진 것은 그리 오래되지 않는다. 디자이너는 새로운 제품, 서비스, 그리고 사업을 만들어내는 과정의 가장 후반부에서 그저 보기 좋고 예쁘게 만들어주는 일을 수행하는 사람으로 인식되어 왔다. 현재 우리나라의 1세대 디자이너는 대부분 이런 인식 속에서 지금의 자리를 잡은 분들이다. 그래서 디자이너로서의 자부심도 강하고 나름의 신념을 철저하게 지키는 경우가 많다.

그러나 이제 디자인이 각광받는 시대가 도래하면서 디자인에 대한 인식이 많이 바뀌고 있다. 이에 따라 디자이너의 위상도 달라지면서 삼성과 LG와 같은 대기업에서는 디자이너 출신 임원과 사장들이 나오기 시작했다. 여기에 만족하지 않고 디자인 이노베이션이 단순히 한번 스쳐 지나가는 트렌드가 아닌 비즈니스의 기본 요소가 되기 위해서는 전문 디자이너로서의 신념을 다소 양보하더라도 디자이너와 비디자이너가 서로의 영역에서 자유롭게 생각과 방식을 나눌 수 있는 개방성이 필요하다.

요즘의 디자인은 비주얼에 대한 전문성과 더불어 다양한 사고의 전문성도 요구하고 있다. 따라서 관련된 다양한 분야, 예를 들어 마케팅, 기술 등과의 활발한 교류를 해야 한다. 현재의 디자인 경영은 그 물리적인 결합의 속도에 비해 화학적인 결합의 속도가 느린 것이 사실이다. 디자이너는 비즈니스를 배우지만 활용을 하는 단계에서는 그 역량 발휘가 잘되지 못하고, 비즈니스를 하는 사람은 디자인을 배우긴 하지만 본업에서 디자인 사고를 적용하는 일에는 어려움을 느낀다. 전문 분야의 차이에서 오는 당연한 현상으로 볼 수도 있지만, 서로의 분야를 배우려 하는 노력의 부족도 문제다.

예를 들어 디자이너 육성을 위한 사내 교육 프로그램을 살펴보면, 디자인이라는 단어가 빠진 커리큘럼을 찾아보기 힘들다. 반대로 마케팅과 같은 비즈니스의 기능 부서원을 대상으로 한 교육에서는 디자인의 개념을 잡는 교육이나 창의성을 위한 개론 수준의 교육은 있지만 디자인을 깊이 이해하기 위한 코스는 찾아보기 힘들다. 게다가 각 부서의 장도 서로 다른 분야에 대한 교육 지원과 육성에 인색한 실정이다.

이런 한계점을 극복하기 위해서는 학문적·인적 교류가 더욱 활발하게 이루어져야 한다. 기업의 디자인 담당부서에 비디자인 전공자가 일정 비율 이상 존재하고, 마케팅과 상품기획팀에도 디자이너가 일할 수 있는 조직 구조가 되어야 한다. 학문적으로도 디자이너가 마케팅, 통계, 기술 등을 일정 수준 이상으로 다룰 수 있고, 엔지니어나 마케터도 디자인에 대한 전문 교육을 통해 디자인 역량을 키울 수 있는 환경이 갖추어져야 한다.

이런 움직임은 주로 디자인 선진국을 중심으로 다양하게 나타나고 있다. 스탠포드대학의 D스쿨, 일리노이공과대학(IIT) 디자인 인스티튜트(Institute of Design)의 비디자인 전공자 교육 사례나, 함께 일한 경험이 있는 이노베이션 디자인 컨설팅 회사인 IDEO(미국), 도블린(Doblin, 미국),

왓이프(영국) 같은 회사에서 다양한 인력 구성을 통해 혁신적 디자인 결과물을 창조해 내는 사례를 보면 학제·영역 간 융합을 통한 디자인 이노베이션의 효과를 발견할 수 있다.

생산자 중심의 사고를 버리자

몇 년 전 인기를 모았던 영화 '써니'에는 주인공 여고생들이 '가지고 다니는 전화', '얼굴을 보면서 대화하는 전화'를 상상하는 장면이 나온다. 그 시절에는 터무니없는 소리라고 생각했겠지만, 그 상상은 지금 현실이 되어 있다. 즉 기술의 발전과 사업적 기술의 진화는 일반인이 상상할 수 없는 수준으로 발전했다. 하지만 기업의 고민은 바로 여기서 출발하게 된다. 기업은 기술자와 사업가가 만들고 싶고, 하고 싶은 일을 해야 하는 것이 아니라 소비자가 구매하고 싶은 제품과 서비스를 만들어야 한다.

디자인 이노베이션이 성공적으로 정착하고 기업의 지속적인 성장에 기여하도록 하기 위해서는 과거의 생산자 중심, 공급자 중심의 사고에서 벗어나야 한다. 생산자, 공급자라는 말은 비단 그 일에 직접 관련되어 있는 기능 조직에만 해당하는 것이 아니라 회사의 전 구성원까지 포함하는 말이다. 회사의 전 구성원들이 고객을 위해서 무엇을 만들 수 있는가를 고민해야 한다는 것을 의미한다.

직관이 뛰어난 디자이너가 스스로의 판단으로 보기 좋고 감각적인 제품과 서비스를 만들어 고객에게 제공하고, 실제 사용에 관한 리더십(제품과 서비스를 사용하는 방법을 고객에게 다시 알려주는 것)을 이끌어가는 과거의 공급자적인 디자인은 더는 효과적이지 않다. 고객이 원하는 것을 정말 제대로 파악하고 이것을 고객이 원하는 것 이상의 가치로 느껴서 선택되도록 디자인해야 한다. 이를 위해서 기업은 디자인 이노베이션의 발전 방향을 '디자인하는 방법(How to design)'에 대한 논의에서 디자인의 수혜자에게 '무엇을 제공할 것인가(What to design)'를 위한 논의로 사고의 출발점을 이동해야 한다.

디자인 이노베이션의 근본적인 목적은 기업을 잘 경영하기 위한 것뿐만이 아니라 기업의 제품과 서비스를 이용하는 고객의 가치를 잘 실현시켜주는 것도 포함한다. 근본적인 고객에 대한 깊은 이해를 바탕으로 모든 기능 조직이 움직일 때 비로소 디자인 이노베이션의 그 힘을 발휘할 수 있다. 디자인 이노베이션 도입을 통해 성공한 글로벌 기업들의 기업철학을 살펴보면 고객중심의 디자인 철학이 잘 드러난다. 그들에게 디자인적으로 생각한다는 말은 고객을 가장 우선해서 생각한다는 말과 같은 의미다.

이상에서 살펴본 바와 같이 디자인 이노베이션이 우리나라 산업계에 도입된 이래 다양한 분야에서 긍정적인 변화의 견인차 역할을 해왔다. 우리나라의 디자인적 사고와 그 중요성에 대한 인식의 역사가 디자인 선진국의 그것과 비교할 때 무척 짧다는 사실을 감안하면 그간 우리의 성과는 실로 괄목상대 하다고 할 만하다.

이제는 디자인 이노베이션의 도입기를 넘어서 이를 통한 가치를 창출하고 성공적인 열매를 맺는 성숙기로 전환해야 한다. 이를 위해서는 그간의 경험을 바탕으로 기업의 모든 구성원이 디자인 이노베이션의 개념을 제대로 이해해야 한다. 나아가 구성원이 현업에서 디자인적 사고를 자연스럽게 활용할 수 있도록 업그레이드 하기 위한 노력을 해야 한다. 그리고 이런 업그레이드의 중심에는 고객에 대한 깊은 이해와 사용자 중심의 철학이 반영되어야 한다.

크리에이티브 R

초판 1쇄 인쇄 2017년 4월 20일 | 초판 1쇄 발행 2017년 4월 30일

지은이 서승교
펴낸이 김영진

본부장 나경수 | 개발실장 박현미
개발팀장 차재호 | 디자인 당승근
사업실장 백주현 | 영업 이용복, 방성훈, 김선영, 허성배, 정유 | 국제업무 박지영
마케팅 민현기, 김재호, 김동명, 정슬기, 엄재욱, 김은경 | 제작 이형배

펴낸곳 (주)미래엔 | 등록 1950년 11월 1일(제16-67호)
주소 06532 서울시 서초구 신반포로 321
미래엔 고객센터 1800-8890
팩스 (02)541-8249 | 이메일 bookfolio@mirae-n.com
홈페이지 www.mirae-n.com

ISBN 978-89-378-9177-9 03320

와이즈베리는 참신한 시각, 독창적인 아이디어를 환영합니다.
기획 취지와 개요, 연락처를 bookfolio@mirae-n.com으로 보내주십시오.
와이즈베리와 함께 새로운 문화를 창조할 여러분의 많은 투고를 기다립니다.

「이 도서의 국립중앙도서관 출판시도서목록(CIP)은 서지정보유통지원시스템 홈페이지(http://seoji.nl.go.kr)와
국가자료공동목록시스템(http://www.nl.go.kr/kolisnet)에서 이용하실 수 있습니다.
(CIP제어번호: CIP2017008751)」